心遠書集

心遠書集

초판 1쇄 발행 2023년 12월 22일

지은이 정무영
펴낸이 이재욱
펴낸곳 (주)새로운사람들
디자인 김명선
마케팅·관리 김종림

등록일 1994년 10월 27일
등록번호 제2-1825호
주소 서울 도봉구 덕릉로 54가길 25(창동 557-85, 우 01473)
전화 02)2237-3301 **팩스** 02)2237-3389
이메일 ssbooks@chol.com

ISBN 978-89-8120-661-1(03640)

*책값은 뒤표지에 씌어 있습니다.

心遠書集

心遠 鄭无泳 編書

새로운사람들

[추천사]

『심원서집』 발간을 축하하며…

코로나19 시기를 거치며 우리 사회가 많은 변화를 가져온 것은 주지의 사실이다. 코로나가 조금 수그러들 즈음에 심원 정무영 선생(이하 심원선생)으로부터 만나자는 전화가 왔다. 뵙고 보니 그동안 공부해 온 것을 묶어 서집을 발간하고 싶은데 '추천서'를 부탁한다는 이유였다.

내가 심원선생을 처음 만난 것은 십 수 년 전 벽제농협 서예교실에서였다. 만나기 전 전화와 문자로 서예공부를 하고 싶은 이유를 그렇게 소상하고 열정적으로 피력한 경우를 처음 받아봤기 때문에 지금까지 매우 좋은 기억으로 남아있다.

심원선생과 함께하는 동안 나는 많은 것을 배웠다. 불치하문(不恥下問)의 용감하고 아름다운 실천의 모습, 동양고전과 역사 및 문자학에 대한 해박한 지식, 앞서가는 인터넷세계에 대한 이해 등등 다방면에서 큰 도움을 받았다. 심원선생은 그동안 분명한 나의 스승이었다.

서예에 국한하여 몇 마디 덧붙여본다.

심원선생의 전서는 <석고문>을 기본으로 주나라 시대의 각종 금문을 철저히 학습하여 매우 탄탄한 실력을 보여준다. 거기에 청나라 시대의 오창석까지 학습을 마쳐 전서의 세계는 거의 섭렵한 셈이다. 예서는 <광개토대왕비>와 <사신비>로 기본기를 닦고 <예기비>로 심화시킴으로써 단단한 기초위에 변화의 창작능력을 충분하게 갖추었다. 해서는 <장맹룡비> 등 북위시대 해서를 철저히 익힌 위에 구양순 필의를 더함으로써 이상적인 예술의 경지를 터득하였다. 행서는 왕희지의 <난정서>와 <집자성교서>를 익힌 후, 우리의 서성인 김생에 침잠하여 오랫동안 연구와 학습을 병행하여 심원선생의 독특한 행서세계를 보여준다. 초서는 왕희지의 여러 <간독>과 손과정의 <서보>를 충분히 학습한 자산과 심원선생의 성정이 결합하여 맑고 유연한 예술세계를 구현하였다. 한글은 순전히 독학하여 한문서예와 나란한 경지에 올려놓았으니 그의 열정과 노력은 범인으로서는 감히 엄두도 못 낼 결과를 얻어냈다.

『심원서집』에 실린 작품들을 바탕으로 몇 마디 덧붙여보겠다. 서집의 전반부를 주요 법첩들을 착실하게 임서하여 그것들을 음각으로 처리하였는데, 그것은 우리가 서예공부를 할 때, 늘 보는 법첩들이 대부분 탁본 형태이기 때문에 법첩을 보는 기분을 느끼게 만들기 위한 것으로 보인다. 역시 심원선생의 발상의 전환에서 나온 결과라 하겠다.

후반부의 작품들은 심원선생의 학예세계를 유감없이 보여주기에 충분하다. 동양고전의 핵이라 할 수 있는 『논어』·『맹자』·『노자』·『장자』 등의 주옥같은 글귀와 역대 명문과 명시들만을 선별하여 각종 서체로 작품화한 것은 탁월한 선택임과 동시에 동양고전에 대한 충분한 이해의 산물들이다. 특히 <전적벽부>·<출사표>·<비파행> 등등의 대작들은 필자로서는 감히 엄두도 내지 못할 거창한 작업이어서 정말 입이 다물어지질 않는다.

이런 대작들은 넉넉한 전시장에서 실물 크기로 보아야 그 감동이 충분하게 전해오는 것인데 서집으로만 보기에는 너무 아쉽다. 대체로 전서와 행서 그리고 두시언해를 쓴 국한문 혼서에서 심원선생의 심원다운 예술세계를 분명하게 보여주는 것으로 보인다. 다만 스스로 밝혔듯이 보존방법상 컴퓨터 작업으로 데이터화한 것은 서예작품에서 느낄 수 있는 운필의 완급과 발묵의 농담이 반감된다는 단점이 있다는 것을 인정했듯이 그 부분은 약간의 아쉬움으로 남는다.

『심원서집』은 근래에 보기 드문 서예작품집이며 자료집이다. 특히 지금까지 없었던 새로운 시도의 결과물이기 때문에 더욱 그 가치가 돋보인다. 강호제현의 서가를 더욱 품격있게 꾸며줄 수 있는 멋진 서집의 출간을 축하하며, 앞으로 계속 심원선생의 아름다운 모습을 보여주실 것을 요청하며 간단히 마친다.

2023년 4월 26일

박실헌에서 심현섭 쓰다.

[책머리에]

書集을 내면서

여기 수록한 글씨들은 지난 10년간 제가 써왔던 글씨 중에서 일부를 모은 것입니다. 10년 동안 거의 매일 쓰고 버리기를 반복하였으나 그래도 버리기 아까운 작품이 있어 이를 어떻게 보관할까 고민하게 되었습니다.

보통 작품을 보관하는 방법은 작품이 대형인 경우 배접을 하여 보관하고, 소형인 경우는 책자를 만들어 보관합니다. 그러나 이러한 보관 방법은 보관하고자 하는 작품 크기에 제약이 따르고, 또 많은 작품을 보관하기에도 한계가 있습니다.

이러한 전통적인 보관 방법에서 벗어나 작품의 크기나 수량에 제약을 받지 않는 보관방법은 작품의 파일화가 최선이라고 생각하게 되었습니다. 여기 수록된 저의 작품 귀거래사, 전출사표, 비파행, 전적벽부는 크기가 각각 400x260cm, 780x300cm, 940x318cm, 592x290cm나 되는 대형 작품입니다. 이런 작품을 배접하여 보관하기에는 현실적으로 어려움이 너무 많습니다.

그러나 작품을 파일화하면서 부딪히는 문제도 많았습니다. 첫째는 작품을 촬영하는 방법입니다. 전문적으로 특수 장비를 사용하여 작품을 촬영하는 곳이 있으나 촬영 비용이 상당하여 많은 작품을 촬영하기에는 경제적으로 큰 부담이 따릅니다. 따라서 본인이 직접 작품을 촬영해야 하는데 부족한 장비로 그런 대로 괜찮은 결과물을 얻기 위해서는 많은 시행착오를 거쳐야 합니다.

둘째는 작품을 만들 때 배접 과정을 거치는 것과 같이 사진으로 촬영한 작품은 포토샵 과정을 거쳐야 합니다. 마치 배접을 잘못하면 작품이 망가지는 것처럼 얼마나 포토샵을 매끄럽게 하느냐가 작품의 완성도를 높이는 데 중요한 요소가 됩니다. 여기 실린 작품들은 이러한 과정을 거쳐 모두 파일로 만들어진 것입니다. 모든 작품이 파일로 만들어져 있기 때문에 언제든지 원하는 크기로 볼 수가 있습니다.

작품을 파일로 만듦으로써 작품의 희소성 문제가 제기될 수 있겠으나 이것은 마치 판화가 부딪히는 문제와 같다고 하겠습니다. 또 파일을 출력한 출력본이 원본과 맛이 다르다고도 합니다. 인정합니다. 그러나 최근의 기술 발전으로 출력본도 예술적으로 상당한 품격과 맛을 느낄 수 있도록 잉크, 종이, 천 등의 소재가 다양화되었습니다.

저의 서집이 전통적인 방식에서 벗어나 새롭게 시도한 서예작품 모음집이기 때문에 다소 생소하고 정제되지 못한 점도 있다고 생각합니다.

그럼에도 새로움에 대한 도전이라 생각하고 감히 이 책을 세상에 내놓게 되었습니다. 여러분의 많은 성원과 조언을 기다립니다.

이 자리를 빌려 저의 스승님이신 日愚일우 沈衒燮심현섭 博士박사님께 감사의 말씀을 드립니다. 박사님은 늦은 나이에 서예를 한다고 덤벼든 아둔한 제자에게 세예의 기초부터 하나하나 가르쳐 주시고 토닥거려 주시어 서예가 무엇인가를 어렴풋이나마 깨닫게 해 주신 분입니다.

이 서집을 발간할 수 있게 된 것도 모두 박사님의 가르침 덕분이라 생각합니다.

2023년 4월

심원 정무영

[차례]

虢季子白盤 괵계자백반

중국 서주(西周) 시기 청동기. 중국 섬서(陝西) 보계(寶鷄) 출토. 길이 137.2cm, 넓이 86.5cm, 높이 39.5cm. 그릇 안쪽 바닥에 111자의 명문(銘文)이 있다..

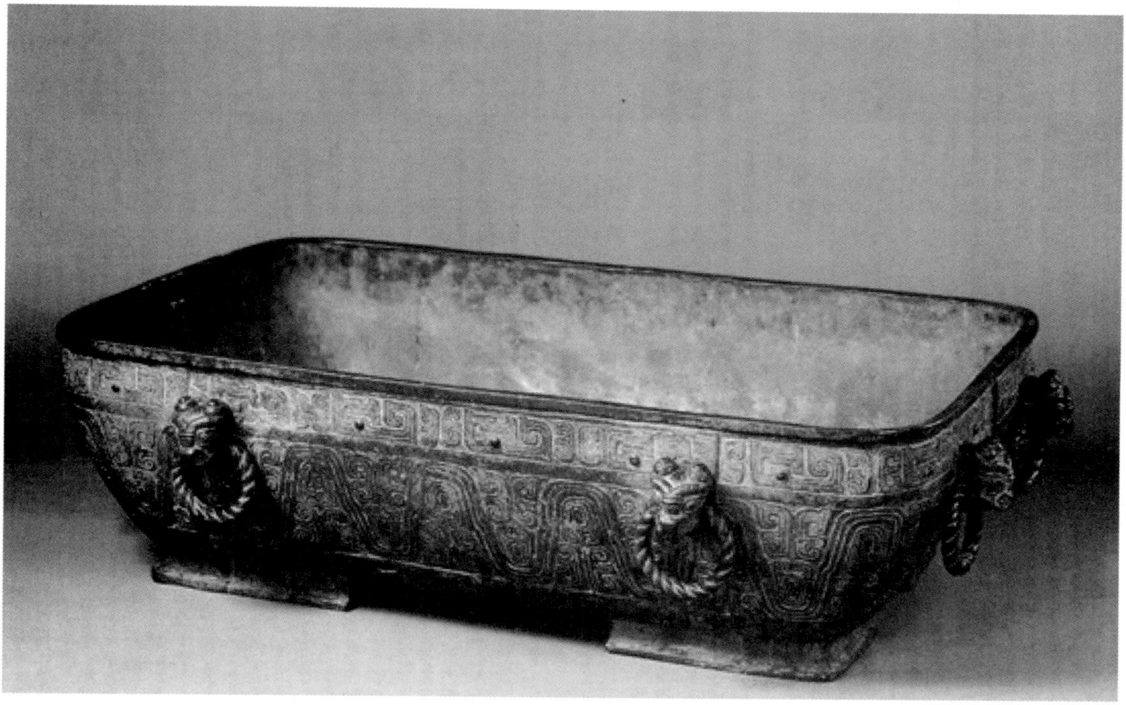

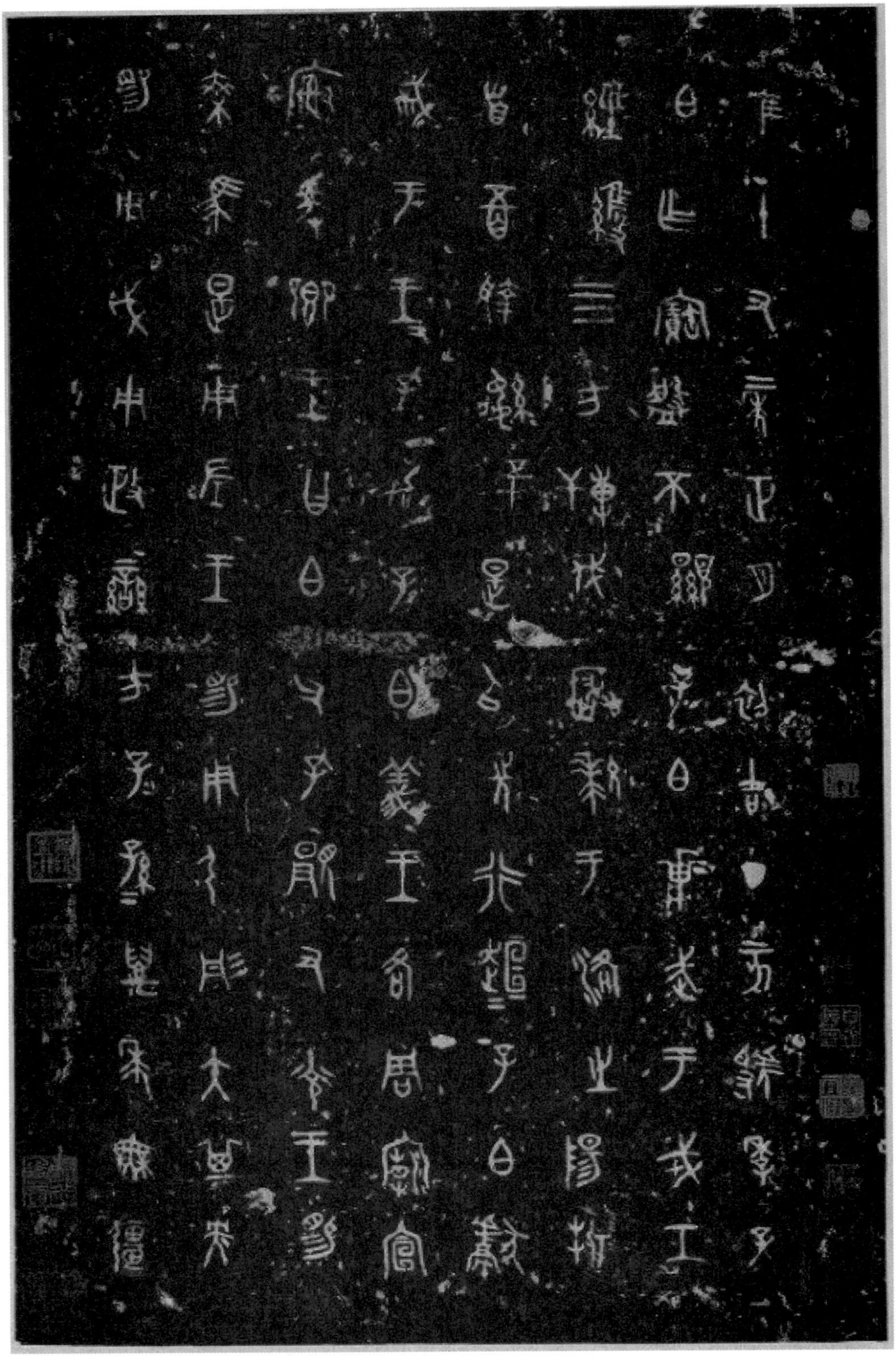

銘文 原文 명문 원문

佳(唯)十又二年正月初吉丁亥，虢季子白乍(作)宝盘。不(丕)显子白，壮武于戎工，经维四方。搏伐玁狁，于洛之阳。折首五百，执讯五十，是以先行。桓桓子白，献馘于王。王孔加子白义(仪)。王各(格)周庙宣榭，爰乡(飨)。王曰："白父，孔显又(有)光。"王赐乘马，是用左(佐)王；赐用弓，彤矢其央；赐用戉(钺)，用政(征)蛮方。子子孙孙，万年无疆

명문 임서

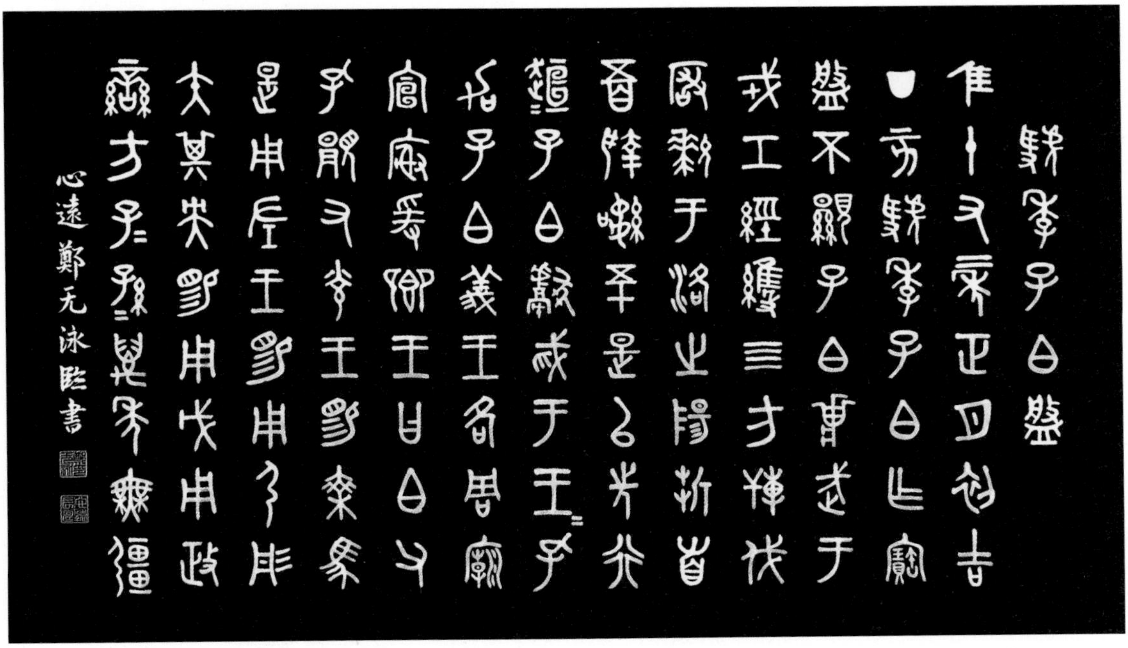

임서 확대

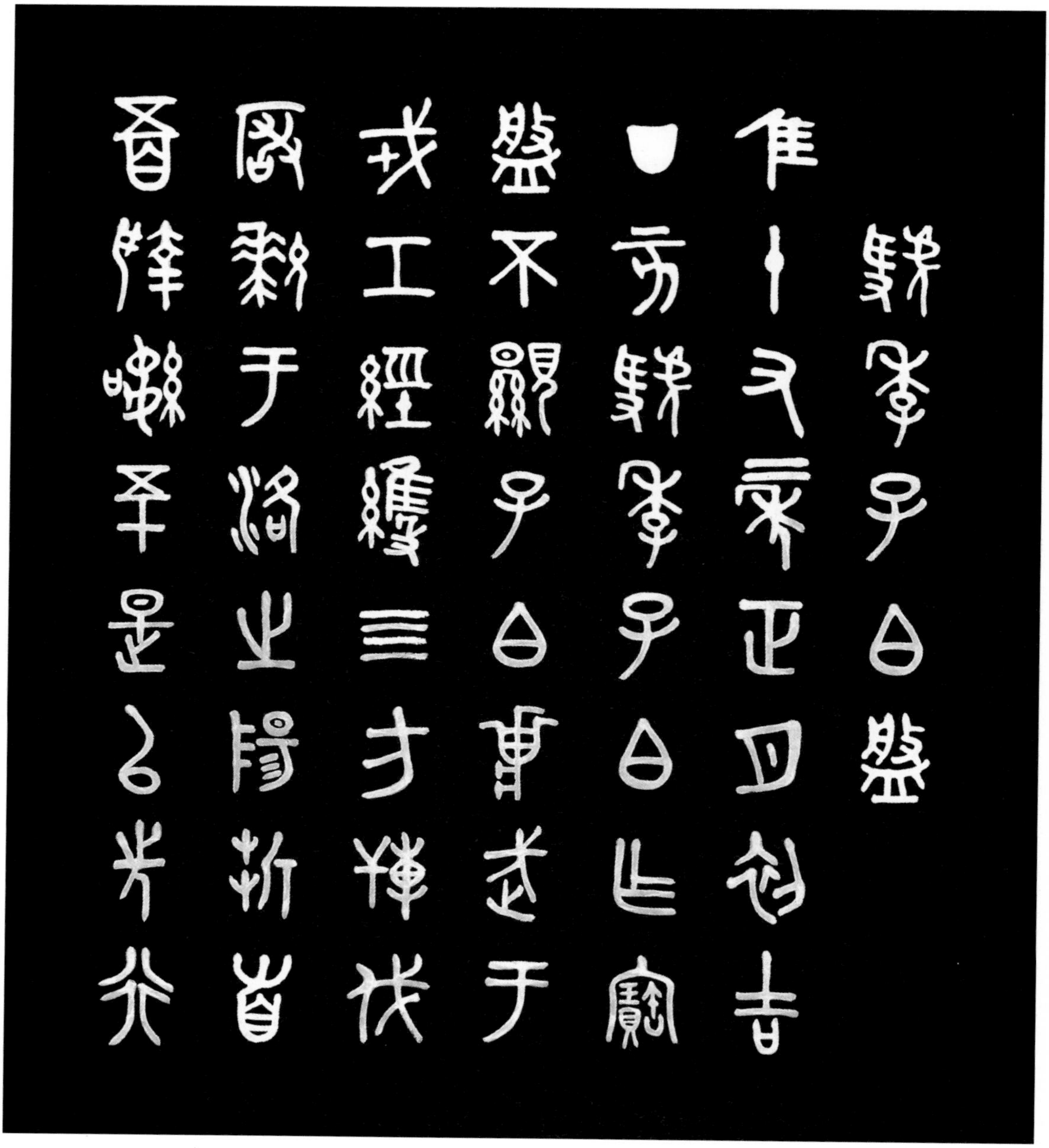

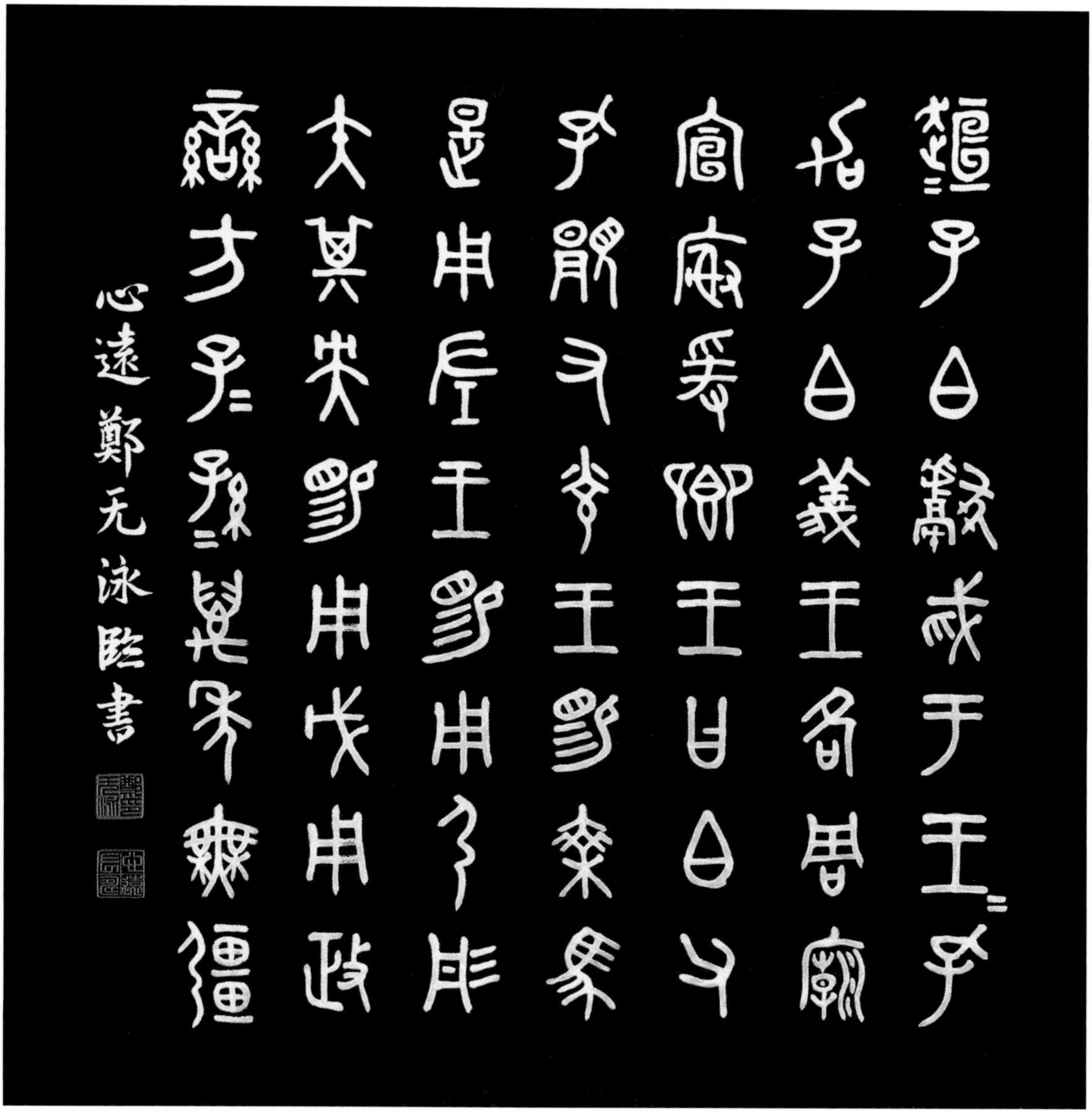
心遠 鄭无泳臨書

毛公鼎 모공정

중국 서주 후기 청동기. 섬서기산(陜西岐山) 출토. 높이 53.8cm, 구경 47cm, 무게 37.7kg. 명문 약 500자(현존 청동기 명문 중 최장문임).

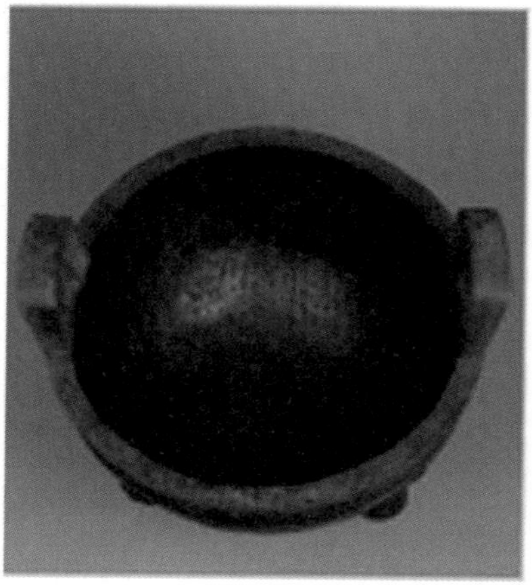
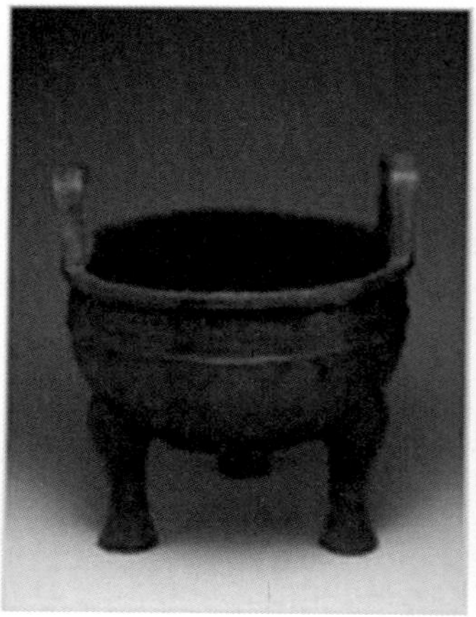
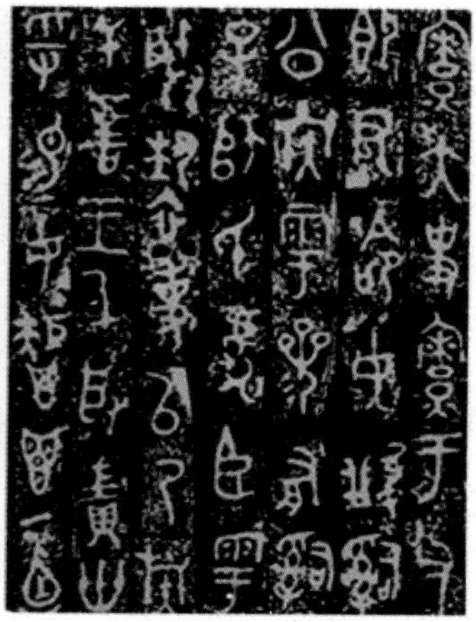

명문원문(추정)

王若曰："父歆，丕显文武，皇天引厌厕德，配我有周，膺受大命，率怀不廷方亡不觐于文武耿光。唯天将集厥命，亦唯先正略又厕辟，属谨大命，肆皇天亡，临保我有周，丕巩先王配命，畏天疾威，司余小子弗，邦将曷吉？迹迹四方，大从丕静。呜呼！惧作小子溷湛于艰，永巩先王"。

王曰：父歆，余唯肇经先王命，命汝辪我邦，我家内外，惷于小大政，甹朕立，虩许上下若否。宁四方死母童，祭一人才立，引唯乃智，余非庸又昏，汝母敢妄宁,虔夙夕，惠我一人，拥我邦小大猷，毋折缄，告余先王若德，用印邵皇天，緟恪大命，康能四国，俗我弗作先王忧。

王曰：父歆，余之庶出，入事于外，专命专政，蓺小大楚赋，无唯正闻，引其唯王智，廼唯是丧我国，历自今，出入专命于外，厥非先告歆，父歆舍命，母又敢专命于外。 王曰：父歆，今余唯緟先王命，命汝亟一方，弘我邦我家，毋頧于政，勿雝建庶口。母敢龏橐，龏橐乃侮鳏寡，善效乃友正，母敢湛于酒，汝母敢坠在乃服，恪夙夕，敬念王畏不赐。女母弗帅用先王作明刑，俗女弗以乃辟函于囏。

王曰：父歆，已曰及兹卿事寮，大史寮，于父即君，命女摄司公族，雩三有司，小子，师氏，虎臣雩朕亵事，以乃族干吾王身，取专卅寽，赐汝秬鬯一卣，裸圭瓒宝，朱市，恩黄，玉环，玉瑹金车，绎较，朱嚣弘靳，虎冟熏裹，右厄，画鞴，画輴，金甬，错衡，金童，金家，涑奭，金簟笰，鱼箙，马四匹，攸勒，金口，金膺，朱旂二铃，易汝兹关，用岁于政，毛公对歆天子皇休，用作尊鼎，子子孙孙永宝用。

명문 임서

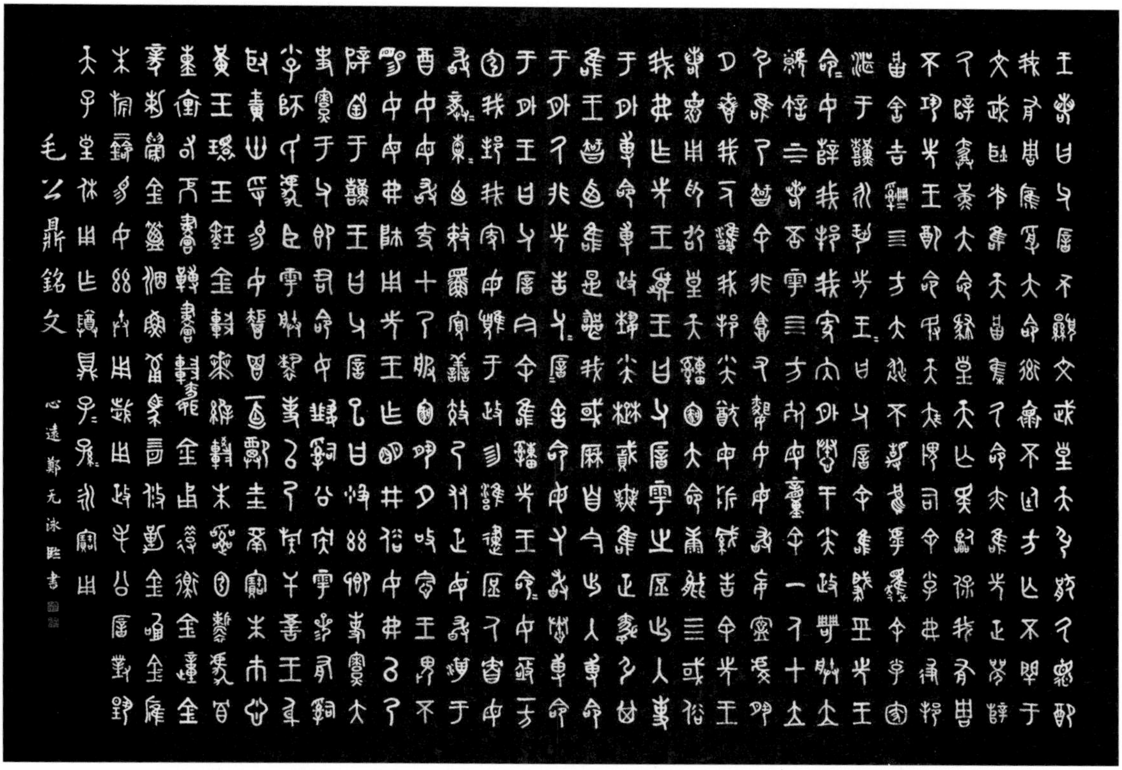

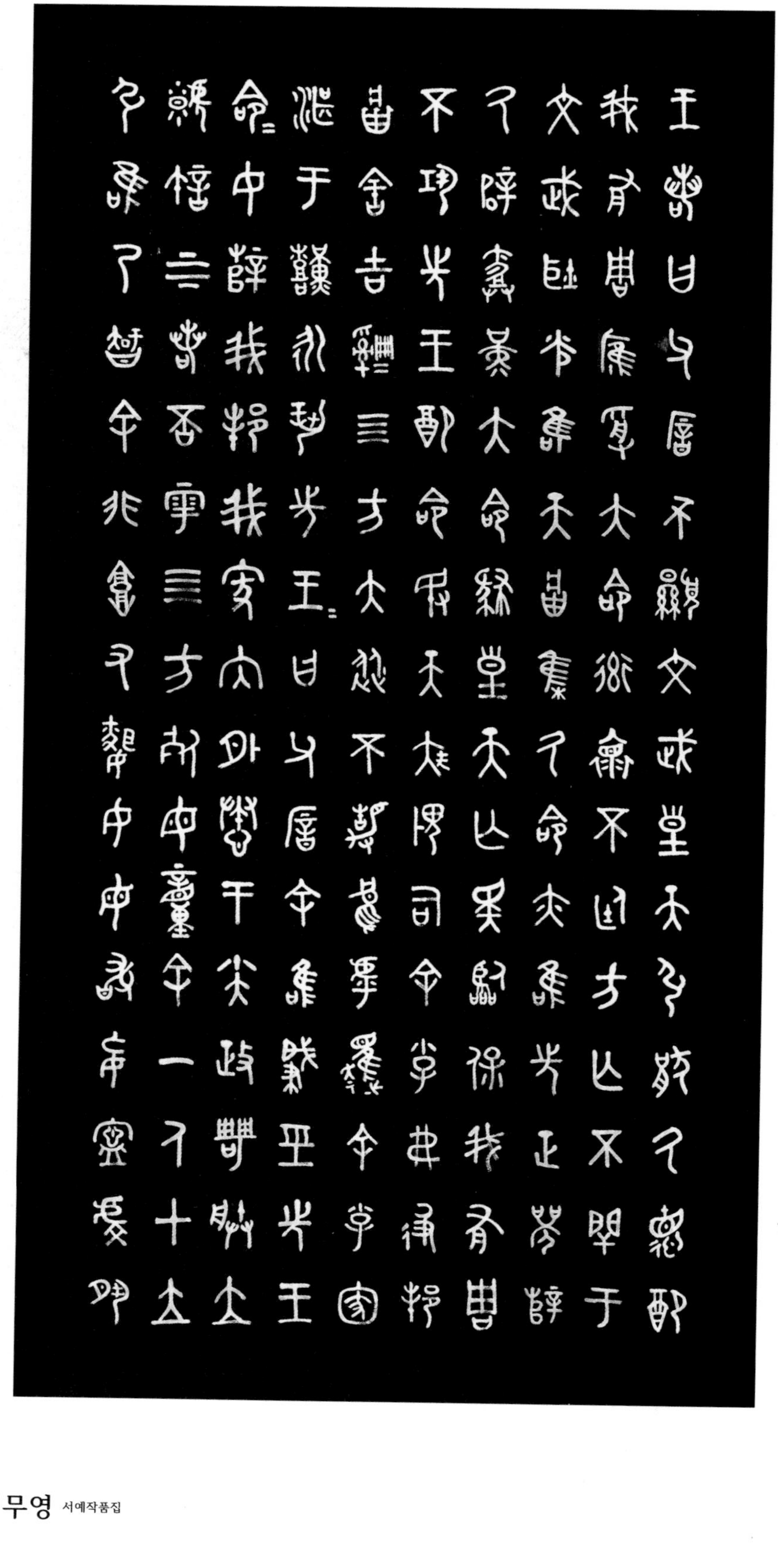

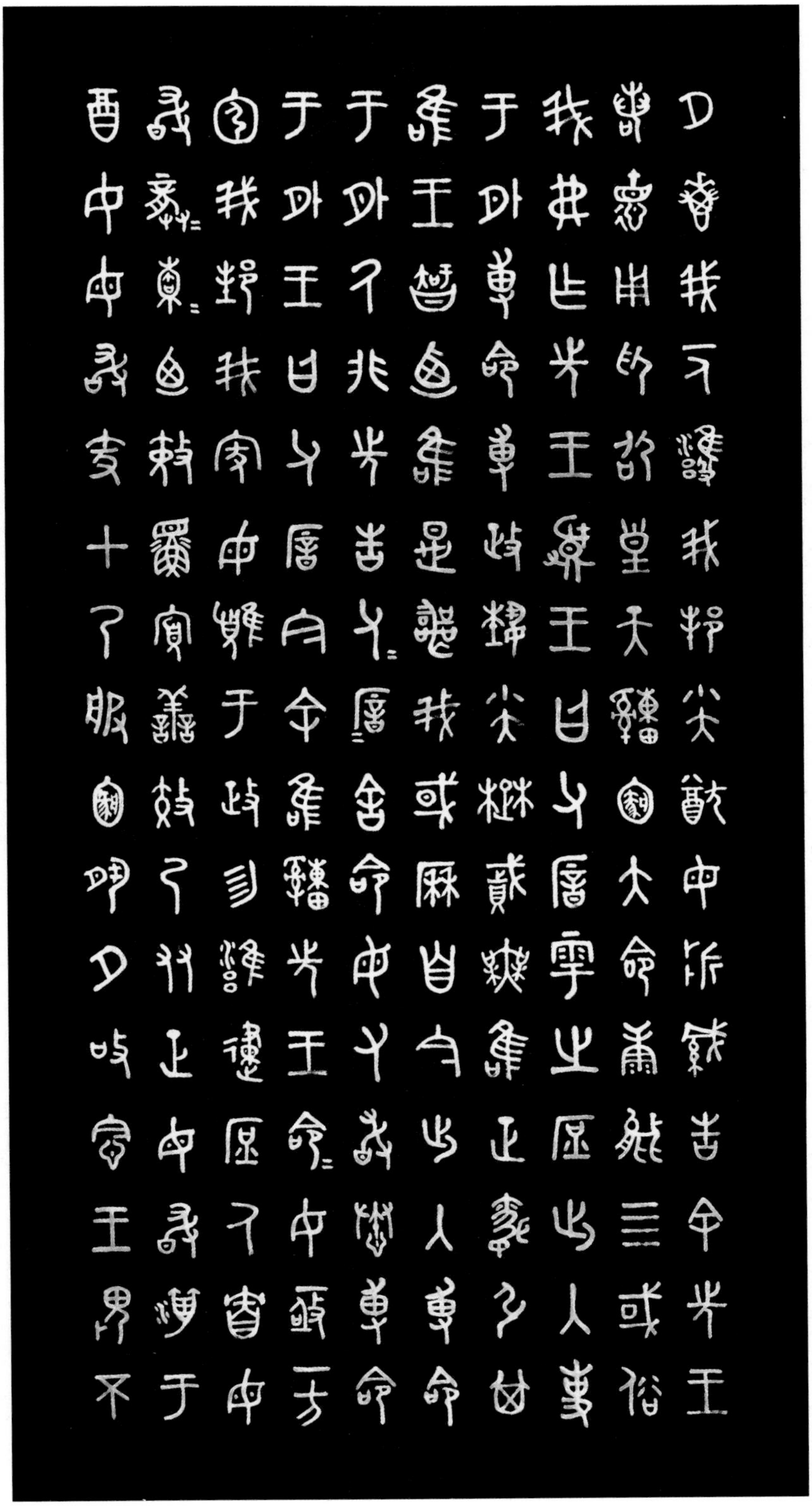

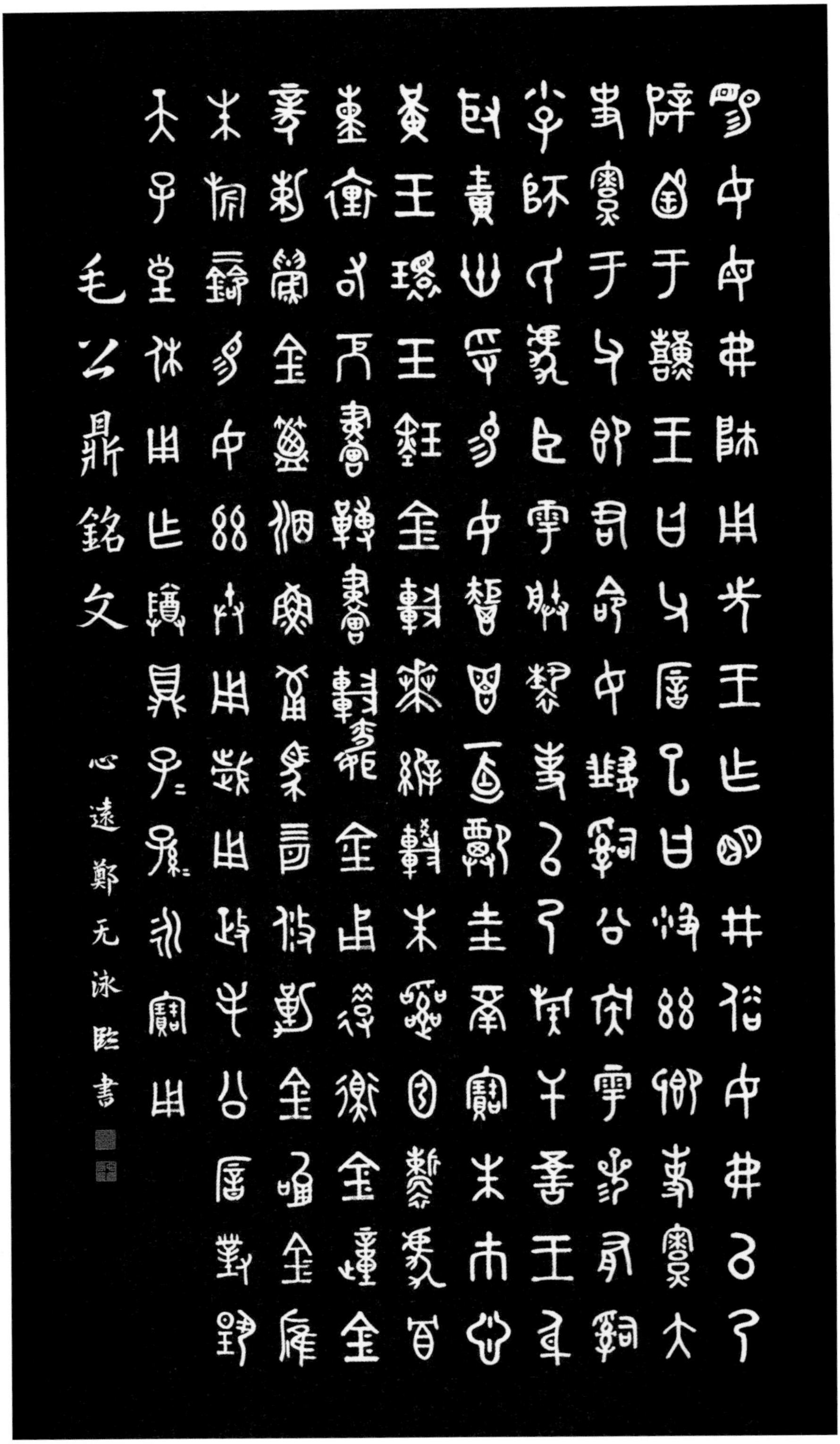
毛公鼎銘文
心遠 鄭无泳 臨書

史墻盤 사장반

서주 銅器. 중국 陝西 扶風 출토. 명문 284자. 높이 16.2cm, 구경 47.3cm, 깊이 8.6cm

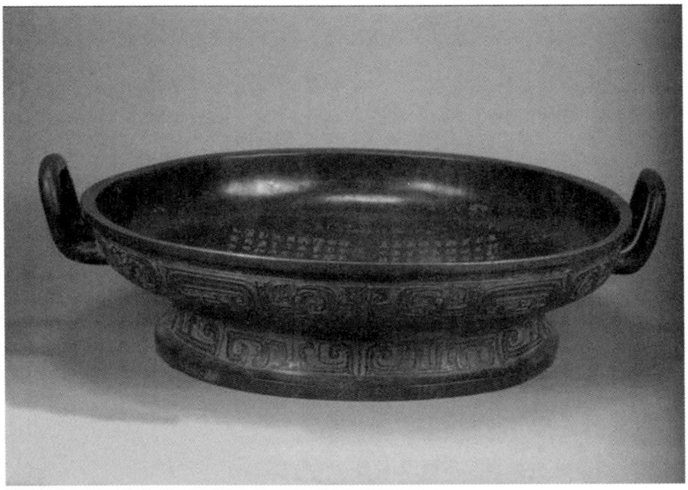

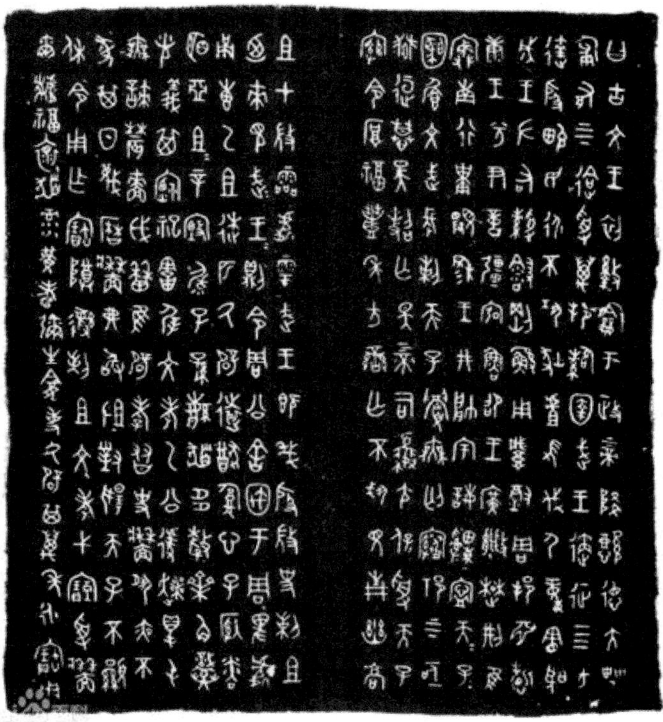

명문 원문(추정)

- 曰古文王，初𢼊龢于政，上帝降懿德大甹，匍有上下，迨受萬邦。□圉武王，遹征四方，達殷畯民，永不（丕）巩（恐）狄虘（租），微伐尸（夷）童。憲聖成王，左右□（綬）□剛鯀，用□（肇）□（徹）周邦。淵哲康王，□（劭）尹意（億）疆。弘（宏）魯卲（昭）王，廣□楚荆，隹寏（煥）南行。祗□（景）穆王，井（型）帥宇（訏）誨（謀），□（申）寧天子。天子□（克）屪（纘）文武長剌（烈），天子□（黴）無匄（害）。□□上下，亟獄超（宣）慕（謨），昊□（照）亡□（斁）。上帝司□（擾）尢保，受（授）天子綰（寬）令（命）、厚福、豐年，方蠻（蠻）亡不𠭯（踝）見。青幽高祖，在微需（靈）處。雩武王既𢦏殷，微史剌（烈）祖迺來見武王。武王則令周公舍（捨）□（宇）于周。卑（俾）處□。□（惟）乙祖逨（弼）匹厥辟。遠猷腹心。子（兹）□（納）□明。亞祖祖辛。□毓（育）子孫。緐（繁）婟（福）多孷（釐）。櫅（齊）角（祿）□（熾）光。義（宜）其□（禋）祀。□（𤔲、胡）屖（遲）文考，乙公遽（競）□（爽），得屯（純）無諫，農嗇（穡）戉（越）□（曆）。唯辟孝□（友），史牆夙夜不□（墜），其日蔑□。牆弗敢□（抯，沮），對揚天子不（丕）顯休令（命），用乍（作）寶尊彝。剌（烈）祖文考，弋（式）□（貯）受（授）牆爾（藲）□（髗）福，褱（懷）婟（福）彔（祿），黃耇、彌生，□（堪）事厥辟，其萬年永寶用。

임서

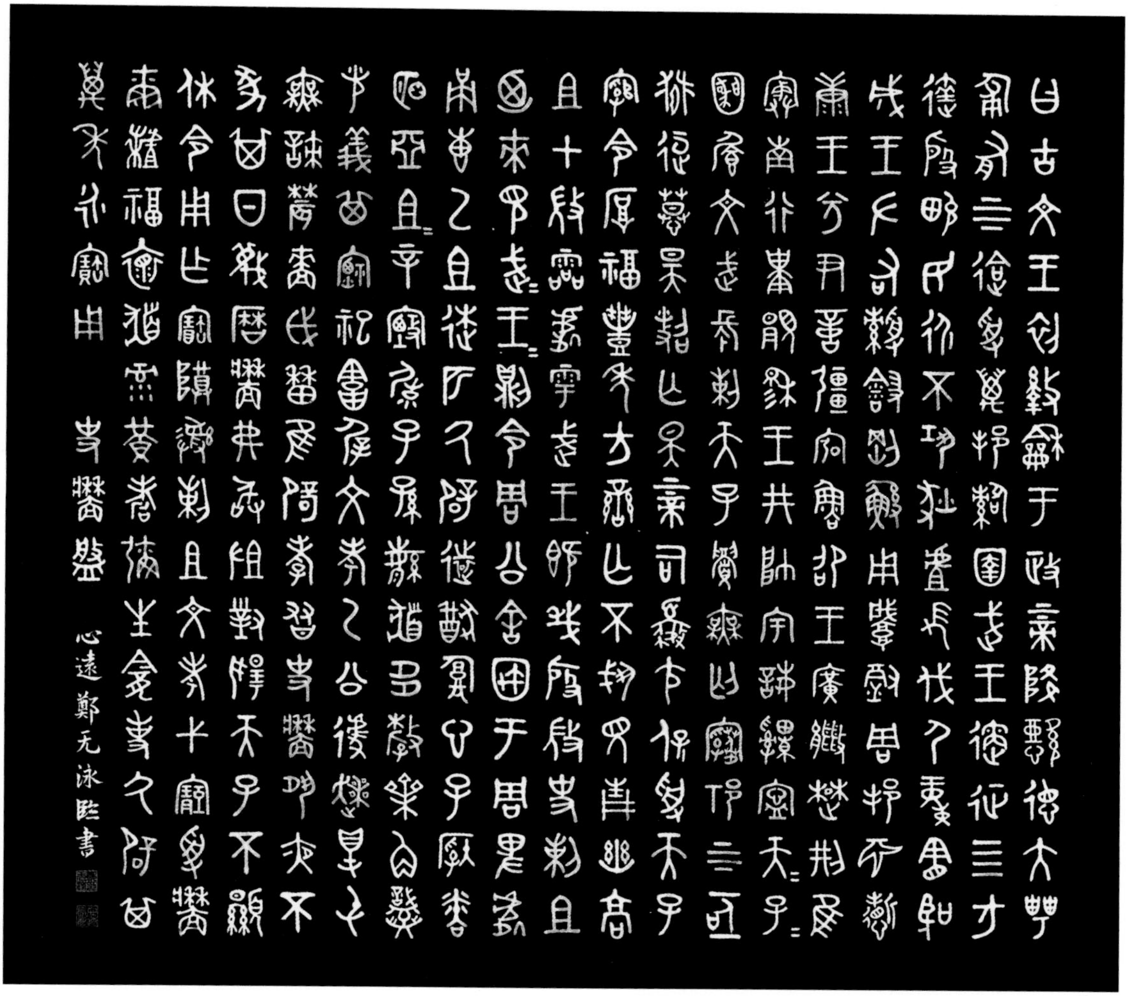

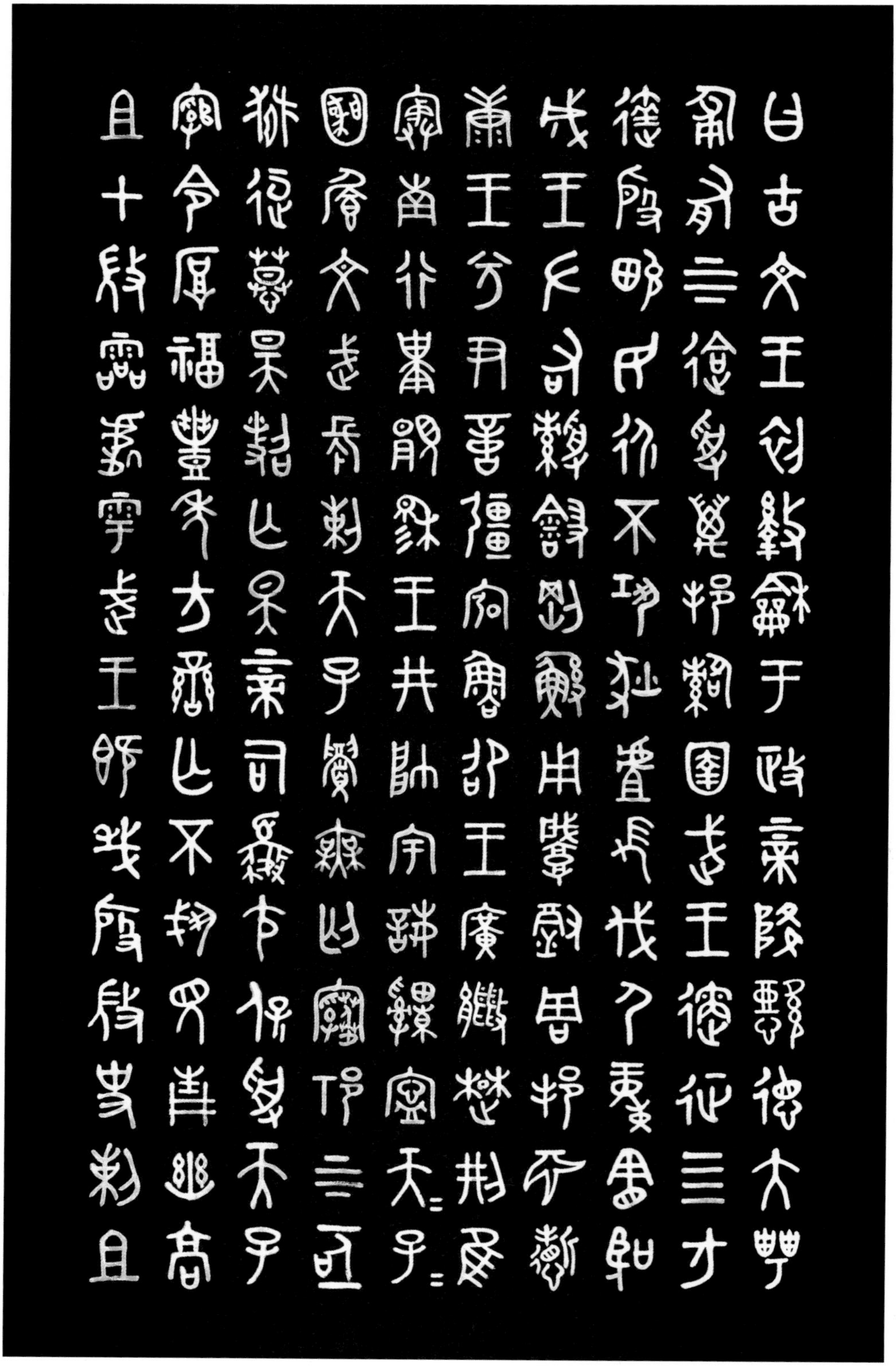

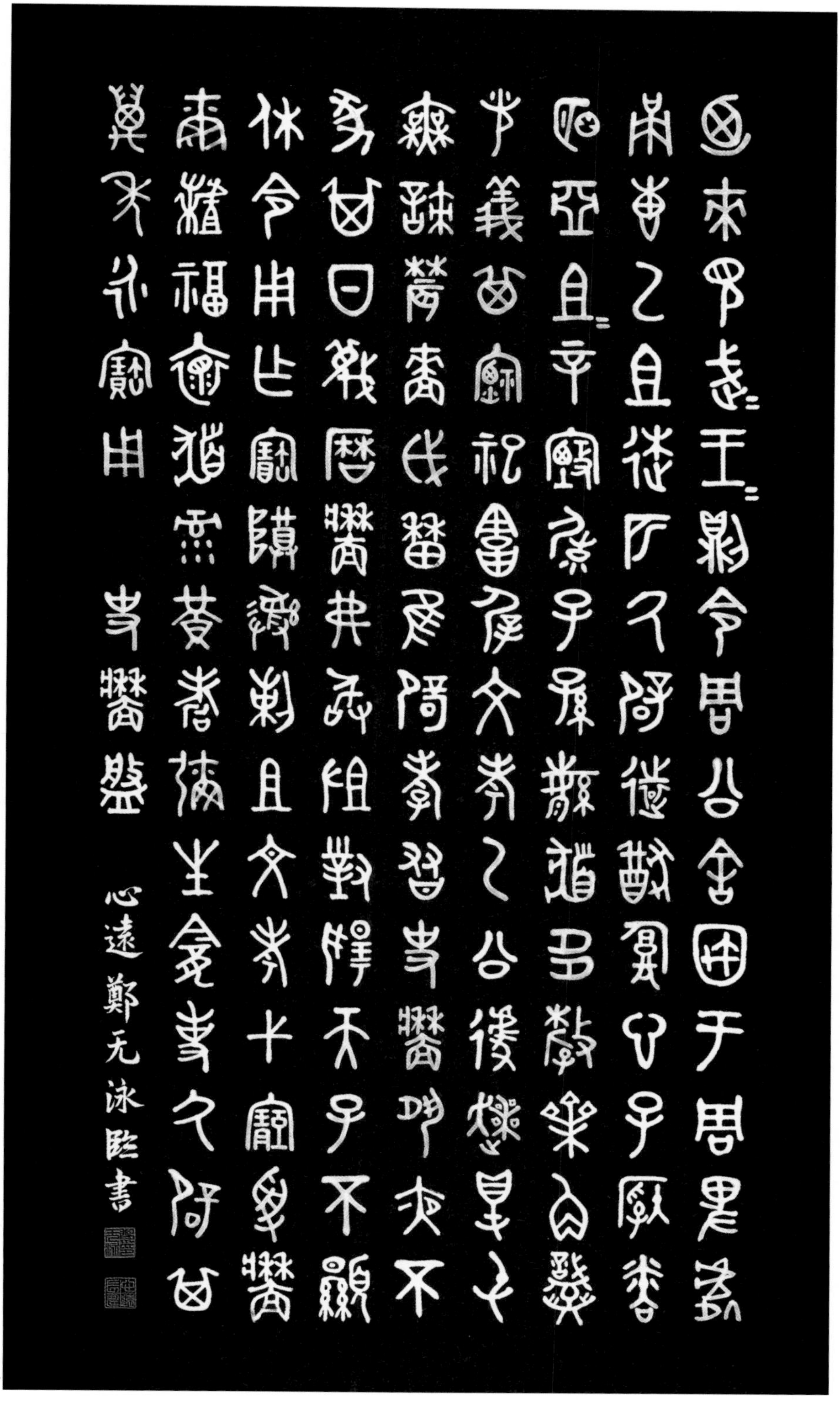
心遠 鄭无泳臨書

石鼓文 석고문

돌에 새긴 중국 선진(先秦) 시기의 문자이며, 돌의 형태가 북과 같이 생겼다고 하여 석고문(石鼓文)이라고 한다. 글이 새겨진 돌이 10개이며 돌의 높이는 약 2척(尺), 지름은 약 1척(尺). 당초(唐初) 섬서(陝西) 보계(寶鷄)에서 출토. 현존하는 석각(石刻) 작품으로 가장 오래된 것이며 대전체(大篆體)로 새겨져 있다. 총 718자로 새겨져 있었으나 현재 탁본으로 판독할 수 있는 글자는 약 480여 자이다.

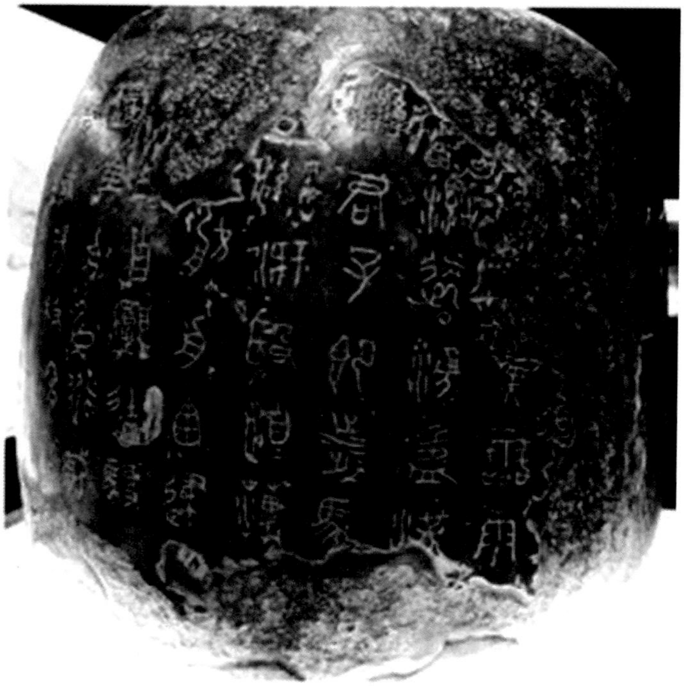

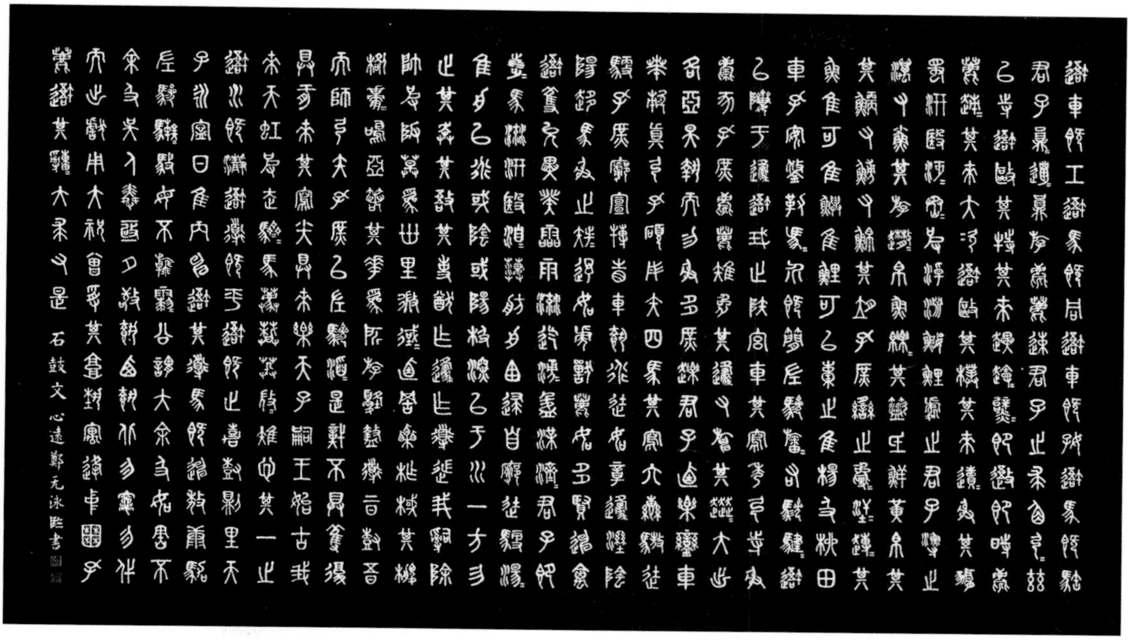
石鼓文 心遠鄭元泳臨書

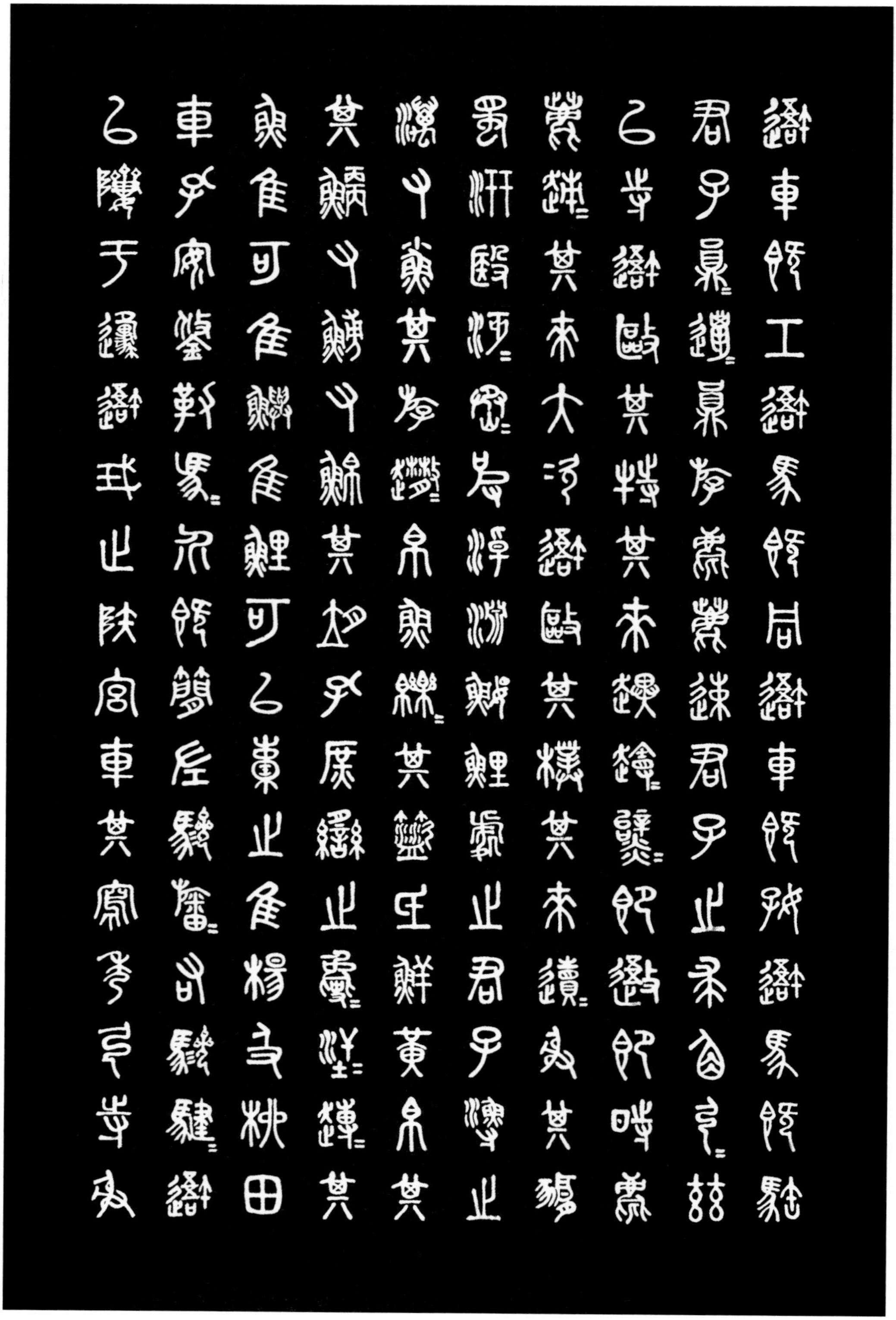

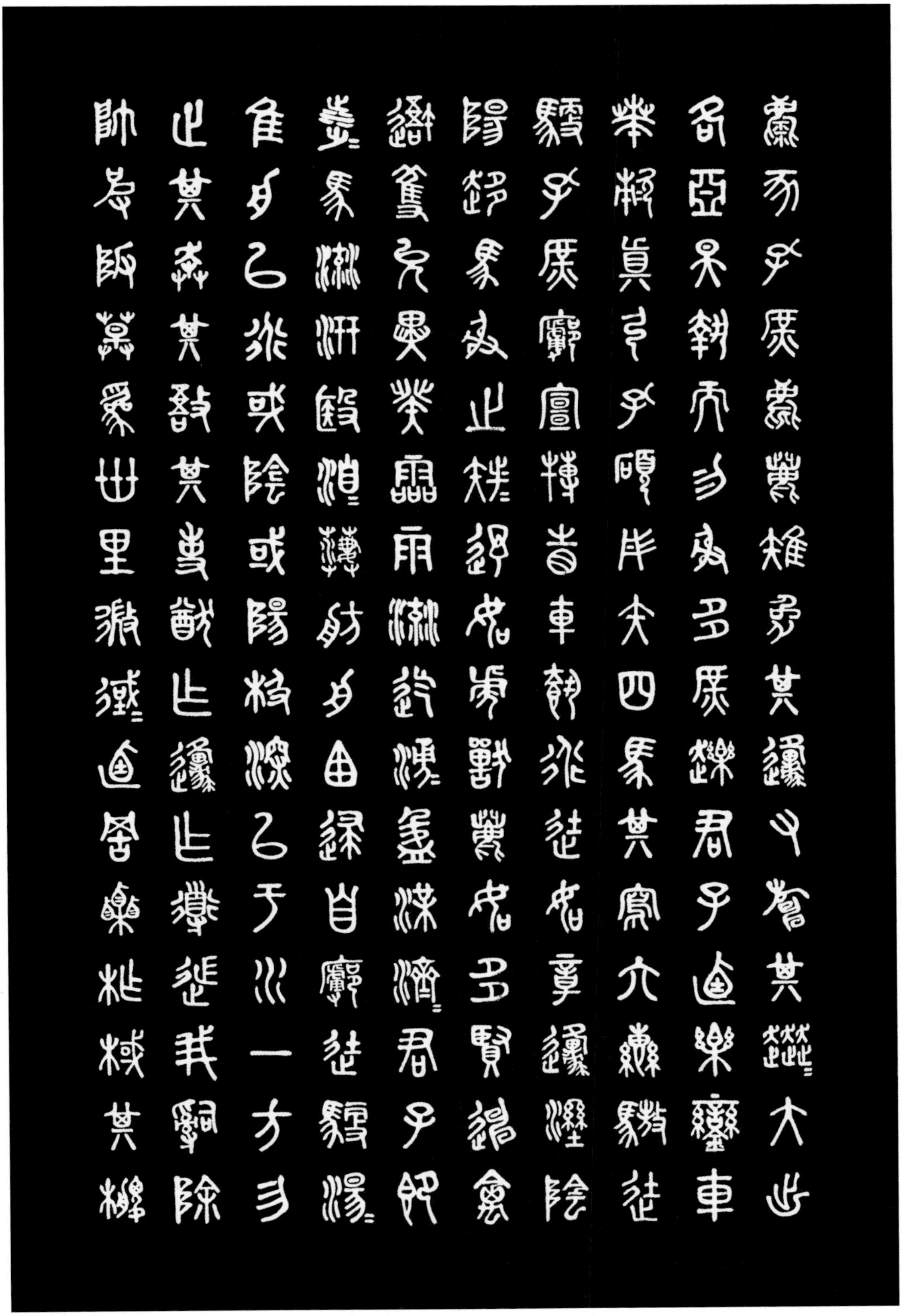

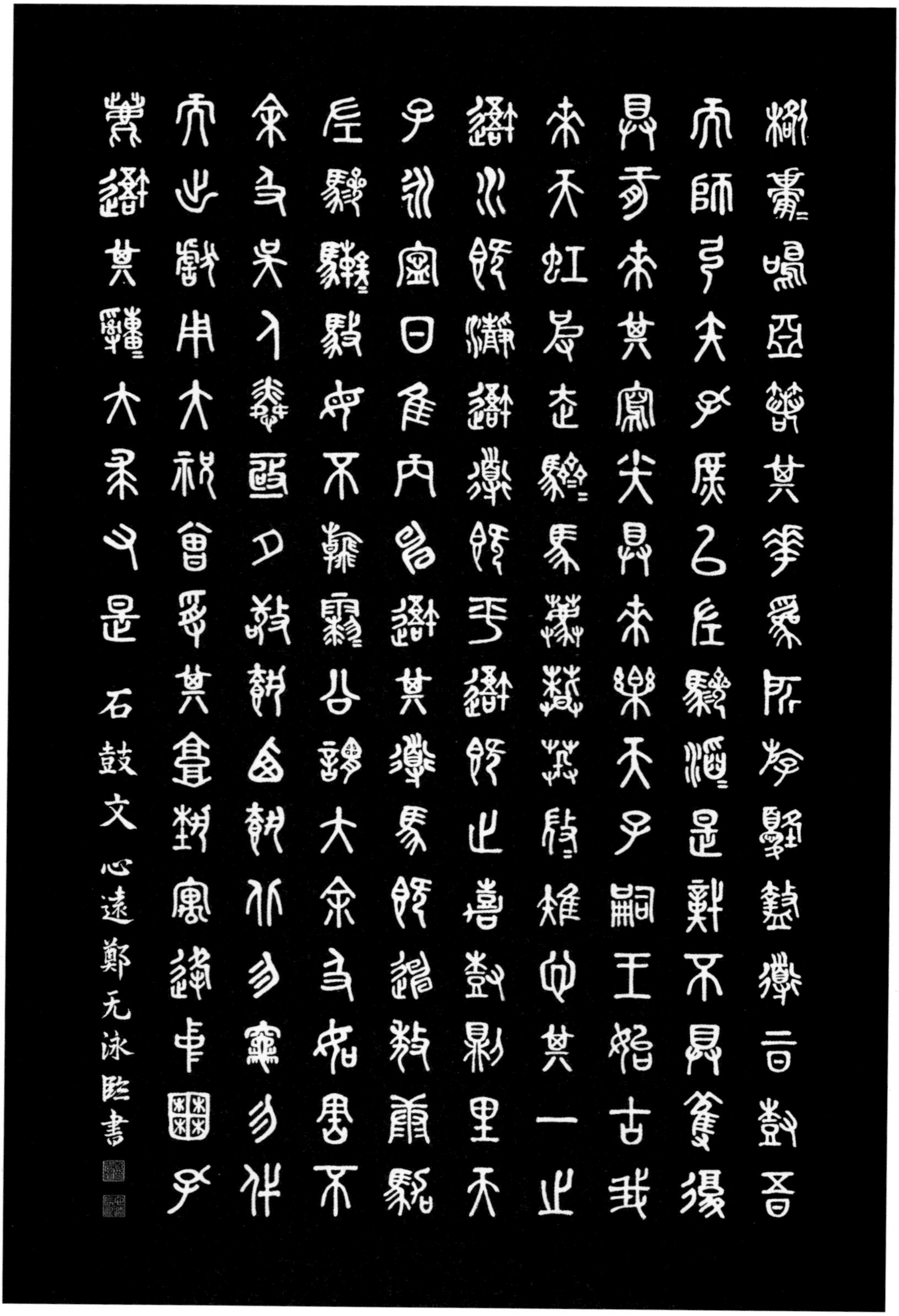
石鼓文 心遠鄭无泳臨書

王羲之왕희지 蘭亭序난정서

왕희지가 쓴 천하제일 행서 작품으로 난정서(蘭亭敍)라고도 한다.
신룡본(神龍本) 모본(摹本).

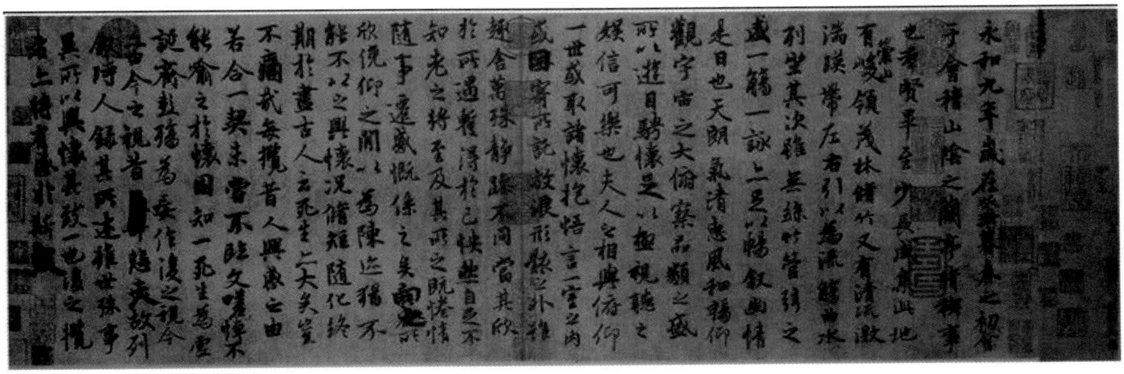

임서

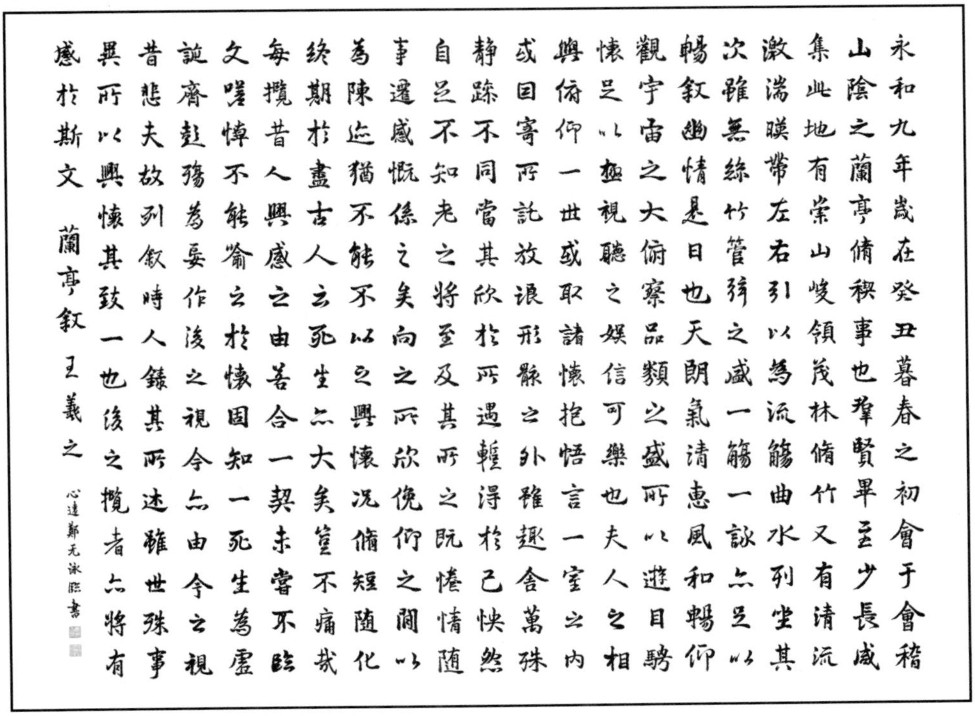

永和九年歲在癸丑暮春之初會于會稽
山陰之蘭亭脩稧事也羣賢畢至少長咸
集此地有崇山峻領茂林脩竹又有淸流
激湍暎帶左右引以爲流觴曲水列坐其
次雖無絲竹管弦之盛一觴一詠亦足以
暢叙幽情是日也天朗氣淸惠風和暢仰
觀宇宙之大俯察品類之盛所以遊目騁
懷足以極視聽之娛信可樂也夫人之相
與俯仰一世或取諸懷抱悟言一室之內
或因寄所託放浪形骸之外雖趣舍萬殊
靜躁不同當其欣於所遇輒得於己快然

自足不知老之將至及其所之既惓情隨
事遷感慨係之矣向之所欣俛仰之間以
為陳迹猶不能不以之興懷況脩短隨化
終期於盡古人云死生亦大矣豈不痛哉
每攬昔人興感之由若合一契未嘗不臨
文嗟悼不能喻之於懷固知一死生為虛
誕齊彭殤為妄作後之視今亦由今之視
昔悲夫故列叙時人錄其所述雖世殊事
異所以興懷其致一也後之攬者亦將有
感於斯文

蘭亭叙 王羲之

心遠鄭元詠臨書

千字文 천자문

손과정(孫過庭)의 서보(書譜)에서 집자(集字)한 천자문.

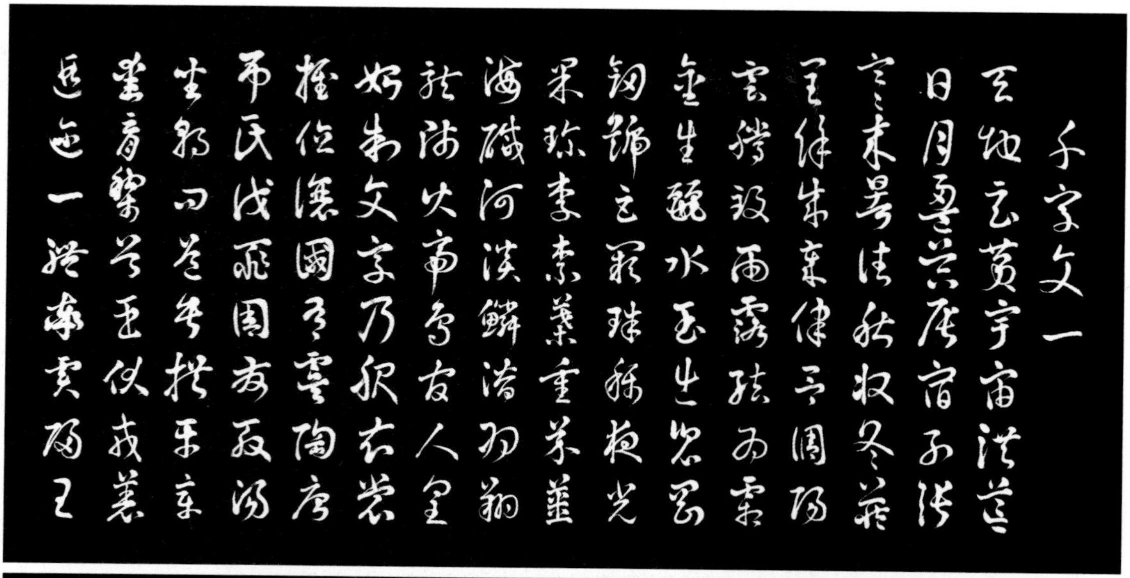

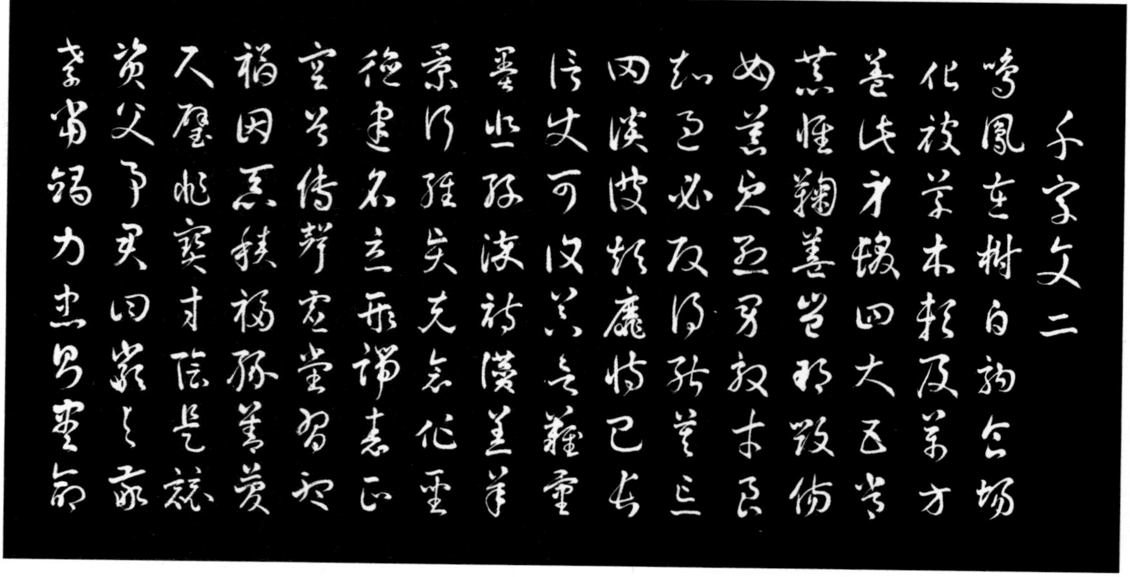

千字文 三

臨深履薄夙興溫凊
似蘭斯馨如松之盛
川流不息淵澄取映
容止若思言辭安定
篤初誠美慎終宜令
榮業所基籍甚無竟
學優登仕攝職從政
存以甘棠去而益詠
樂殊貴賤禮別尊卑
上和下睦夫唱婦隨
外受傅訓入奉母儀
諸姑伯叔猶子比兒
孔懷兄弟同氣連枝
交友投分切磨箴規
仁慈隱惻造次弗離
節義廉退顛沛匪虧

千字文 四

性靜情逸心動神疲
守眞志滿逐物意移
堅持雅操好爵自縻
都邑華夏東西二京
背邙面洛浮渭據涇
宮殿盤鬱樓觀飛驚
圖寫禽獸畫綵仙靈
丙舍傍啓甲帳對楹
肆筵設席鼓瑟吹笙
升階納陛弁轉疑星
右通廣內左達承明
旣集墳典亦聚群英
杜稿鍾隸漆書壁經
府羅將相路俠槐卿
戶封八縣家給千兵
高冠陪輦驅轂振纓

千字文 五

世祿侈富車駕肥輕
策功茂實勒碑刻銘
磻溪伊尹佐時阿衡
奄宅曲阜微旦孰營
桓公匡合濟弱扶傾
綺回漢惠說感武丁
俊乂密勿多士寔寧
晉楚更霸趙魏困橫
假途滅虢踐土會盟
何遵約法韓弊煩刑
起翦頗牧用軍最精
宣威沙漠馳譽丹靑
九州禹跡百郡秦幷
嶽宗恒岱禪主云亭
雁門紫塞雞田赤城
昆池碣石鉅野洞庭

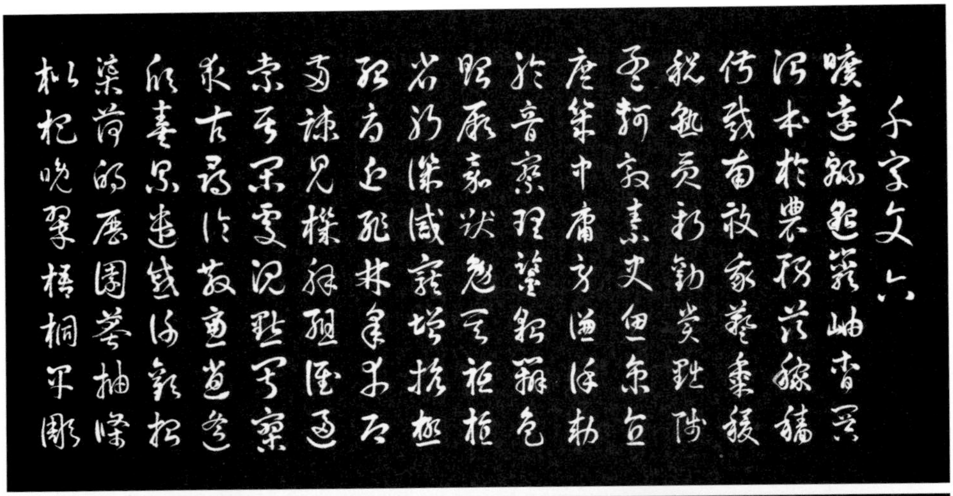
千字文六

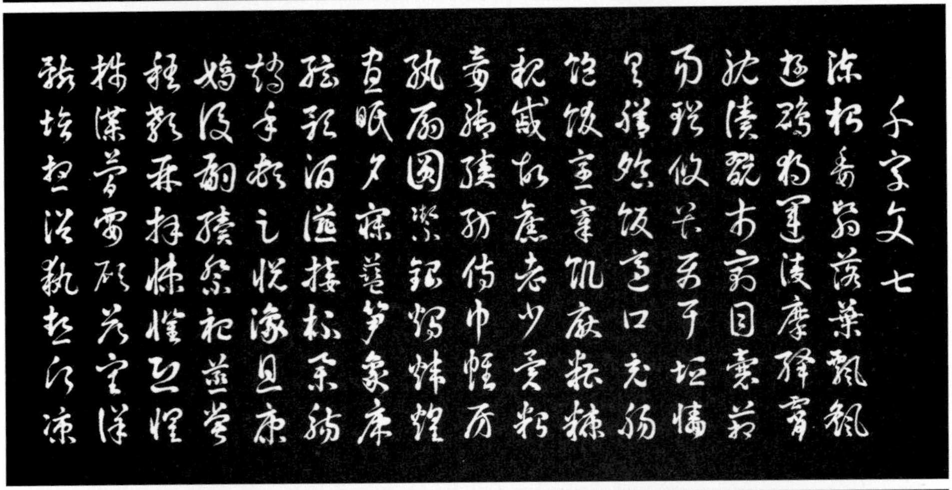
千字文七

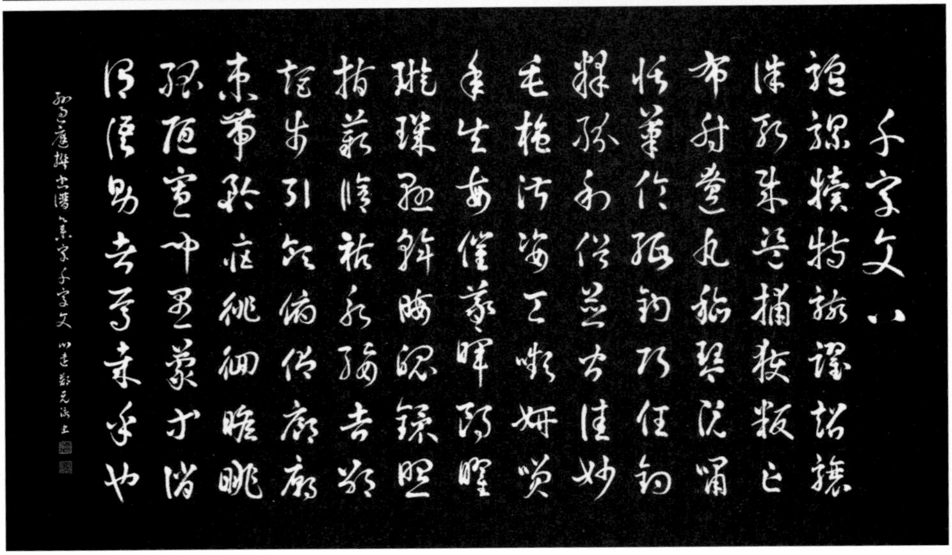
千字文八

田遊巖山居序 전유암산거서

당나라 전유암이 지은 글로서 서문 형식의 문체이며 김생이 쓴 글씨로 전해오고 있다. 현재 목각 탁본이 있으며 집자된 것이 아니기 때문에 김생의 서품과 장법(章法)을 알 수 있는 유일한 자료이다.

田遊巖山家序

夫以養性閑庭，閉蓬門而翫書史，遊心江漢(1)，策黎杖而望煙霞．白雲散而天地分，青山寂而林泉麗．兀然獨坐，披尋老子五千文．寂寞幽栖 平酌嵇康一兩盞．遊天四望，雲積如帝鄉之樓．祏地(2)三恩，澗咽似秦川之水．劉伯淪(3)之隱處，翠柳三行．黃舛陶(4)之閑居，青松萬丈．池分九曲，時時流鸚鵡之盃．花有六岐，往往落鴛鴦之色．橫琴窓下，擬遺風彈,種蕚庭前．用調蜂蜜，五丸仙藥．以充千日之飢．九轉神丹，延我百季之命，下官,性便山水,志重琴書,橫筵就巢父之河，携酒往許由之水．獨酌獨飲，與山鳥而齊歌．自吟自詠，共叢花而競咲．樂矣美矣，半醉半醒．勸酒於嶺上之雲，伴我於池中之鶴．雖盃中葉淥，眼外花紅．金烏落於峯西，玉嶺頹於席上．驚風入牖，知我酕醄．明月臨庭，交人落託．不遊四海，獨坐山家．聊述五行，傳於後代云爾．報德寺 金生 書

召召嵩嶺北，避世洛城東．門足陶潛柳，徑多原憲蓬．壺裏澄明月，琴上引淸風．誰能遂名利，終日事王公

전유암산가서

한가한 뜨락에서 심신을 수양하고, 쑥대 문 닫고 사서를 보고 있으면 마음은 요순시대에 노닌다. 지팡이를 짚고 아지랑이를 바라본다. 흰 구름 흩어지며 천지는 나뉘어졌네, 푸른 산은 고요하고 숲과 물은 아름답도다. 반듯이 홀로 앉아 노자 도덕경을 읽고, 정적이 감도는 집에서, 혜강처럼 술 한두 잔 마시네. 하늘에 눈길을 두고 사방을 바라보니, 쌓인 구름은 황제가 사는 누각과 같네. 사당에서 세 번 절하니, 시냇물 울음소리는 진천의 물소리처럼 들리네. 유백륜이 은거하던 곳처럼 푸른 버들은 세 줄로 서 있고. 도연명이 한가히 살던 곳처럼 푸른 소나무 빽빽이 널려 있도다. 못이 아홉 구비 도니 때때로 앵무잔을 띄우고. 꽃이 절정에 이르니 가끔 원앙의 빛을 띠며 떨어지네. 창 아래서 거문고로 옛 노래 뜯으며, 뜰 앞에 꽃나무 심어 꿀을 얻도다. 다섯 알의 선약으로 천일 동안 굶주린 배를 채우며, 아홉 번 찐 신단으로 나는 백년 수명을 늘리네. 벼슬을 그만두니, 성품은 산수를 좋아하고, 음악과 책을 중히 여기도다. 돗자리 끼고 소부, 허유가 놀았던 물가로 가 홀로 술을 따르고 마시며, 산새들과 노래하였네. 나 홀로 시를 읊으며, 많은 꽃들과 웃음을 겨루었네. 즐겁고 아름답다! 반쯤 취하고 반쯤 깨어, 산봉우리 위의 구름에게 술을 권하고, 연못 속의 학과 벗하였네. 비록 술잔 속의 잎은 맑게 보이나, 눈은 게슴츠레 몽롱하도다. 해(금오)는 산봉우리 서쪽에 지고, 눈 덮인 산의 그림자가 자리위로 내려앉는구나. 거센 바람 창문으로 들어와, 내가 몹시 취해 있음을 알았다. 밝은 달은 뜨락에 임하여, 사람들과 사귀네. 사해를 유람하지 않고, 홀로 산속 집에 앉아. 이 오행의 시를 지어, 후세에 전하노라. 보덕사 김생 서

멀고 먼 숭령의 북쪽, 세상을 피해 낙성 동쪽에 왔네. 문 앞엔 도연명의 버들이 넉넉히 서 있고, 길에는 원헌의 쑥대 또한 많도다. 술병 속 달빛은 밝고, 거문고 위로 맑은 바람 부네. 누가 명리 쫓아, 하루 종일 왕공을 섬기겠는가?

(1)장강(長江)과 한수(漢水), 요순시대의 지역

(2)신주를 모시는 곳.

(3)유백륜(劉佰倫)이 옳은 표기

(4)벼슬길 등진 도연명. 천(舛)은 등을 돌리다의 뜻, 황(黃)은 관직을 지칭. [관서의 문을 황문(黃門)이라 칭함].

임서

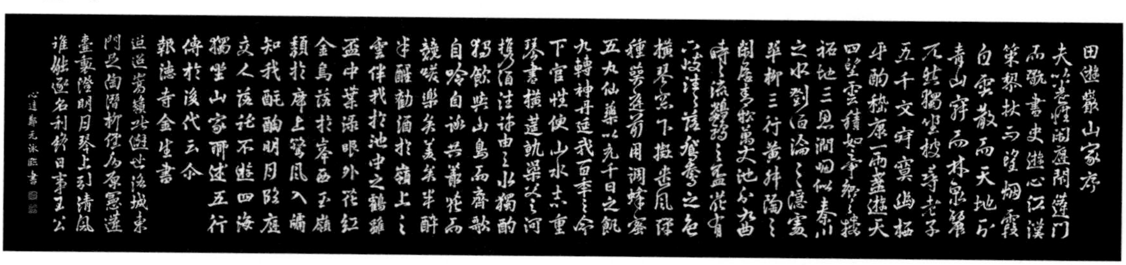

탁본

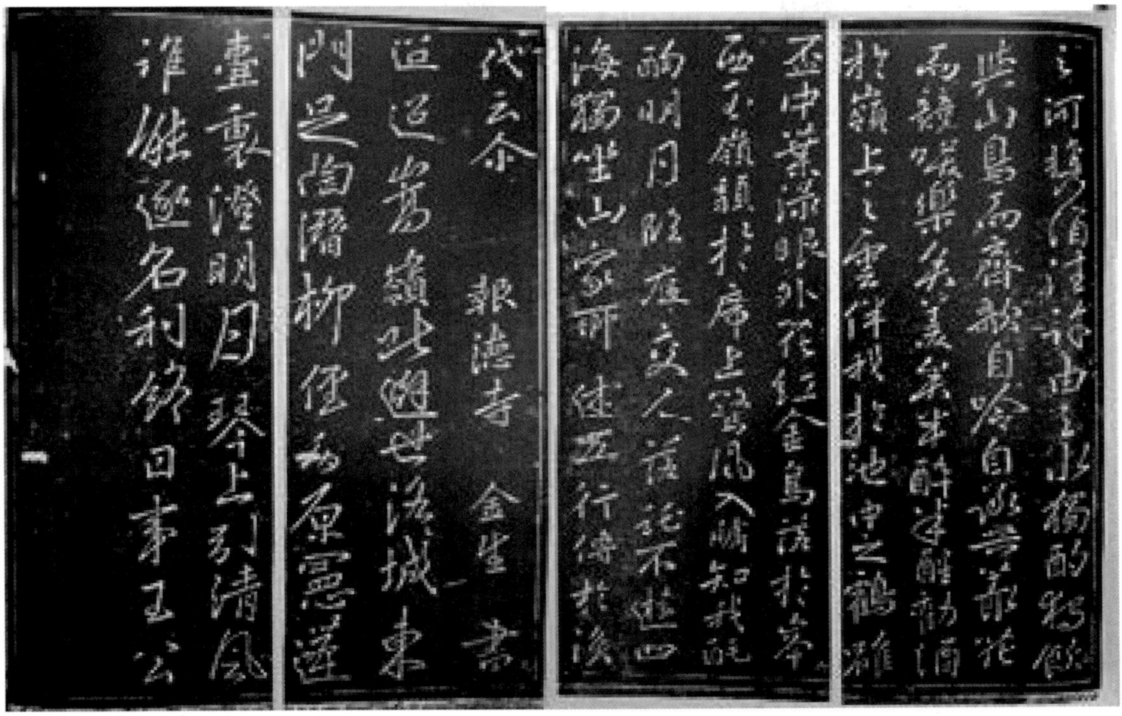

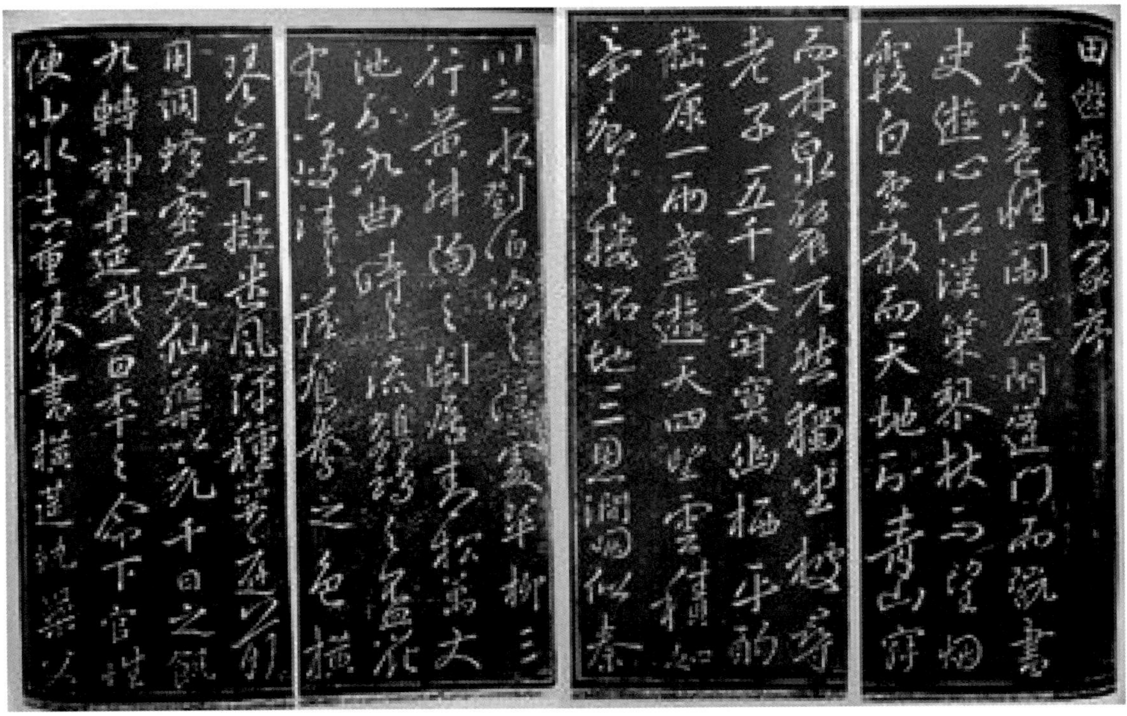

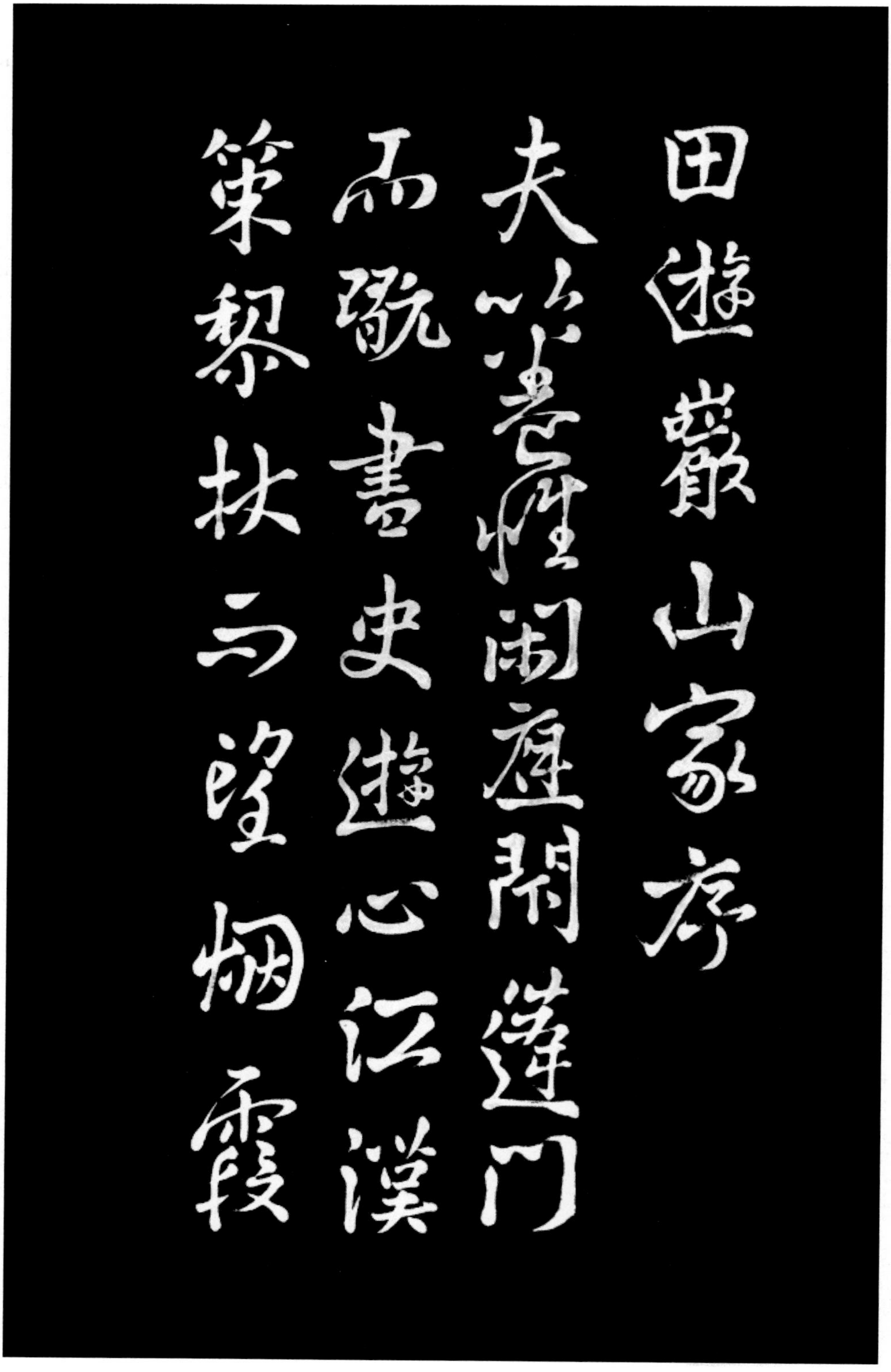
田遊巖山家序
夫以老性閑庭閉蓬门
而翫書史遊心江漢
策藜杖而望烟霞

白雲散而天分
青山擁而林泉麗
不然獨坐披詩老子
五千文窮冥幽極

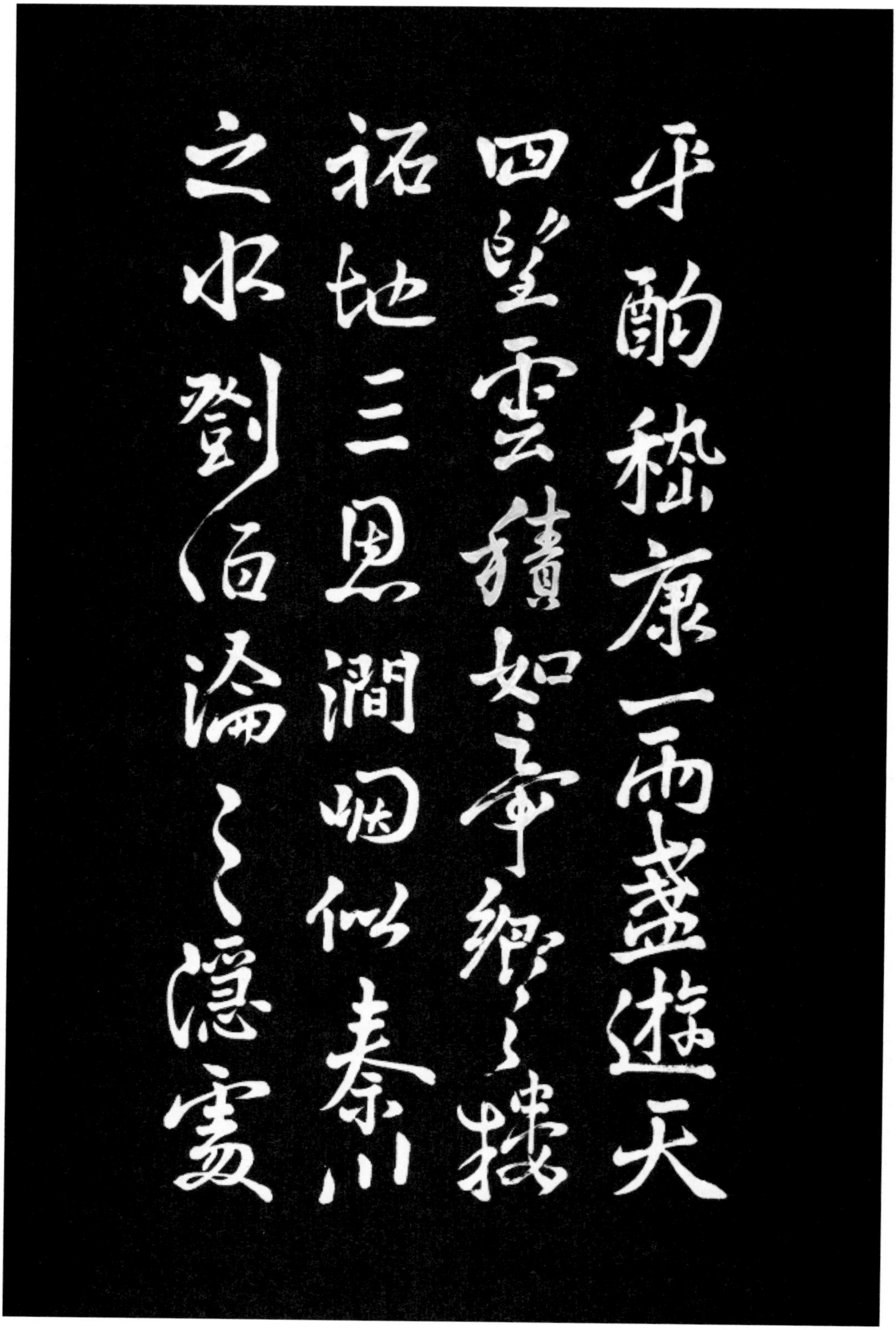

平酌嵇康一盞遊天
四望雲積如帝鄉之樓
福地三思澗咽似秦川
之水劉伯倫之隱處

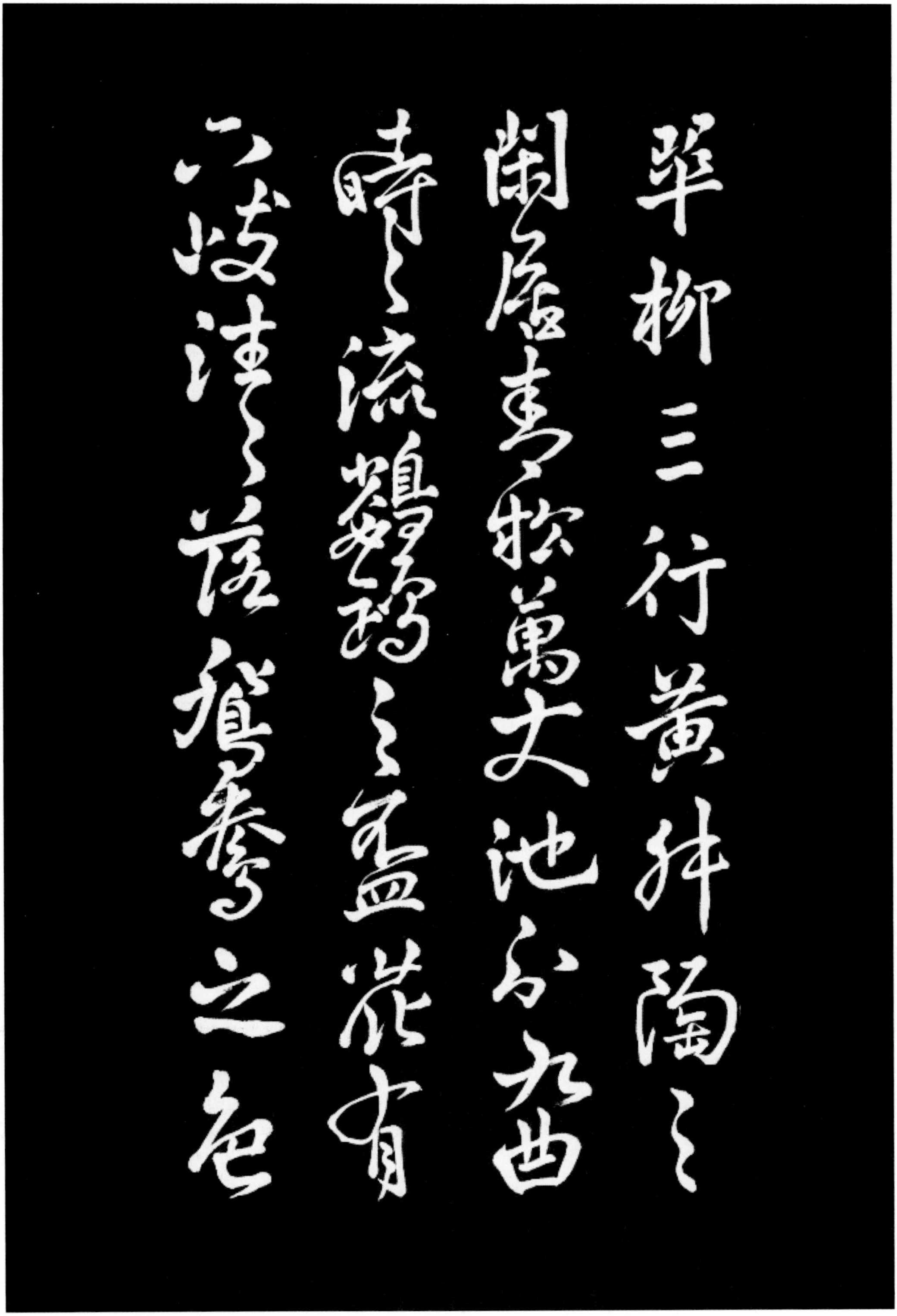
翠柳三行黃
閣居東
萬丈池分九曲
時時流鸂鶒之盃花有
枝連連落
之色

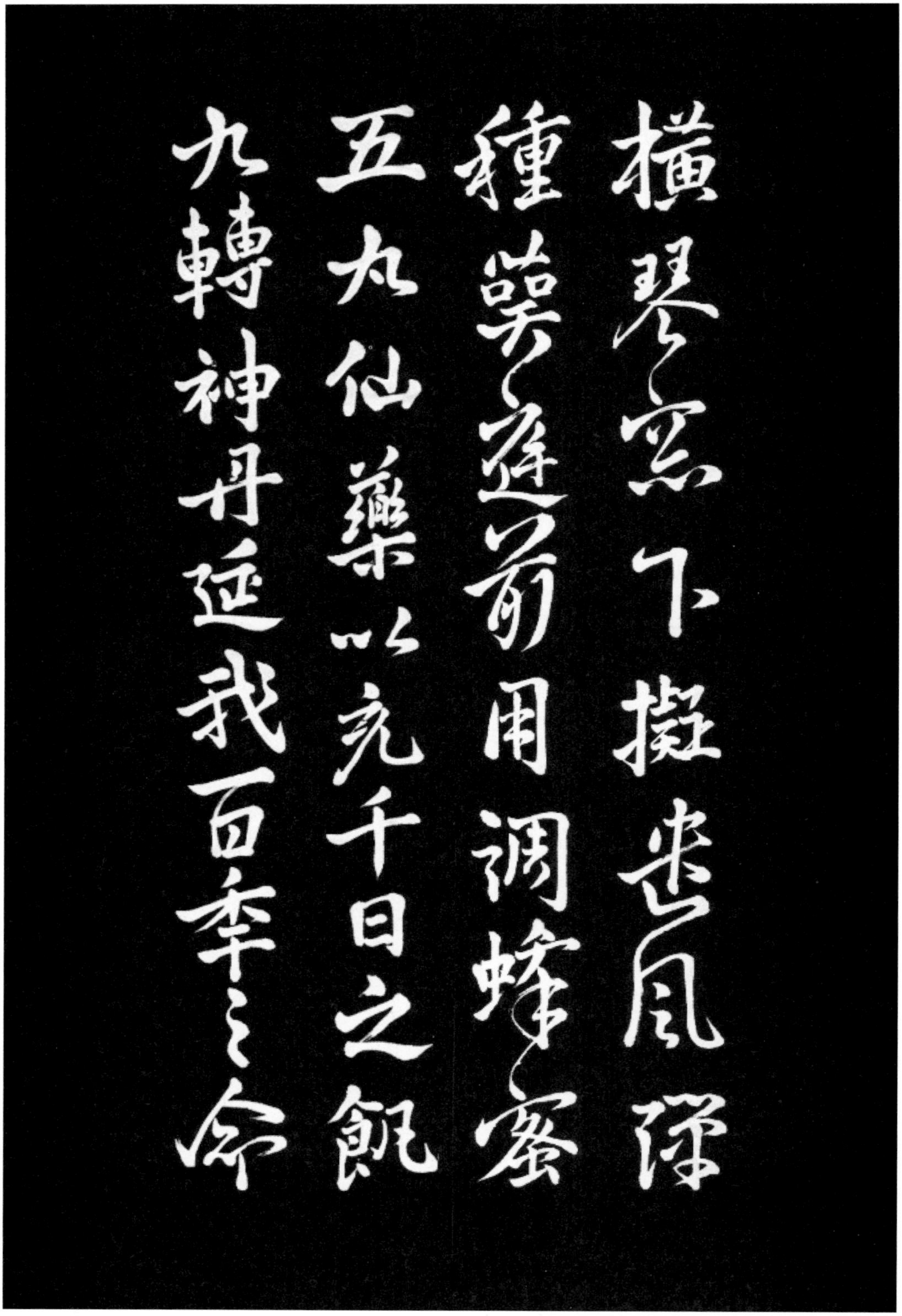
五丸仙藥以充千日之飢
九轉神丹延我百年々命

下官性使山水志重
琴書橫逕旭深以之河
携酒注詠由之水獨酌
獨飲與山鳥而齊歌

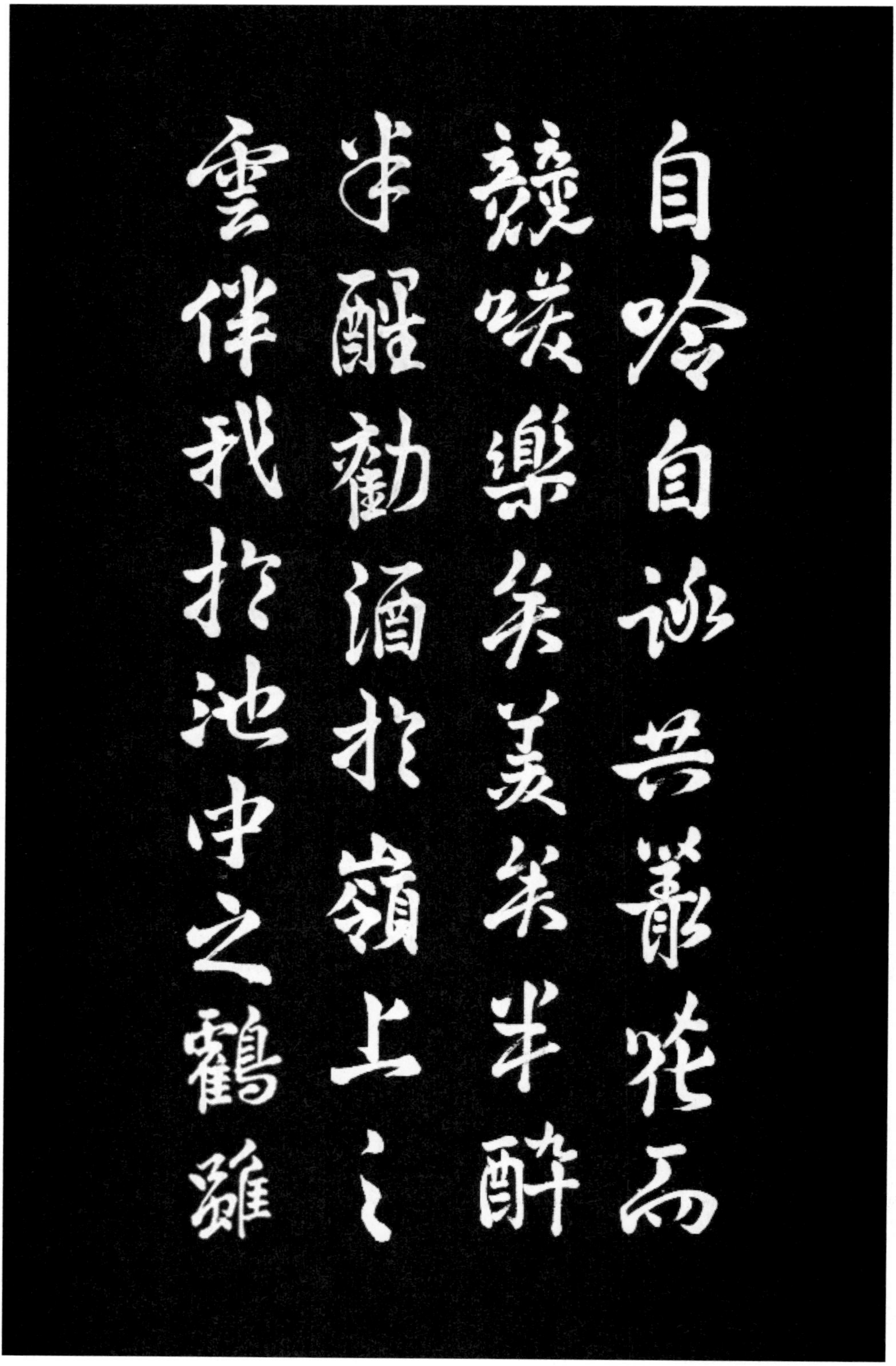
自吟自詠共叢花而
競嗅樂矣美矣半醉
半醒勸酒於嶺上之
雲伴我於池中之鶴雛

盃中葉添眼外花紅
金烏落於峯西玉嶺
類於屏上鶩風入嘯
知我酕醄明月臨庭

文人落託不遊四海
獨坐山家聊述五行
傳於後代云尒
報德寺金生書

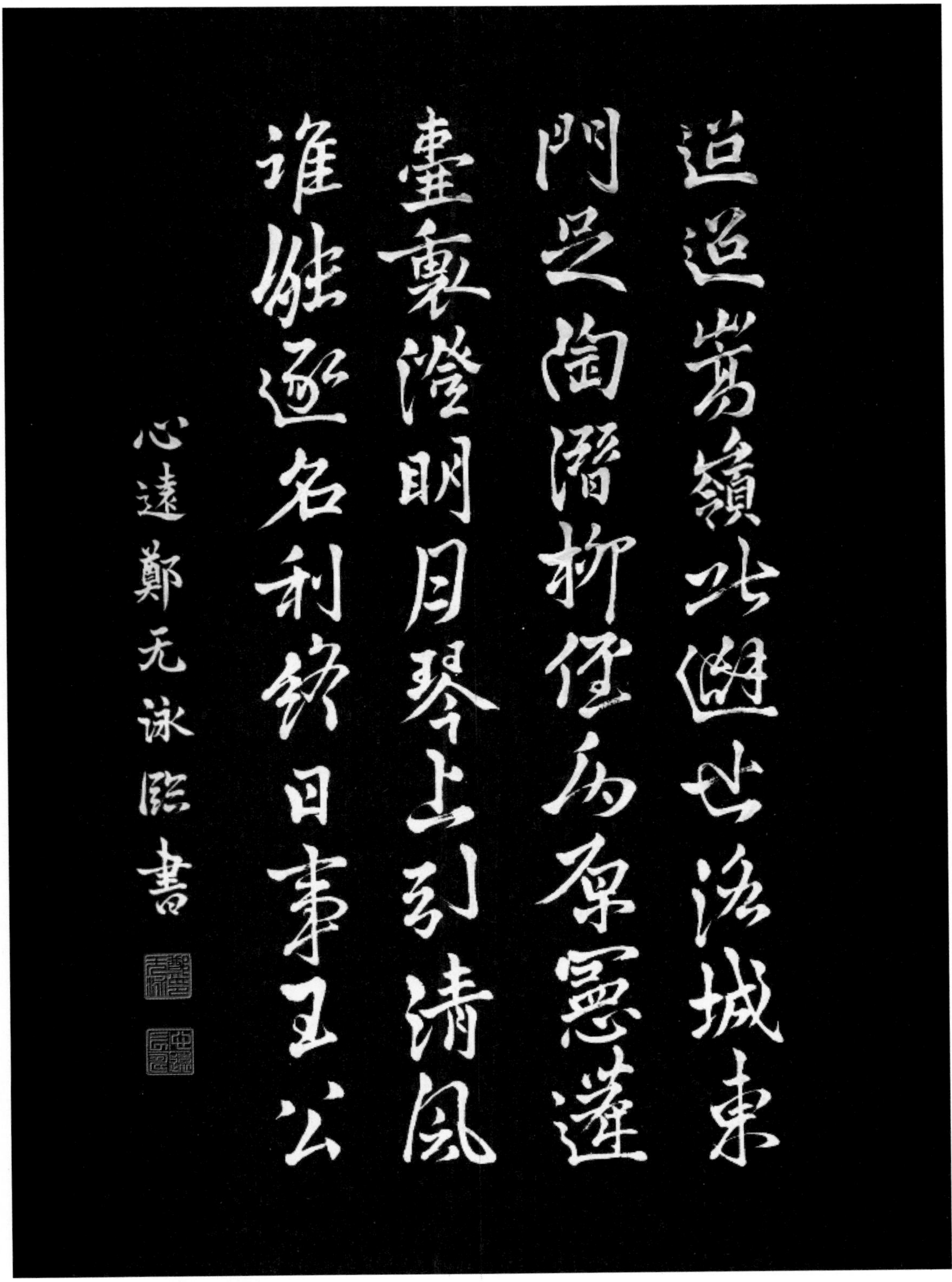
迢迢嵩嶺北幽古洛城東
門是陶潛柳徑爲原憲蓬
壺裏澄明月琴上引清風
誰能遺名利終日事王公
心遠鄭无泳臨書

般若心經 반야심경

오창석체(吳昌碩體) 전서(篆書)

원본 사진

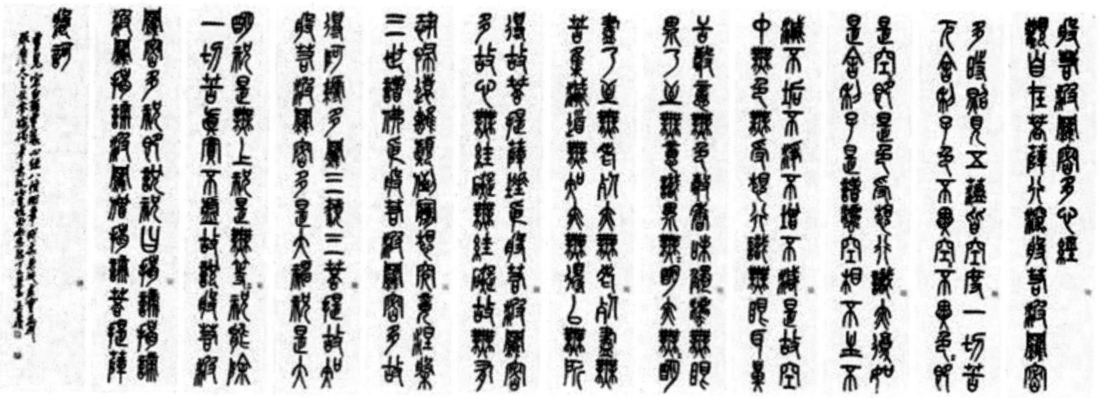

임서 1

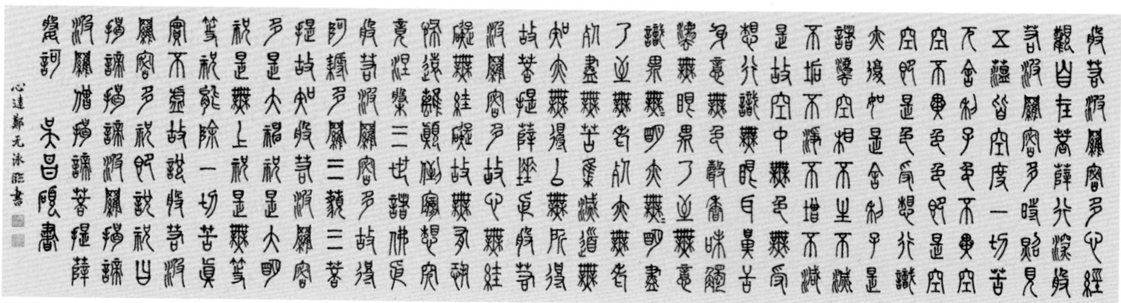

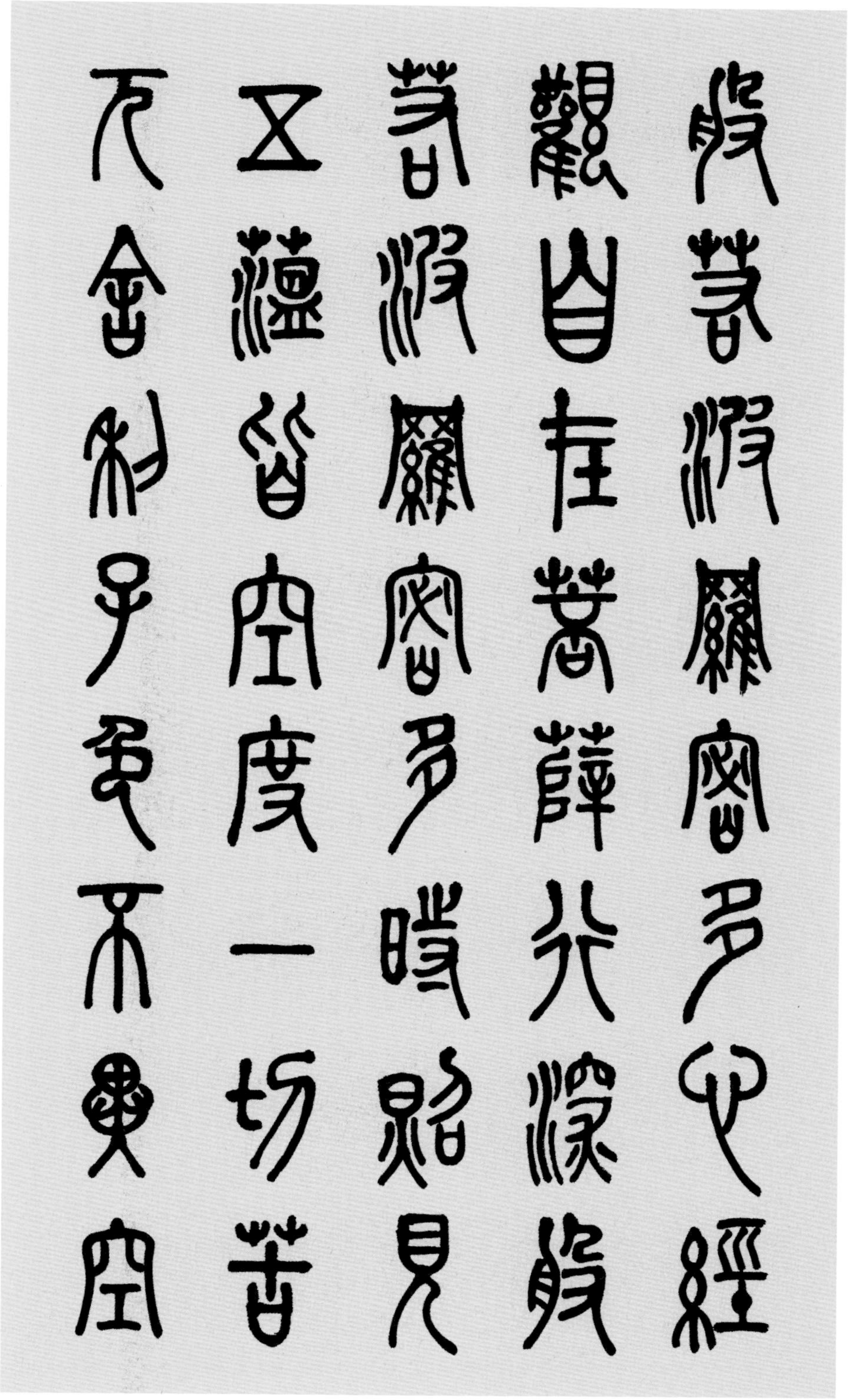
般若波羅蜜多心經
觀自在菩薩行深般
若波羅蜜多時照見
五蘊皆空度一切苦
厄舍利子色不異空

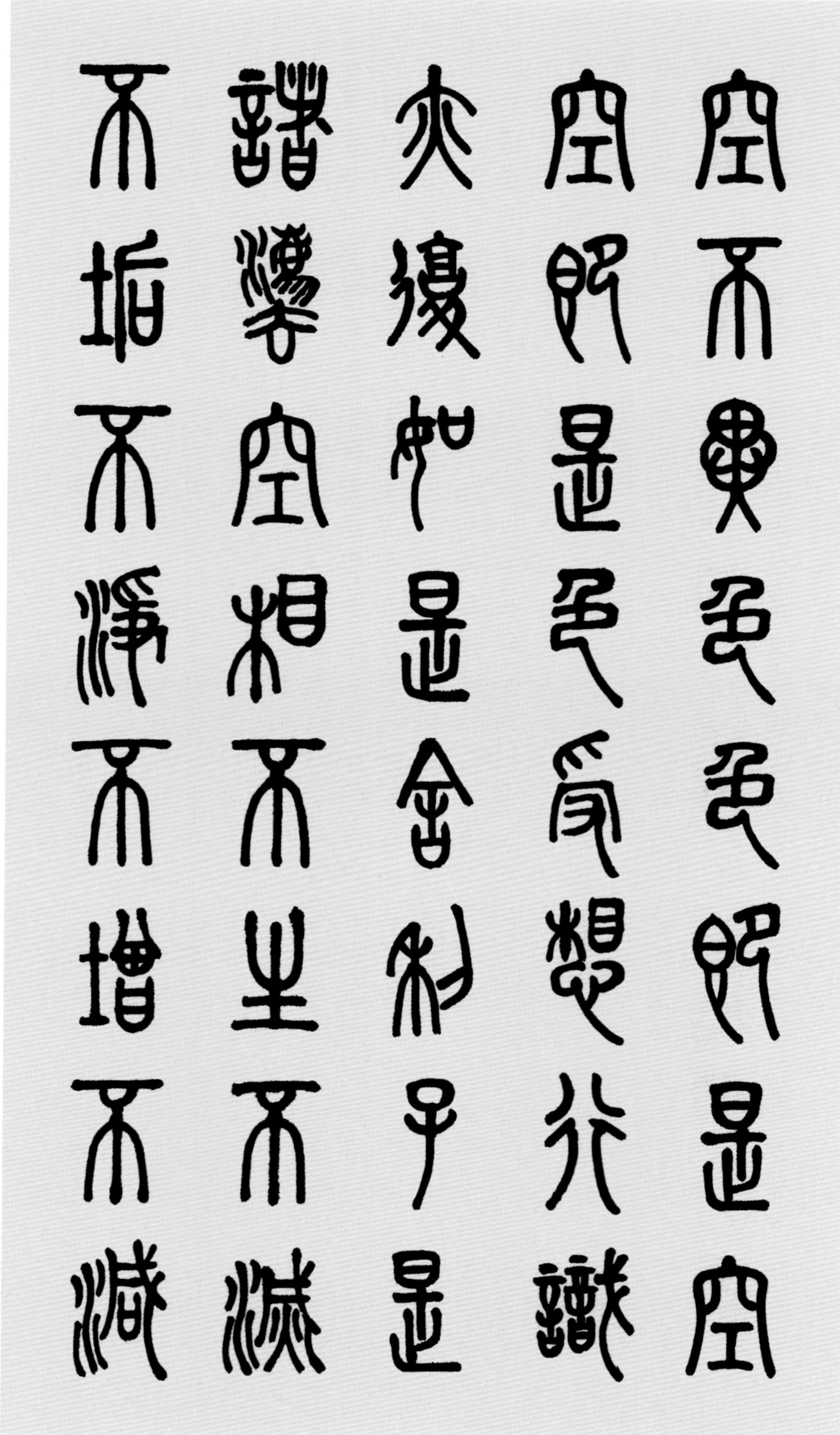
空不異色色即是空
空即是色受想行識
亦復如是舍利子是
諸法空相不生不滅
不垢不淨不增不減

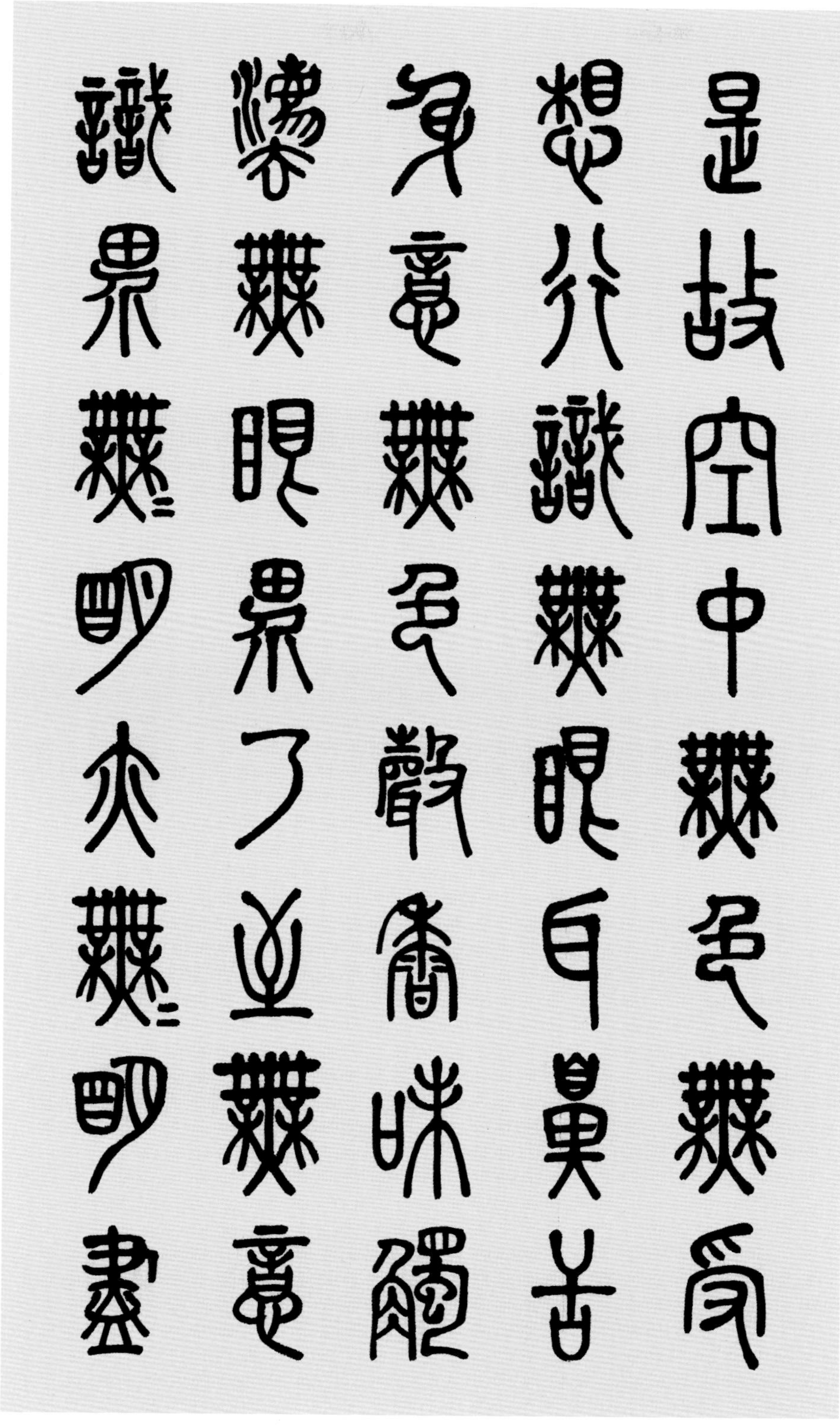
是故空中無色無受
想行識無眼耳鼻舌
身意無色聲香味觸
法無眼界乃至無意
識界無無明亦無無明盡

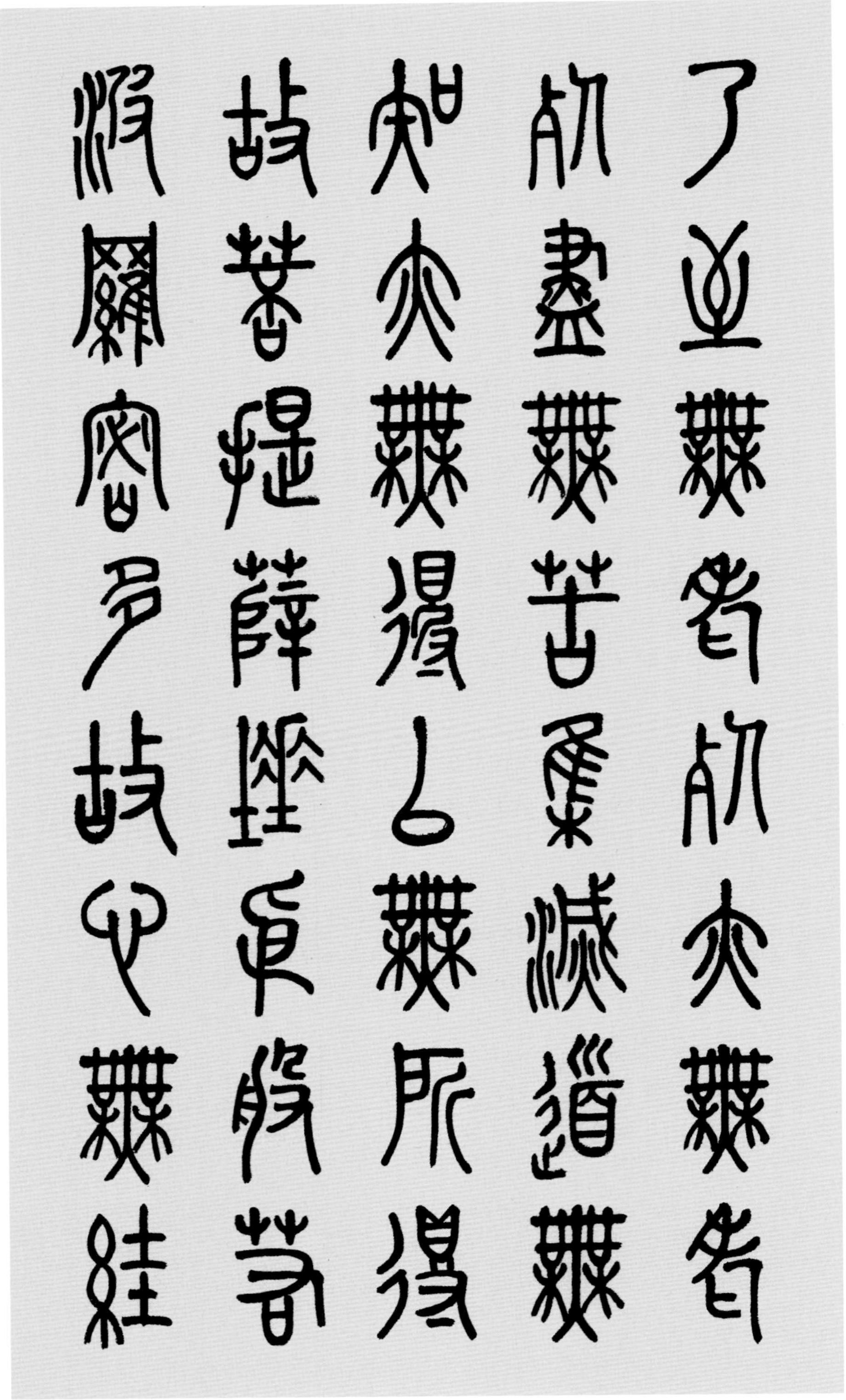

礙無罣礙故無有恐
怖遠離顚倒夢想究
竟涅槃三世諸佛依
般若波羅蜜多故得
阿耨多羅三藐三菩

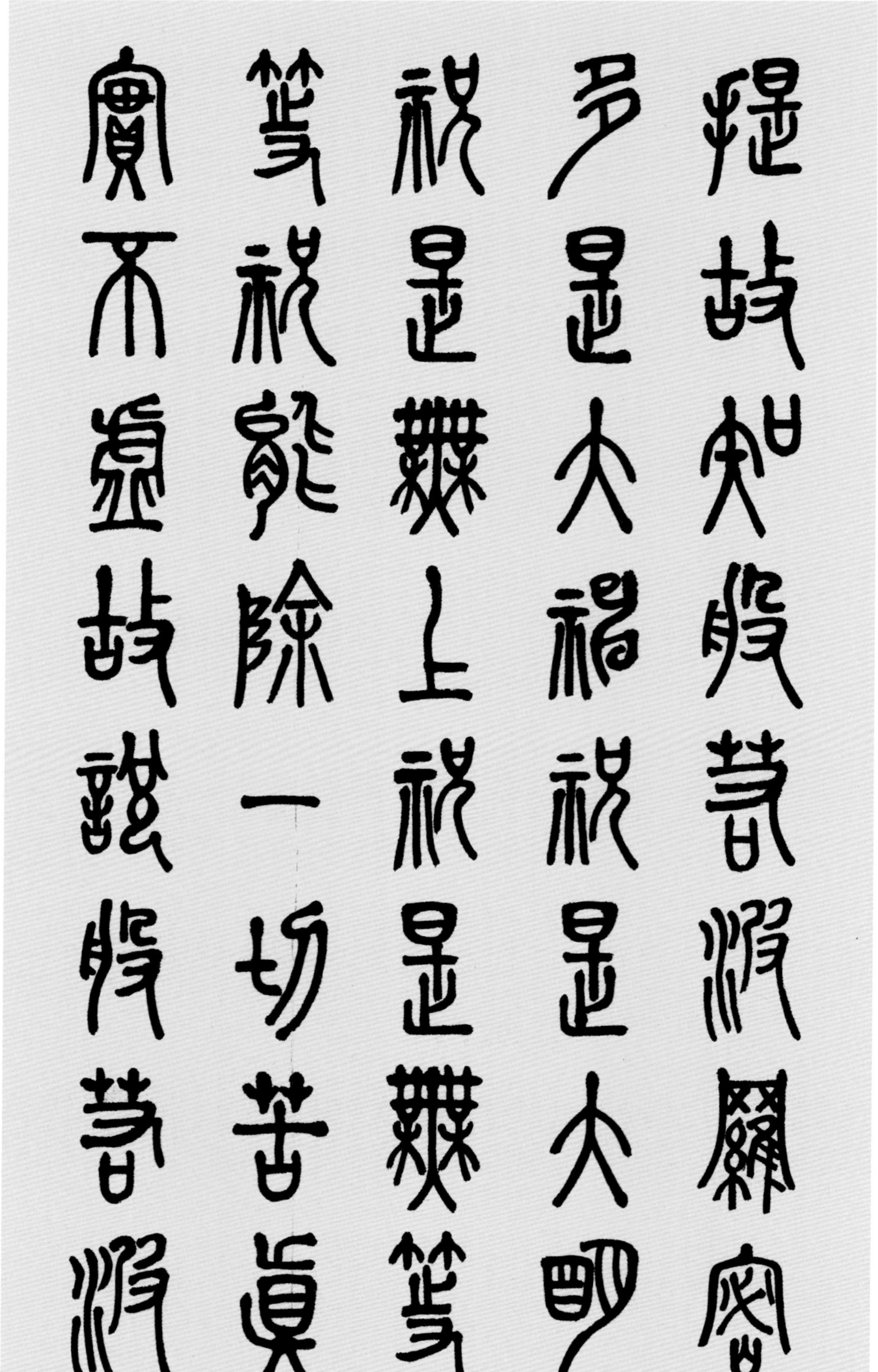
提故知般若波羅蜜
多是大神呪是大明
呪是無上呪是無等
等呪能除一切苦眞
實不虛故說般若波

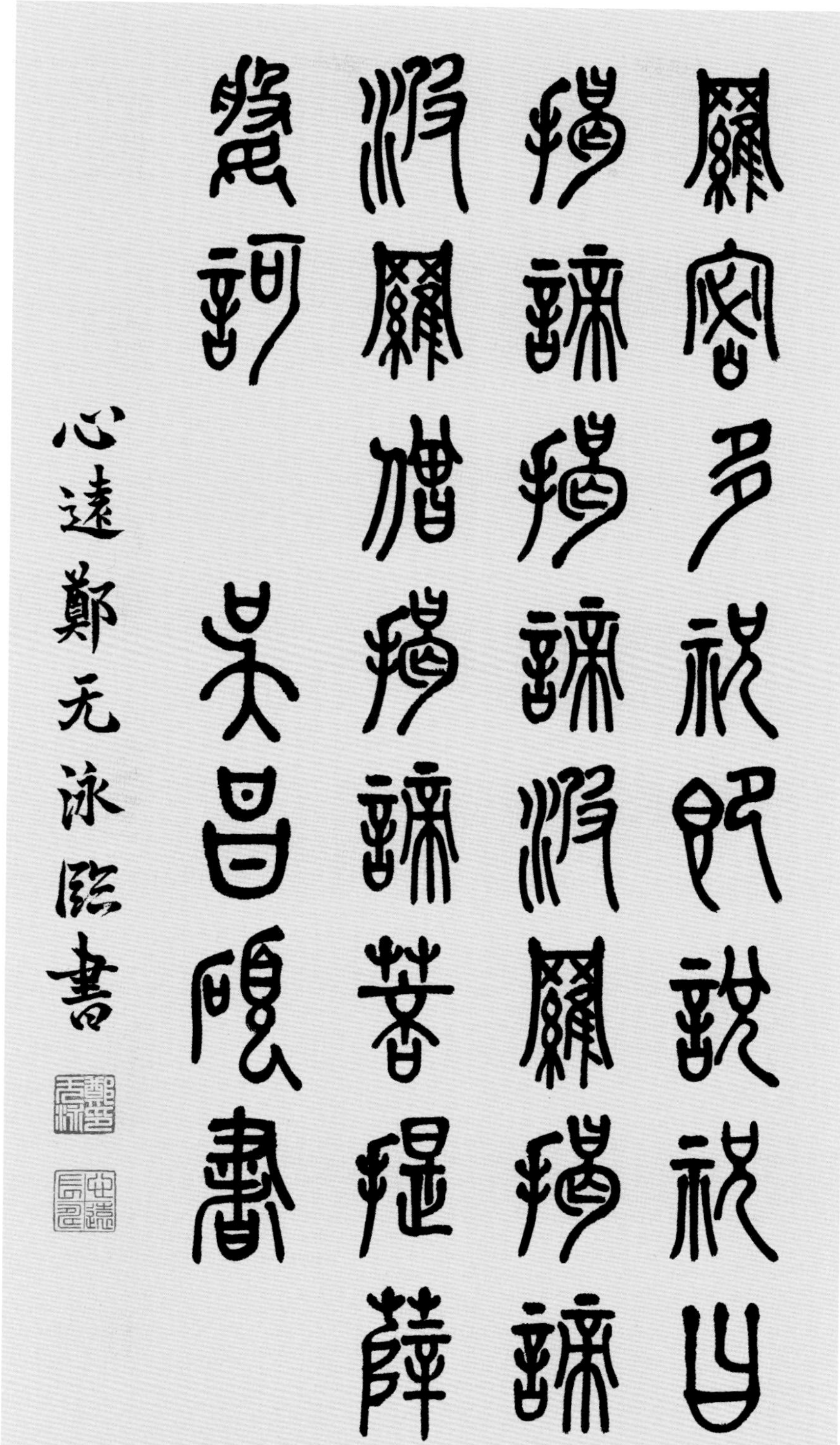
羅蜜多呪即說呪曰
揭諦揭諦波羅揭諦
波羅僧揭諦菩提薩
婆訶
心遠鄭无泳臨書

임서 2

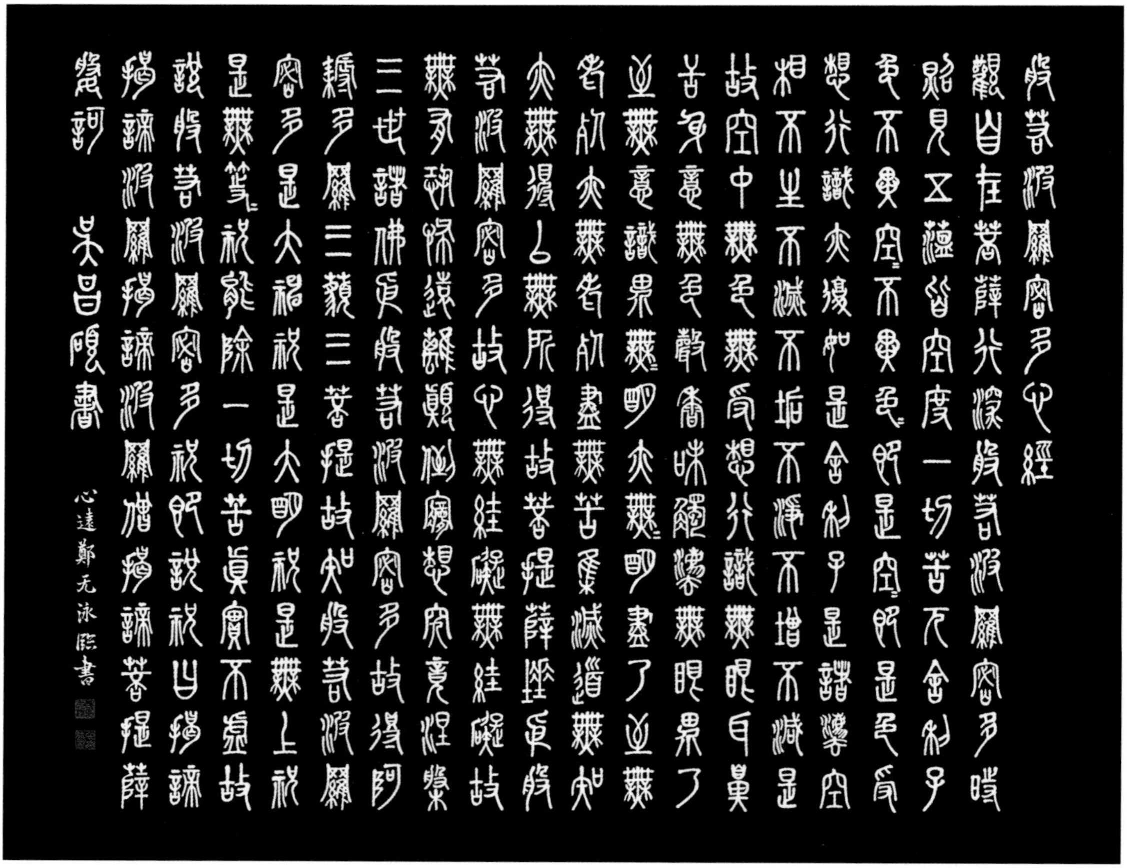

구양순체(歐陽詢體) 해서(楷書)

원본 사진

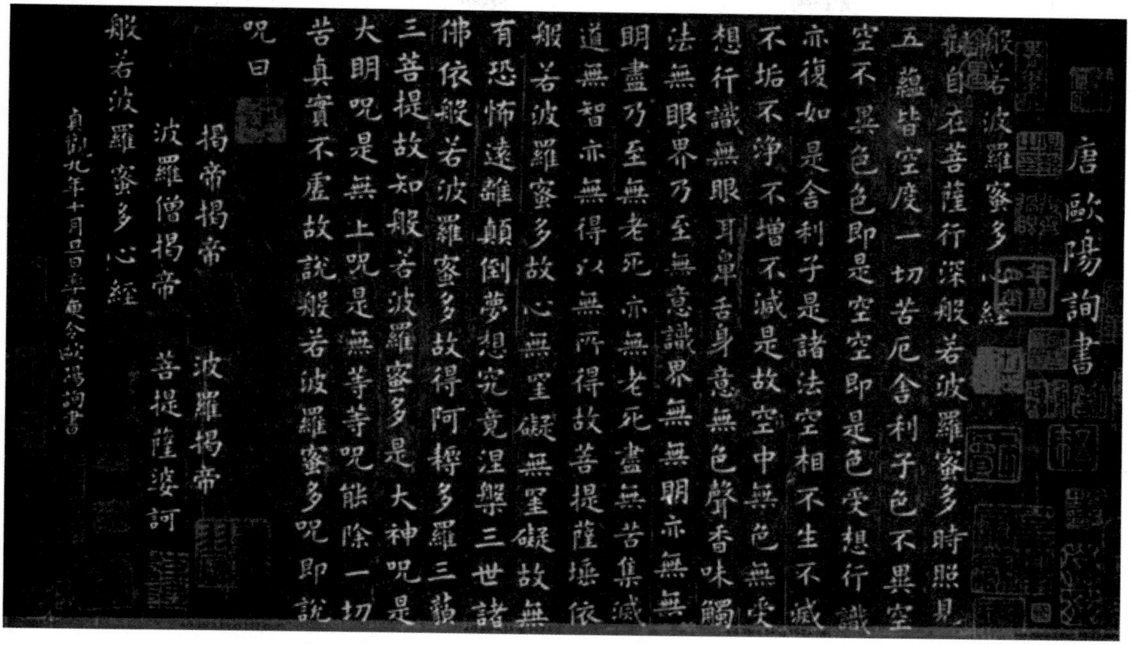

임서

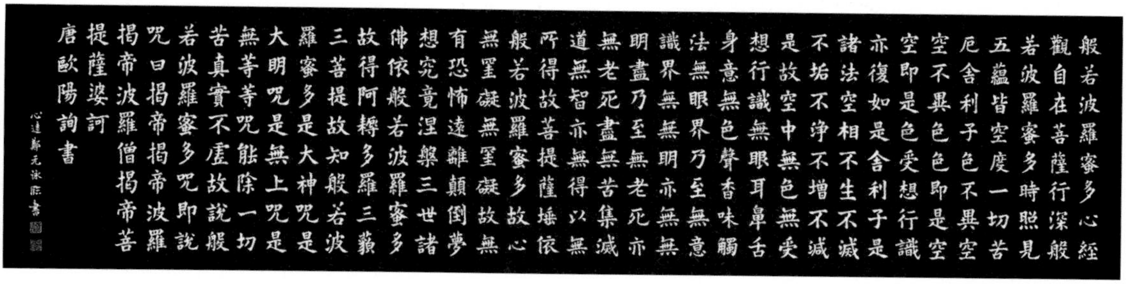

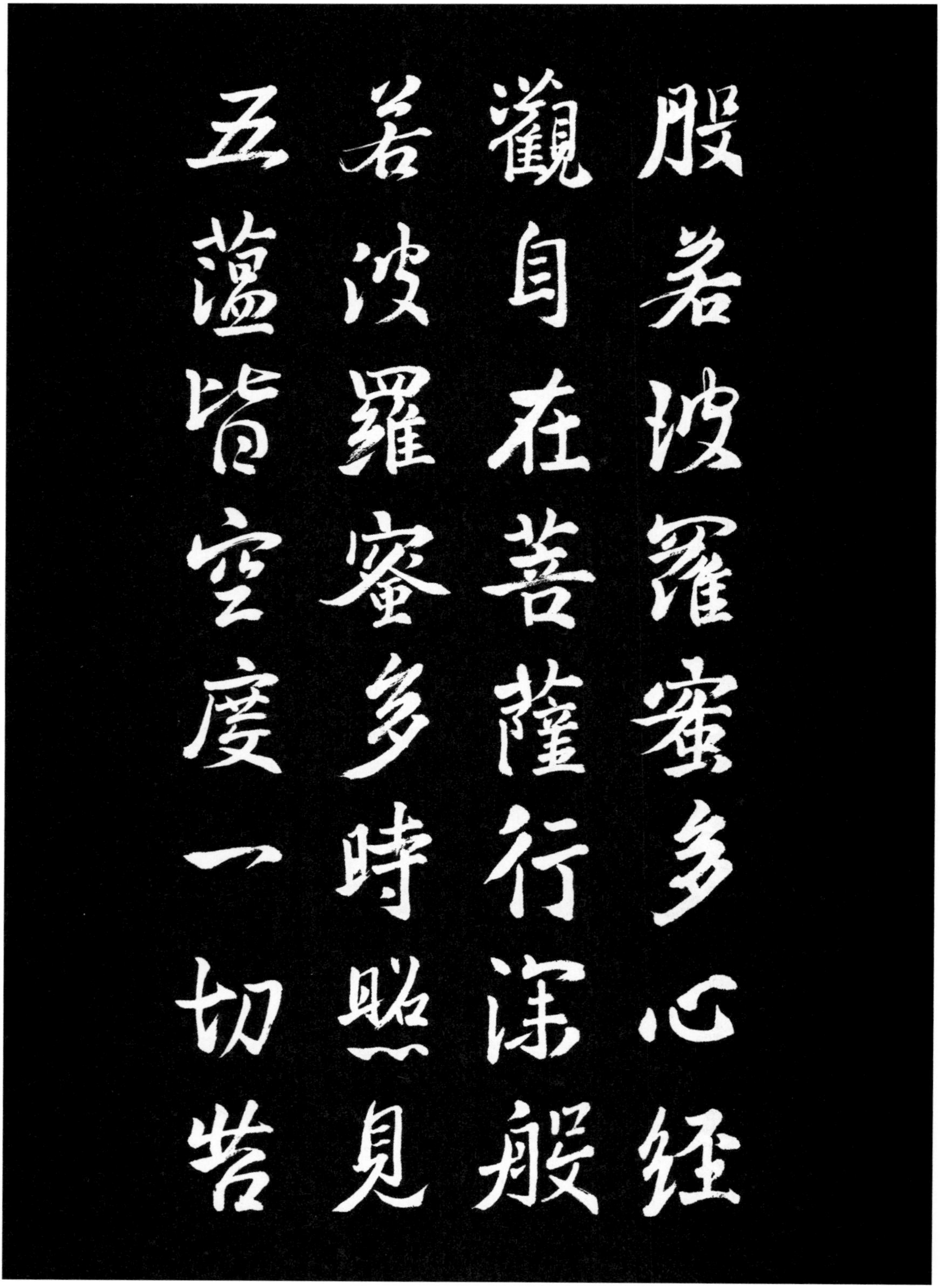
般若波羅蜜多心經
觀自在菩薩行深般
若波羅蜜多時照見
五蘊皆空度一切苦

厄舍利子色不異空
空不異色色即是空
空即是色受想行識
亦復如是舍利子是

諸法空相不生不滅
不垢不浄不增不減
是故空中無色無受
想行識無眼耳鼻舌

身意無色聲香味觸
法無眼界乃至無意
識界無無明亦無無
明盡乃至無老死亦

無老死盡無苦集滅
道無智亦無得以無
所得故菩提薩埵依
般若波羅蜜多故心

無罣礙無罣礙故無
有恐怖遠離顛倒夢
想究竟涅槃三世諸
佛依般若波羅蜜多

故得阿耨多羅三藐
三菩提故知般若波
羅蜜多是大神呪是
大明呪是無上呪是

無等等呪能除一切
苦真實不虛故說般
若波羅蜜多呪即說
呪曰揭帝揭帝波羅

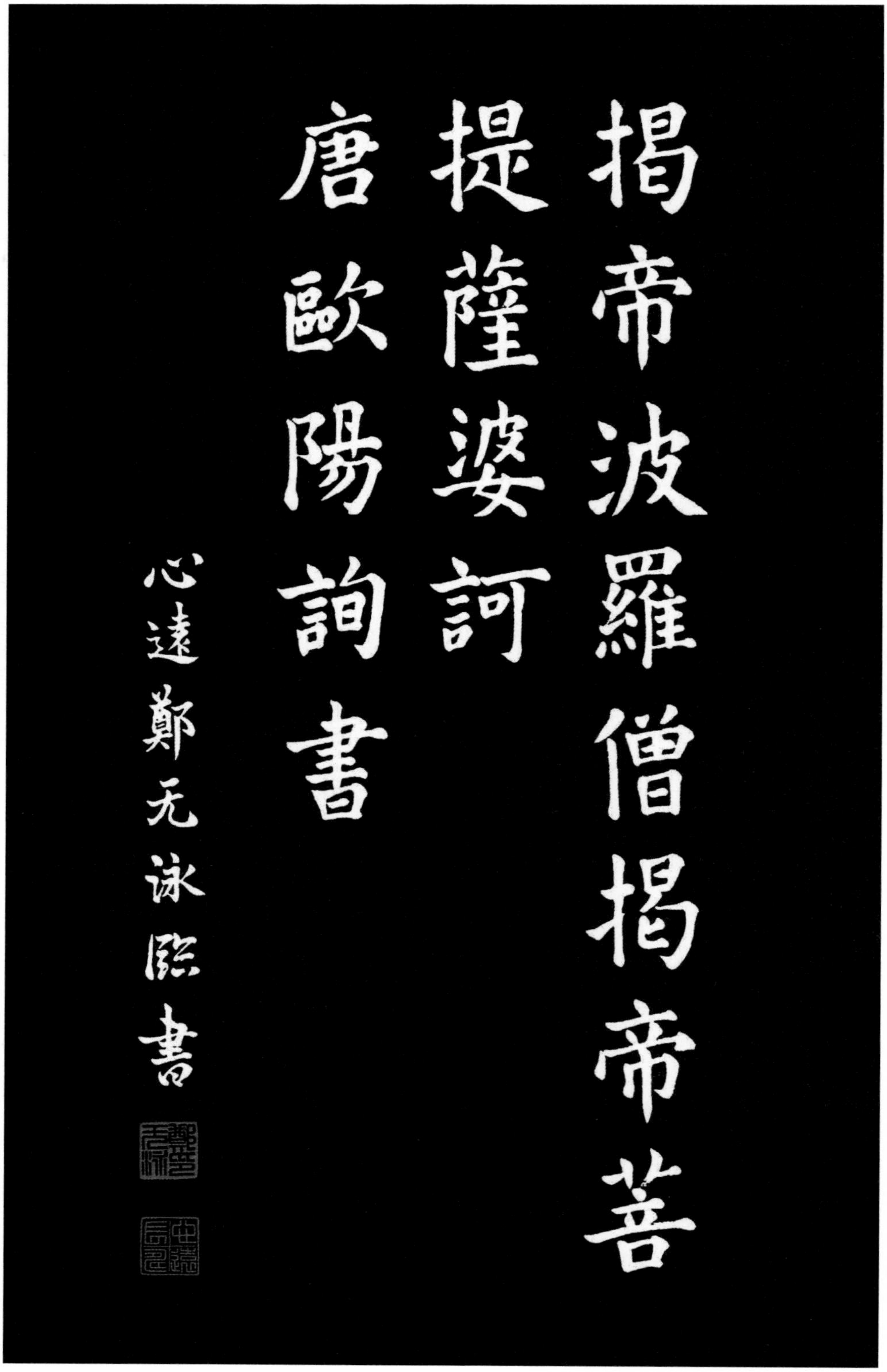
揭帝波羅僧揭帝菩
提薩婆訶
唐歐陽詢書
心遠鄭无泳臨書

왕희지체(王羲之體) 행서(行書)

탁본 사진

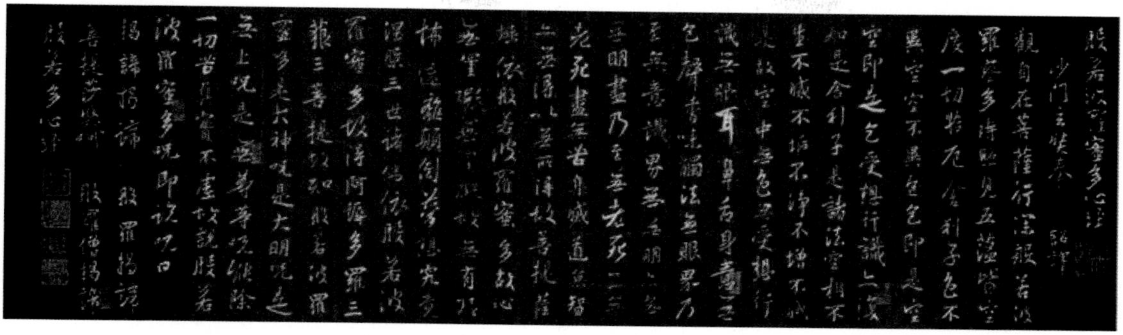

임서

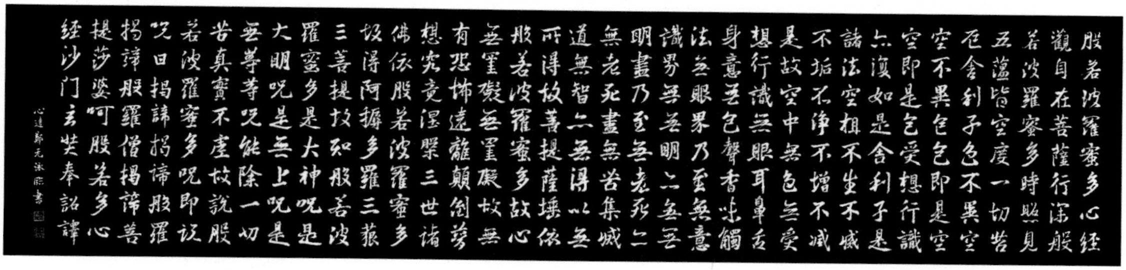

般若波羅蜜多心經
觀自在菩薩行深般
若波羅蜜多時照見
五蘊皆空度一切苦

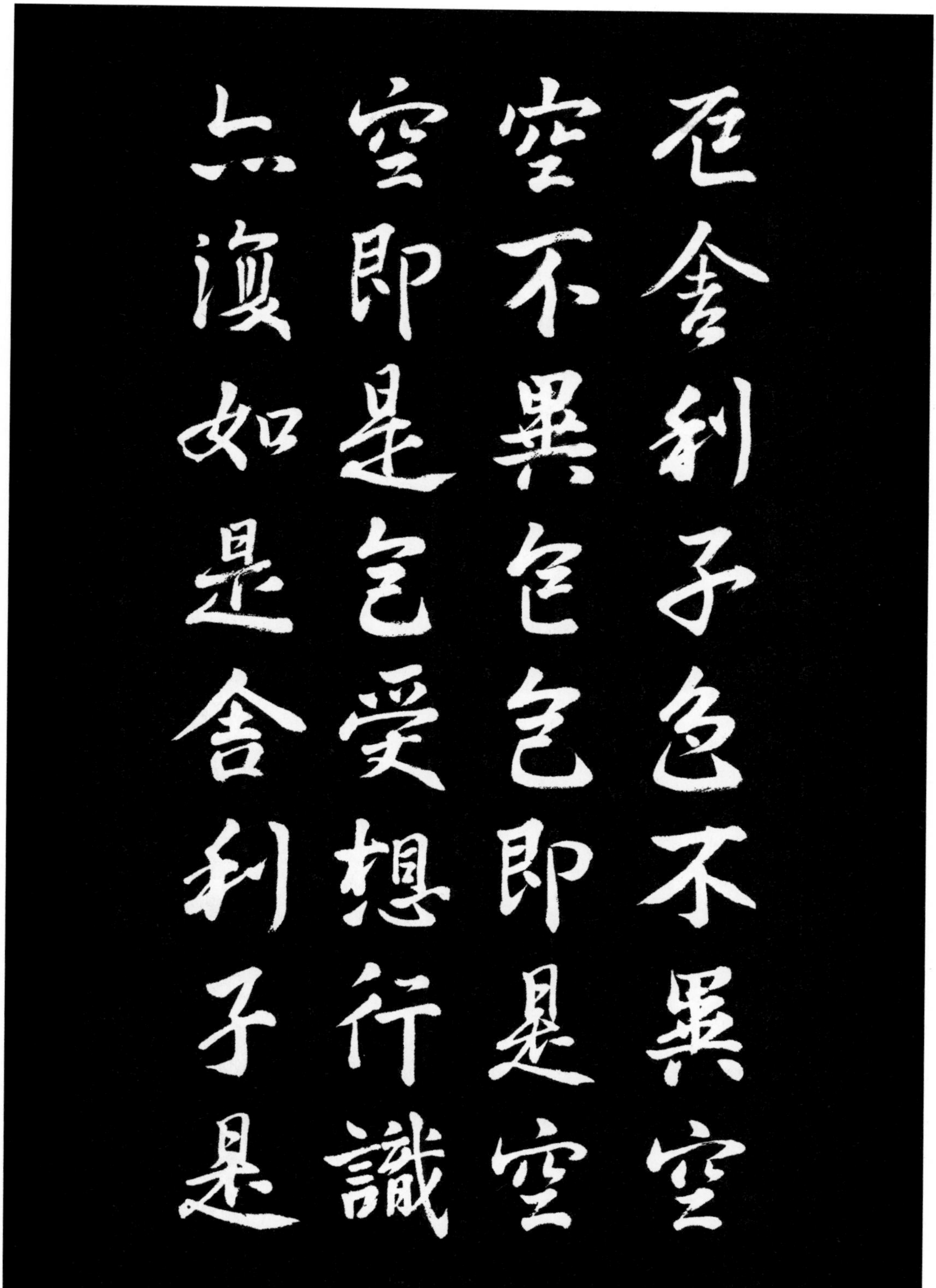
厄舍利子色不異空
空不異色色即是空
空即是色受想行識
亦復如是舍利子是

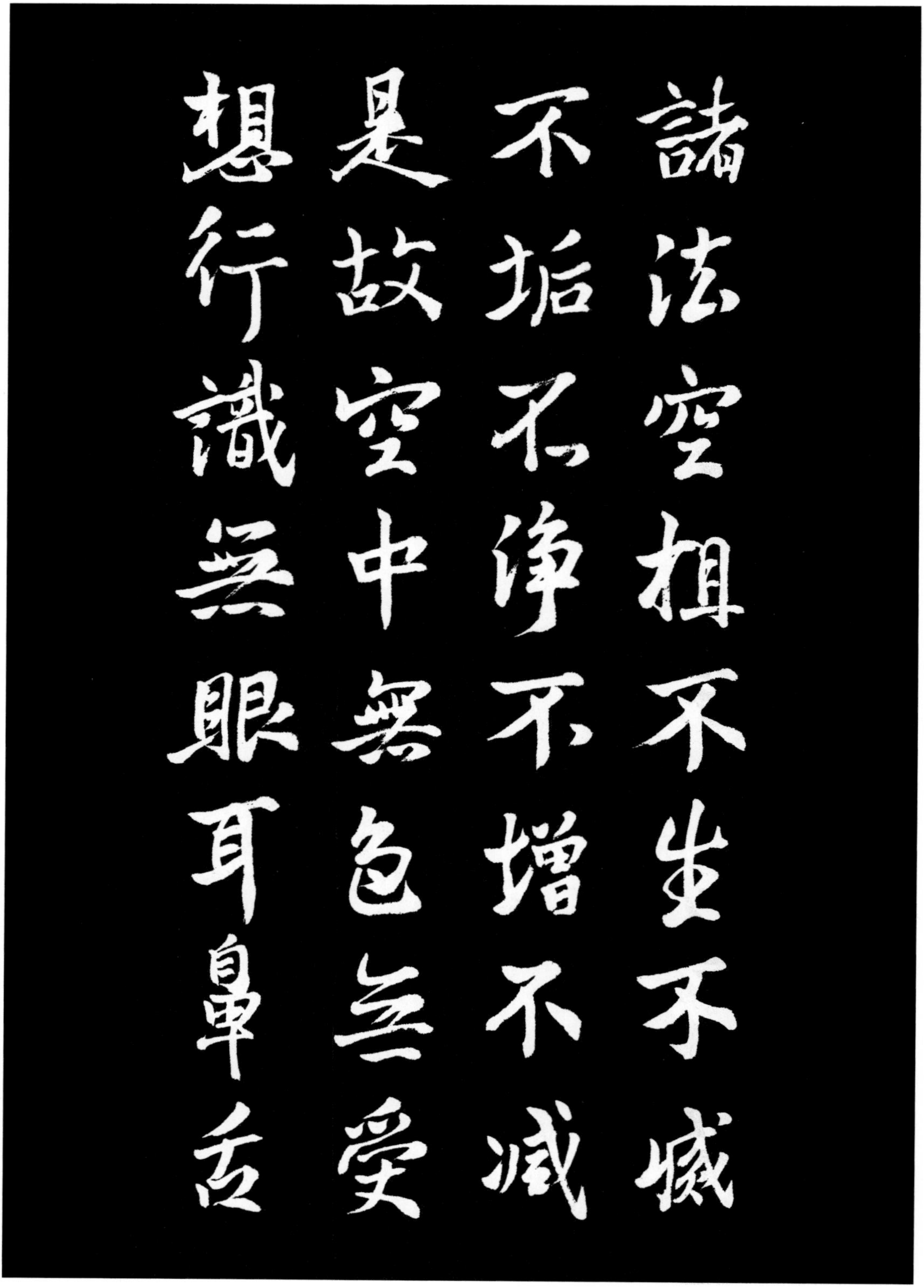
諸法空相不生不滅
不垢不淨不增不減
是故空中無色無受
想行識無眼耳鼻舌

身意無色聲香味觸
法無眼界乃至無意
識界無無明亦無無
明盡乃至無老死亦

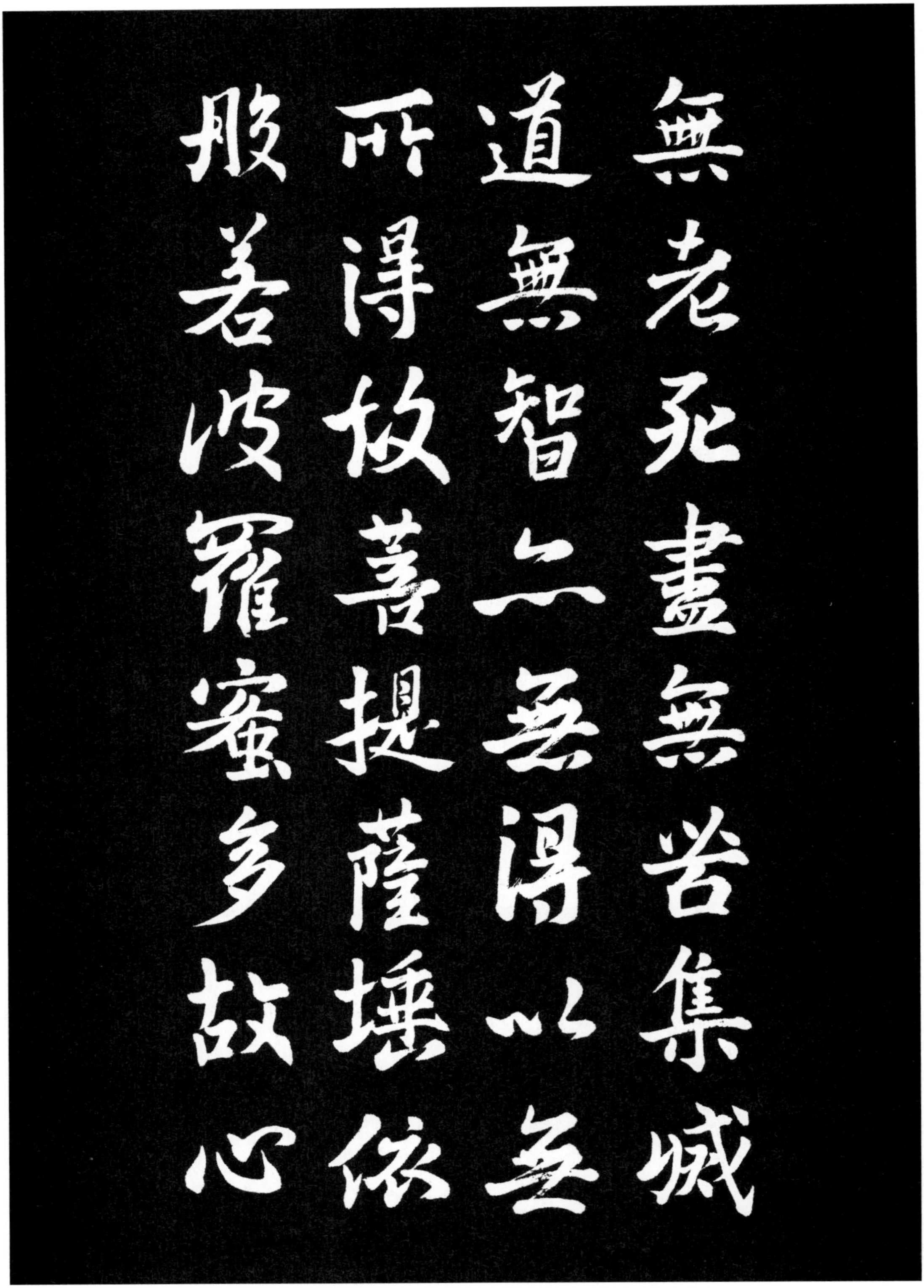
無老死盡無苦集滅
道無智亦無得以無
所得故菩提薩埵依
般若波羅蜜多故心

無罣礙無罣礙故無
有恐怖遠離顛倒夢
想究竟涅槃三世諸
佛依般若波羅蜜多

故得阿耨多羅三藐
三菩提故知般若波
羅蜜多是大神呪是
大明呪是無上呪是

無等等呪能除一切
苦真實不虛故說般
若波羅蜜多呪即說
呪曰揭諦揭諦般羅

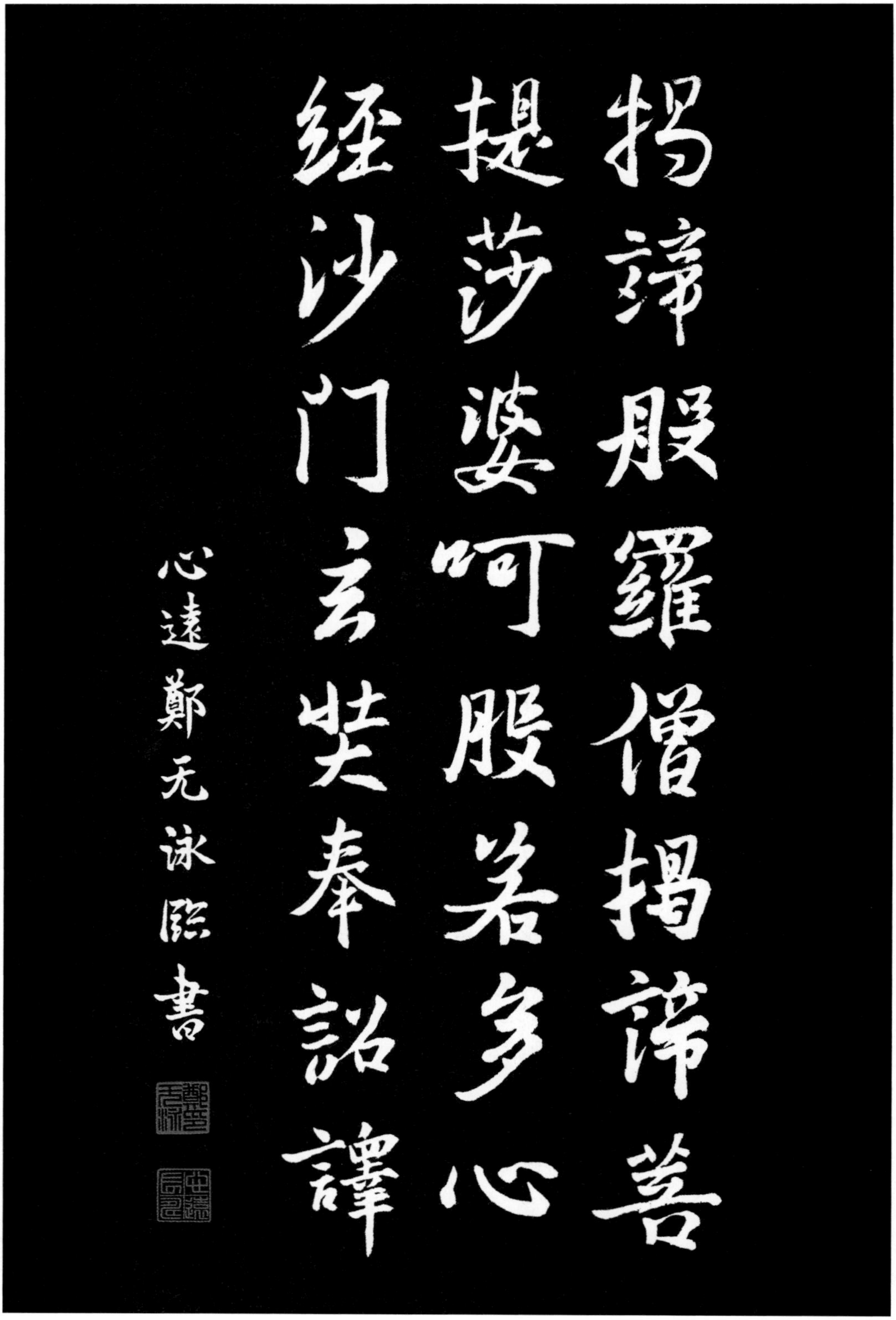
揭諦般羅僧揭諦菩
提莎婆呵般若多心
经沙门玄奘奉詔譯
心遠鄭无泳臨書

般若波羅蜜多心經

沙門玄奘譯

觀自在菩薩行深般若波羅蜜多時照見
五蘊皆空度一切苦厄舍利子色不異空

空不異色色即是空空即是色受想行識
亦復如是舍利子是諸法空相不生不滅
不垢不淨不增不減是故空中無色無受

想行識無眼耳鼻舌身意無色聲香味觸
法無眼界乃至無意識界無無明亦無無
明盡乃至無老死亦無老死盡無苦集滅

道無智亦無得以無所得故菩提薩埵依
般若波羅蜜多故心無罣礙無罣礙故無
有恐怖遠離顛倒夢想究竟涅槃三世諸

佛依般若波羅蜜多故得阿耨多羅三藐
三菩提故知般若波羅蜜多是大神呪是
大明呪是無上呪是無等等呪能除一切

苦真實不虛故説般若波羅蜜多呪即説
呪曰揭諦揭諦波羅揭諦波羅僧揭諦菩
提薩婆訶

心遠 鄭无泳 書

예서 병풍

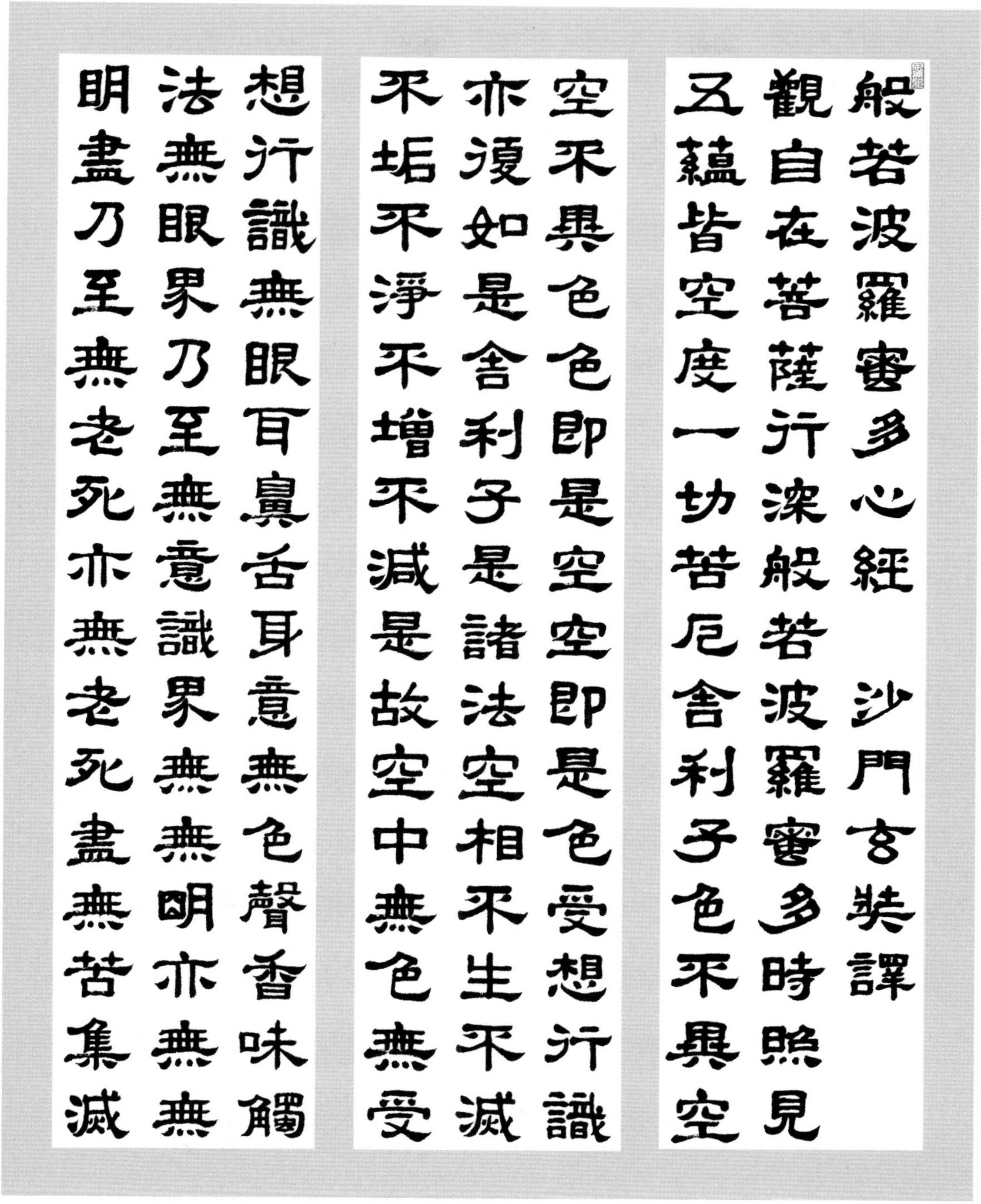
般若波羅蜜多心經
沙門玄奘譯
觀自在菩薩行深般若波羅蜜多時照見
五蘊皆空度一切苦厄舍利子色不異空
空不異色色即是空空即是色受想行識
亦復如是舍利子是諸法空相不生不滅
不垢不淨不增不減是故空中無色無受
想行識無眼耳鼻舌身意無色聲香味觸
法無眼界乃至無意識界無無明亦無無
明盡乃至無老死亦無老死盡無苦集滅

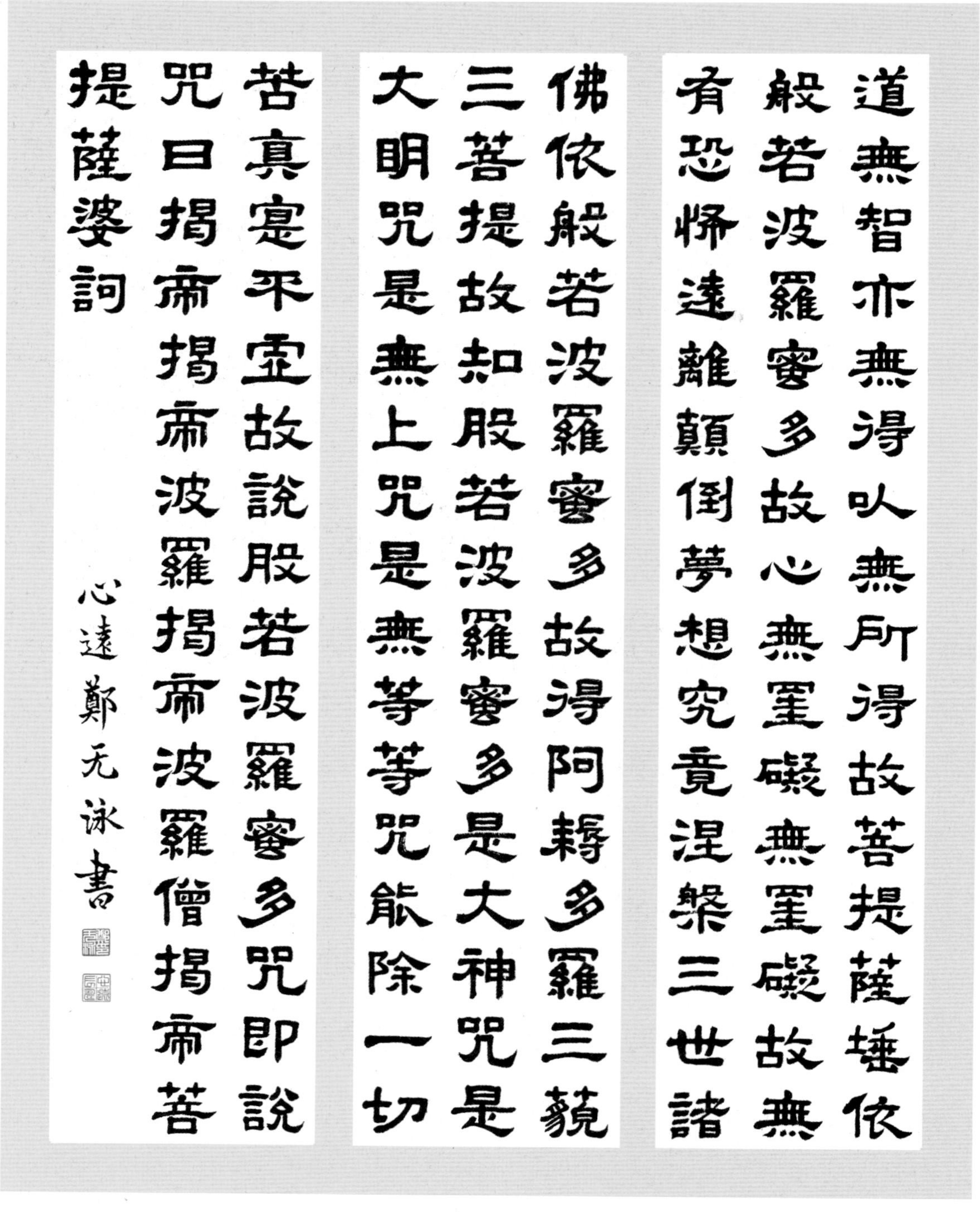
道無智亦無得以無所得故菩提薩埵依
般若波羅蜜多故心無罣礙無罣礙故無
有恐怖遠離顛倒夢想究竟涅槃三世諸
佛依般若波羅蜜多故得阿耨多羅三藐
三菩提故知般若波羅蜜多是大神咒是
大明咒是無上咒是無等等咒能除一切
苦真實不虛故說般若波羅蜜多咒即說
咒曰揭帝揭帝波羅揭帝波羅僧揭帝菩
提薩婆訶
心遠 鄭无詠 書

광개토대왕비체

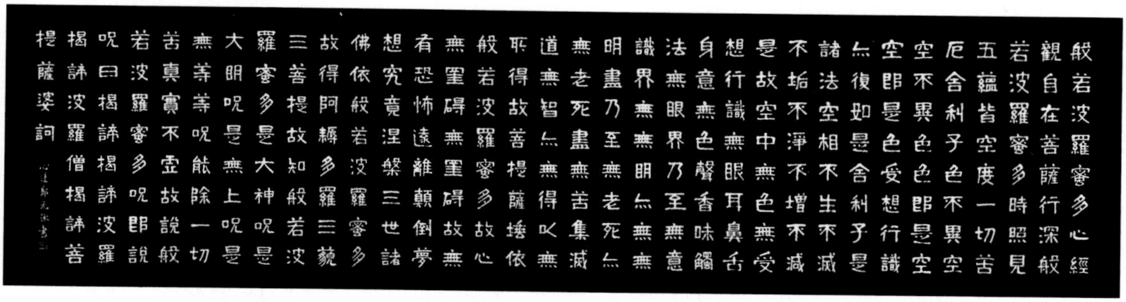

般若波羅蜜多心經
觀自在菩薩行深般若波羅蜜多時照見五蘊皆空度一切苦厄舍利子色不異空空不異色色卽是空空卽是色受想行識亦復如是舍利子是諸法空相不生不滅不垢不淨不增不減是故空中無色無受想行識無眼耳鼻舌身意無色聲香味觸法無眼界乃至無意識界無無明亦無無明盡乃至無老死亦無老死盡無苦集滅道無智亦無得以無所得故菩提薩埵依般若波羅蜜多故心無罣礙無罣礙故無有恐怖遠離顚倒夢想究竟涅槃三世諸佛依般若波羅蜜多故得阿耨多羅三藐三菩提故知般若波羅蜜多是大神呪是大明呪是無上呪是無等等呪能除一切苦眞實不虛故說般若波羅蜜多呪卽說呪曰揭諦揭諦波羅揭諦波羅僧揭諦菩提薩婆訶

병풍

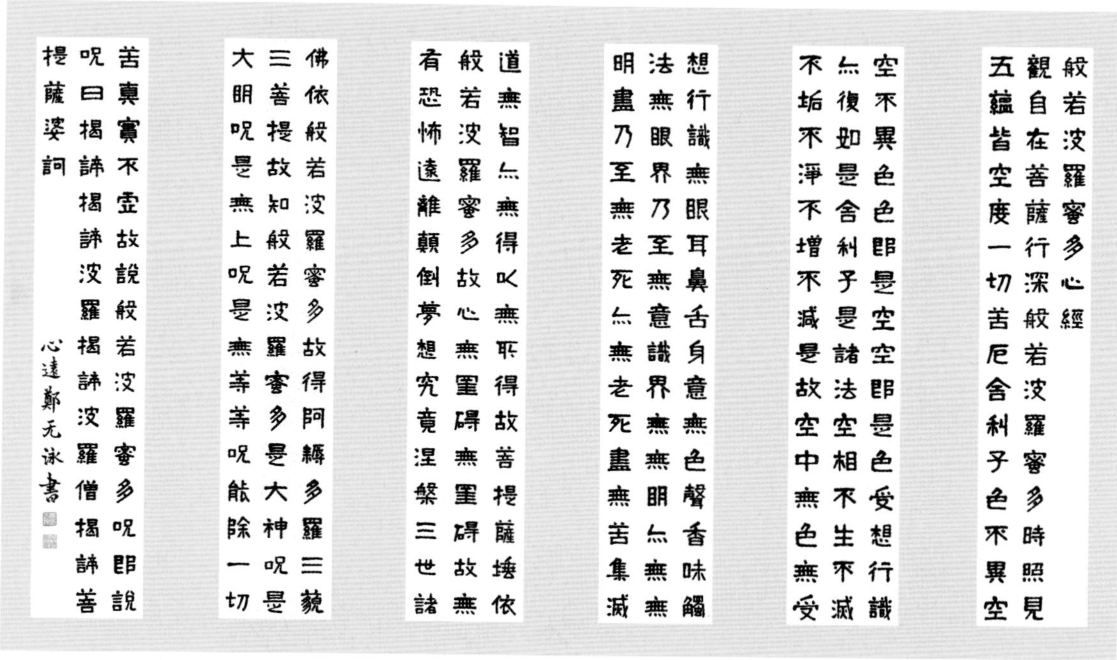

般若波羅蜜多心經
觀自在菩薩行深般若波羅蜜多時照見五蘊皆空度一切苦厄舍利子色不異空空不異色色卽是空空卽是色受想行識亦復如是舍利子是諸法空相不生不滅不垢不淨不增不減是故空中無色無受想行識無眼耳鼻舌身意無色聲香味觸法無眼界乃至無意識界無無明亦無無明盡乃至無老死亦無老死盡無苦集滅道無智亦無得以無所得故菩提薩埵依般若波羅蜜多故心無罣礙無罣礙故無有恐怖遠離顚倒夢想究竟涅槃三世諸佛依般若波羅蜜多故得阿耨多羅三藐三菩提故知般若波羅蜜多是大神呪是大明呪是無上呪是無等等呪能除一切苦眞實不虛故說般若波羅蜜多呪卽說呪曰揭諦揭諦波羅揭諦波羅僧揭諦菩提薩婆訶
心遠鄭元泳書

般若波羅蜜多心經
觀自在菩薩行深般若波羅蜜多時照見
五蘊皆空度一切苦厄舍利子色不異空
空不異色色卽是空空卽是色受想行識
亦復如是舍利子是諸法空相不生不滅
不垢不淨不增不減是故空中無色無受
想行識無眼耳鼻舌身意無色聲香味觸
法無眼界乃至無意識界無無明亦無無
明盡乃至無老死亦無老死盡無苦集滅

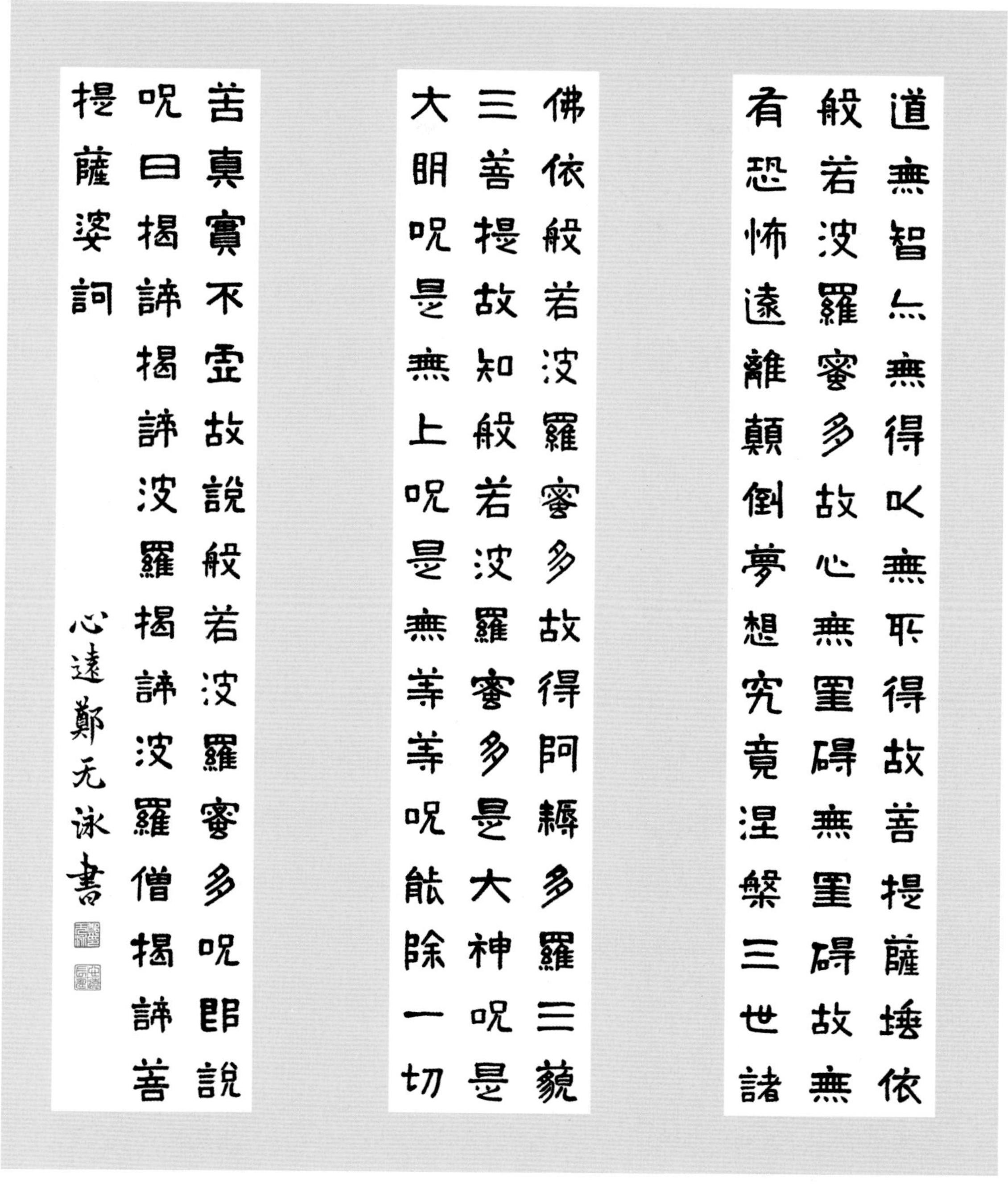
道無智亦無得以無所得故菩提薩埵依
般若波羅蜜多故心無罣碍無罣碍故無
有恐怖遠離顛倒夢想究竟涅槃三世諸
佛依般若波羅蜜多故得阿耨多羅三藐
三菩提故知般若波羅蜜多是大神呪是
大明呪是無上呪是無等等呪能除一切
苦真實不虛故說般若波羅蜜多呪即說
呪曰揭諦揭諦波羅揭諦波羅僧揭諦菩
提薩婆訶
心遠鄭元泳書

老子 노자 道德經 도덕경 발췌

전서체

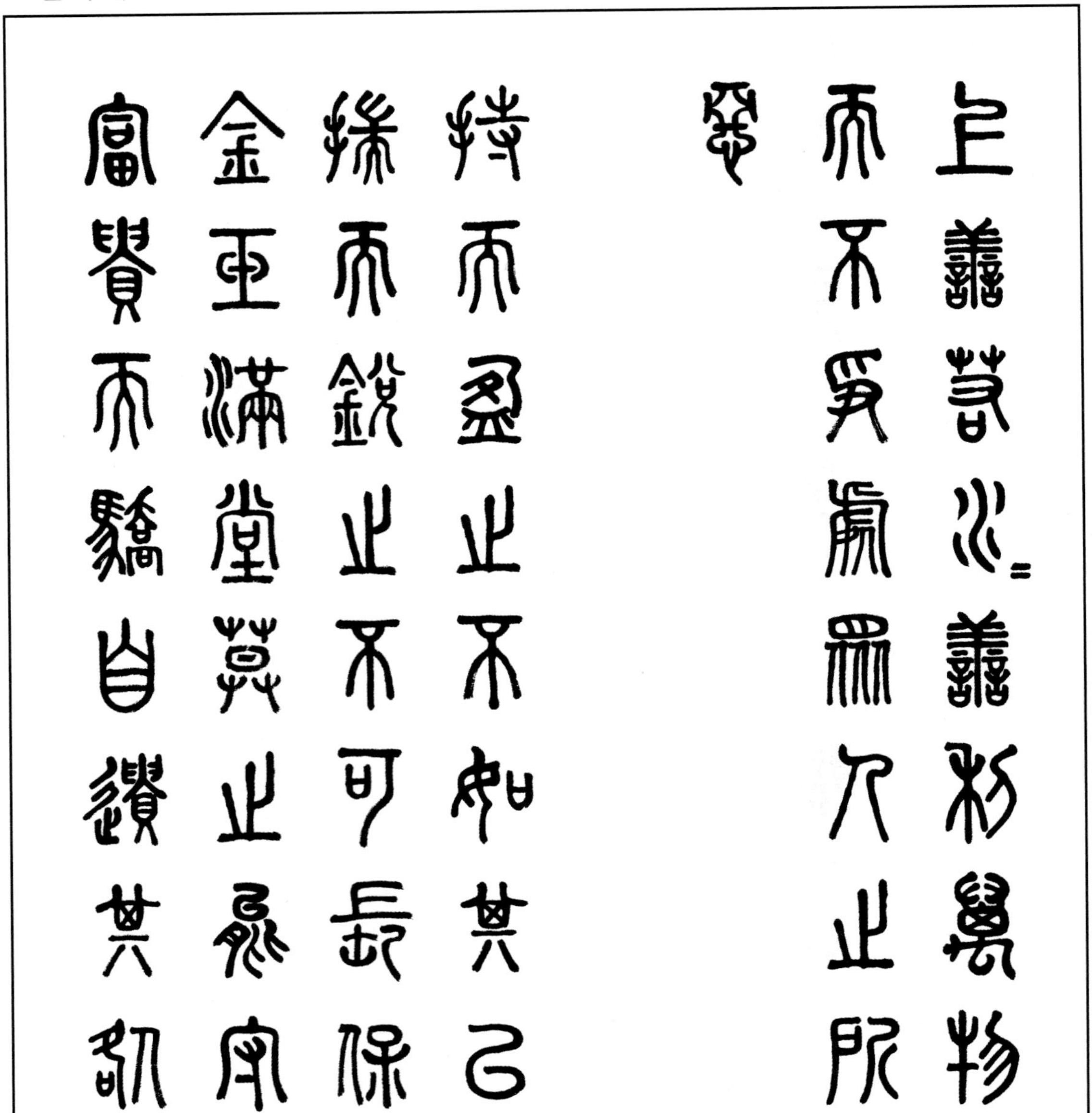

自見者不明自是者不彰自伐者無功自矜者不長

知人者智自知者明勝人者有力自勝者強

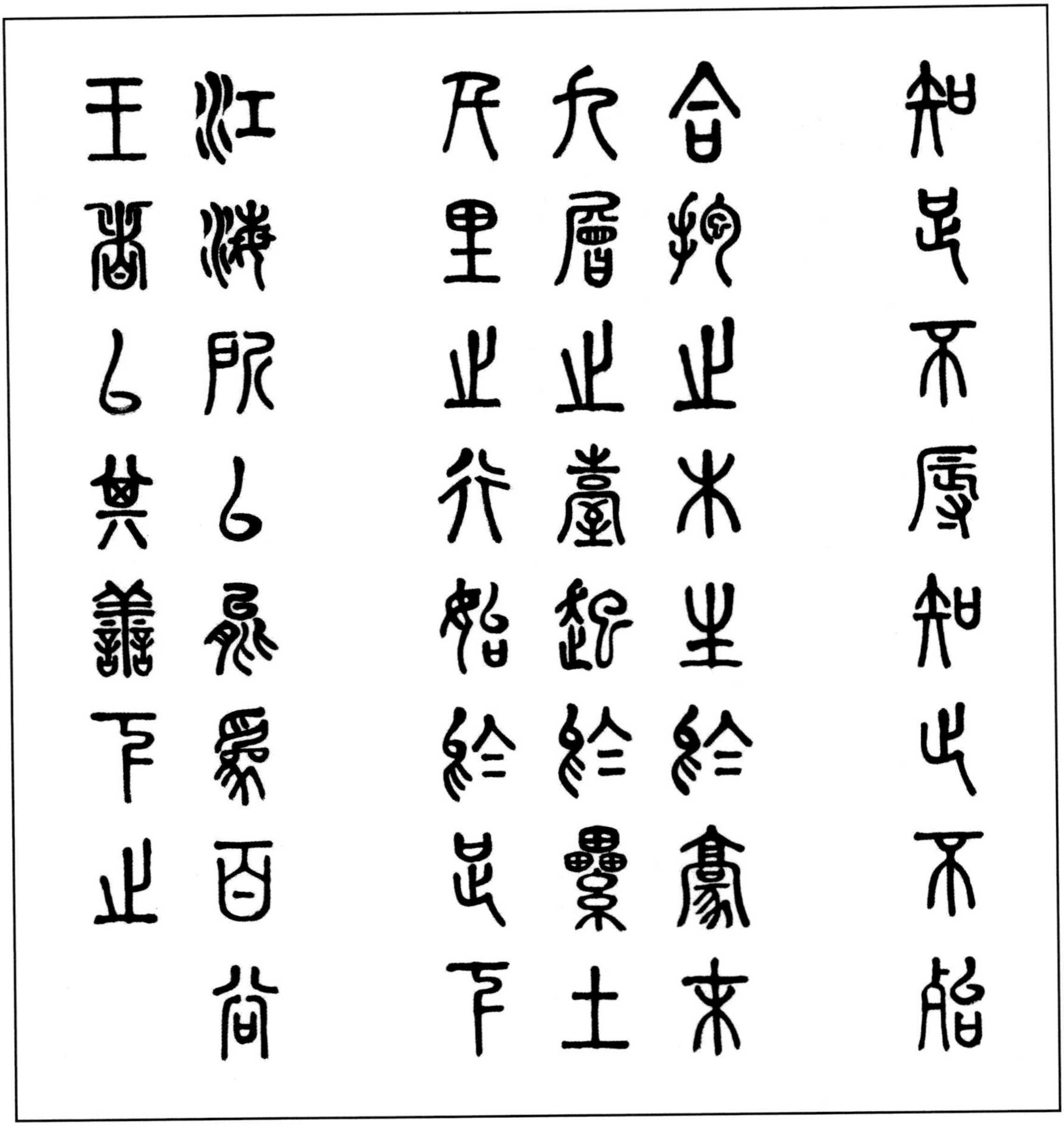
知足不辱知止不殆
合抱之木生於毫末
九層之臺起於累土
千里之行始於足下
江海所以能爲百谷
王者以其善下之

我有三寶一曰慈二
曰儉三曰不敢爲天
下先

信言不美美言不信
善者不辯辯者不善

心遠鄭无泳書

행서체

上善若水〻善利萬物
而不爭處衆人之所
惡
持而盈之不如其已
揣而銳之不可長保
金玉滿堂莫之能守
富貴而驕自遺其咎

自見者不明自是者
不彰自伐者無功自
矜者不長

知人者智自知者明
勝人者有力自勝者
強

知足不辱知止不殆

合抱之木生於毫末
九層之臺起於累土
千里之行始於足下

江海所以能爲百谷
王者以其善下之

我有三寶一曰慈二
曰儉三曰不敢為天
下先

信言不美美言不信
善者不辯辯者不善

心遠 鄭无泳 書

上善若水〻善利萬物
而不爭處衆人之所
惡

持而盈之不如其已
揣而銳之不可長保
金玉滿堂莫之能守
富貴而驕自遺其咎

自見者不明自是者
不彰自伐者無功自
矜者不長

知人者智自知者明
勝人者有力自勝者
强

知足不辱知止不殆
合抱之木生於毫末
九層之臺起於累土
千里之行始於足下
江海所以能爲百谷
王者以其善下之

我有三寶一曰慈二曰儉三曰不敢爲天下先

信言不美美言不信
善者不辯辯者不善

心遠鄭无泳書

해서체

上善若水=善利萬物
而不爭處衆人之所
惡

持而盈之不如其己
揣而銳之不可長保
金玉滿堂莫之能守
富貴而驕自遺其咎

自見者不明自是者
不彰自伐者無功自
矜者不長

知人者智自知者明
勝人者有力自勝者
强

知足不辱知止不殆
合抱之木生於毫末
九層之臺起於累土
千里之行始於足下
江海所以能爲百谷
王者以其善下之

我有三寶一曰慈二曰儉三曰不敢爲天下先

信言不美美言不信善者不辯辯者不善

心遠鄭无泳書

역문(譯文, 동양고전종합DB)

上善若水 水善利萬物而不爭 處衆人之所惡

가장 좋은 것은 물과 같다. 물은 만물을 잘 이롭게 하면서 다투지 않으며, 뭇사람들이 싫어하는 비천한 곳에 자리 잡는다.

持而盈之 不如其已 揣而銳之 不可長保 金玉滿堂 莫之能守 富貴而驕 自遺其咎

가지고 있으면서 더 채우고자 하는 것은 그만두느니만 못하다. '뾰족한 것을' 다듬어서 그것을 더 날카롭게 하고자 하는 것은 오래도록 보전할 수 없다. 金과 玉이 집안을 가득 채우면 능히 그것을 지킬 수가 없고, 부유하고 귀하면서 교만하면 스스로 허물을 남기게 된다.

自見者不明 自是者不彰 自伐者無功 自矜者不長

스스로 드러내면 밝지 못하다. 스스로 옳다고 하면 드러나지 않는다. 스스로 자랑하면 공이 없다. 스스로 뽐내면 오래가지 못한다.

知人者智 自知者明 勝人者有力 自勝者强

남을 아는 사람은 지혜롭고 스스로를 아는 사람은 밝으며, 남을 이기는 사람은 힘이 있고, 스스로를 이기는 사람은 강하다.

知足不辱 知止不殆 (可以長久)

만족할 줄 알면 치욕당하지 않고, 그칠 줄 알면 위태롭지 않으니 (오래오래 갈 수 있다)

合抱之木 生於毫末 九層之臺 起於累土 千里之行 始於足下

한 아름 되는 나무는 털끝만 한 '작은 싹에서' 자라나며 아홉 층이나 되는 누대는 바닥부터 쌓은 흙에서 세워지며 천 리의 먼 길은 발아래 '한 걸음에서' 시작한다.

江海所以能爲百谷王者 以其善下之

강과 바다가 모든 골짜기의 왕(王)이 될 수 있는 까닭은 아래에 잘 처신하기 때문이다.

我有三寶 (持而保之) 一曰慈 二曰儉 三曰不敢爲天下先

나에게는 세 가지 보배가 있으니, (그것을 간직하고 지킨다.) 첫째는 자애로움이고, 둘째는 검소함이며, 셋째는 감히 천하에 나서지 않는 것이다.

信言不美 美言不信 善者不辯 辯者不善

믿음직스런 말은 아름답지 않고, 아름다운 말은 믿음직스럽지 않으며, 선한 자는 말을 잘하지 못하고, 말을 잘하는 자는 선하지 못하다.

莊子 장자 발췌

전서체

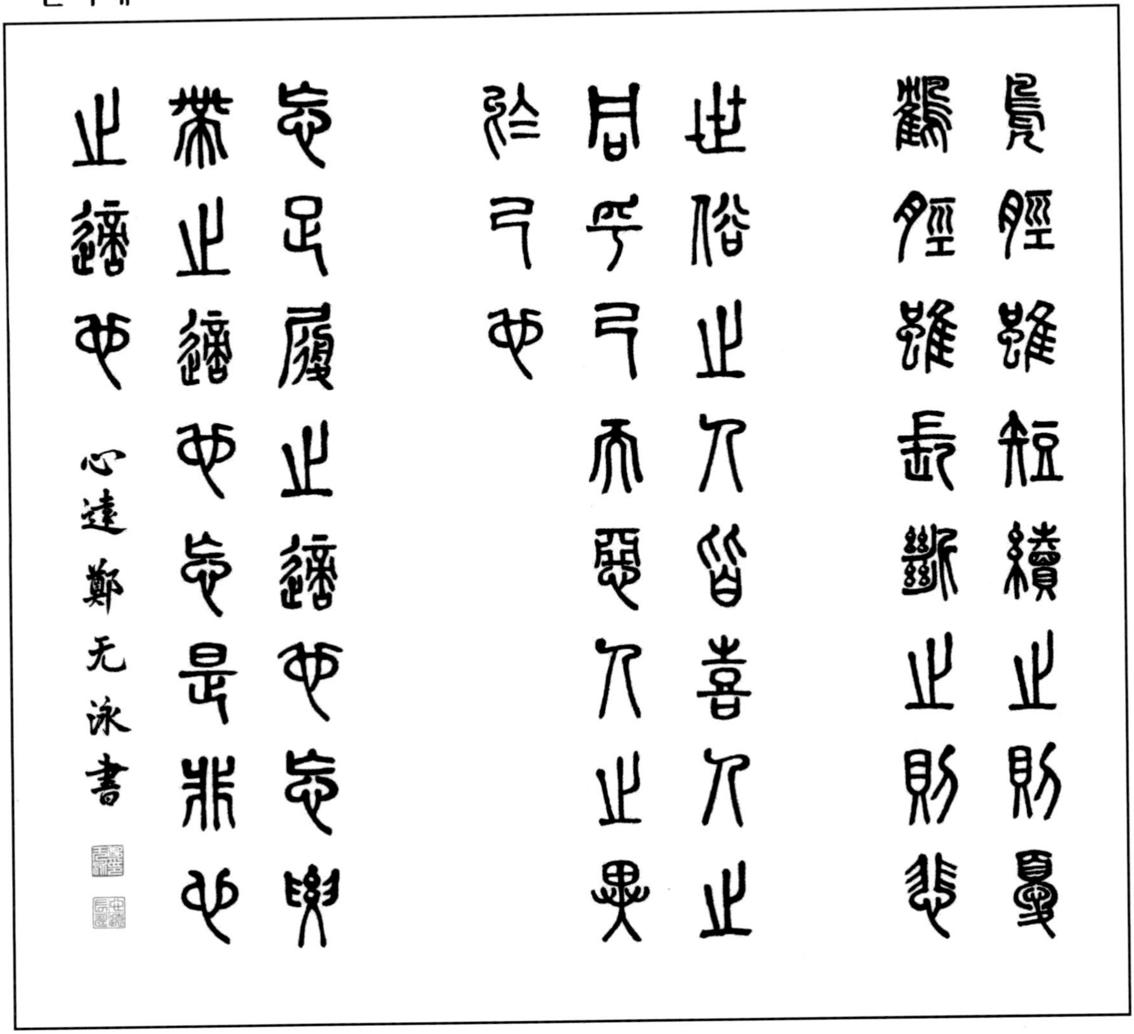
鳧脛雖短續之則憂
鶴脛雖長斷之則悲
世俗之人皆喜人之
同乎己而惡人之異
於己也
忘足屨之適也忘要
帶之適也忘是非心
之適也
心遠 鄭无泳 書

행서체

鳧脛雖短續之則憂
鶴脛雖長斷之則悲
世俗之人皆喜人之
同乎己而惡人之異
於己也
忘足履之適也忘要
帶之適也忘是非心
之適也

心遠鄭无泳書

예서체

鳧脛雖短續之則憂
鶴脛雖長斷之則悲
世俗之人皆喜人之
同乎己而惡人之異
於己也
忘足屨之適也忘要
帶之適也忘是非心
之適也

心遠 鄭无泳 書

해서체

鳧脛雖短續之則憂
鶴脛雖長斷之則悲
世俗之人皆喜人之
同乎己而惡人之異
於己也
忘足屨之適也忘要
帶之適也忘是非心
之適也

心遠 鄭无泳 書

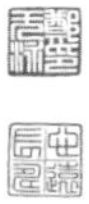

역문(譯文, 동양고전종합DB)

鳧脛雖短 續之則憂 鶴脛雖長 斷之則悲

오리의 다리가 비록 짧지만 이어 주면 슬퍼하고 학의 다리가 길지만 자르면 슬퍼한다.

世俗之人 皆喜人之同乎己 而惡人之異於己也

세속 사람들은 모두 남들이 자신과 견해가 같은 것만 기뻐하고 남들이 자신과 다른 것은 싫어한다.

忘足 屨之適也 忘要 帶之適也 (知)忘是非 心之適也

발을 잊어버리는 것은 신발이 꼭 맞기 때문이고, 허리를 잊어버리는 것은 허리띠가 꼭 맞기 때문이다. '이와 마찬가지로 우리의 지(知)가' 시(是)와 비(非)[선(善)과 악(惡)]의 판단을 잊어버릴 수 있는 것은 마음이 대상과 꼭 맞기 때문이다.

論語 논어 발췌

전서체

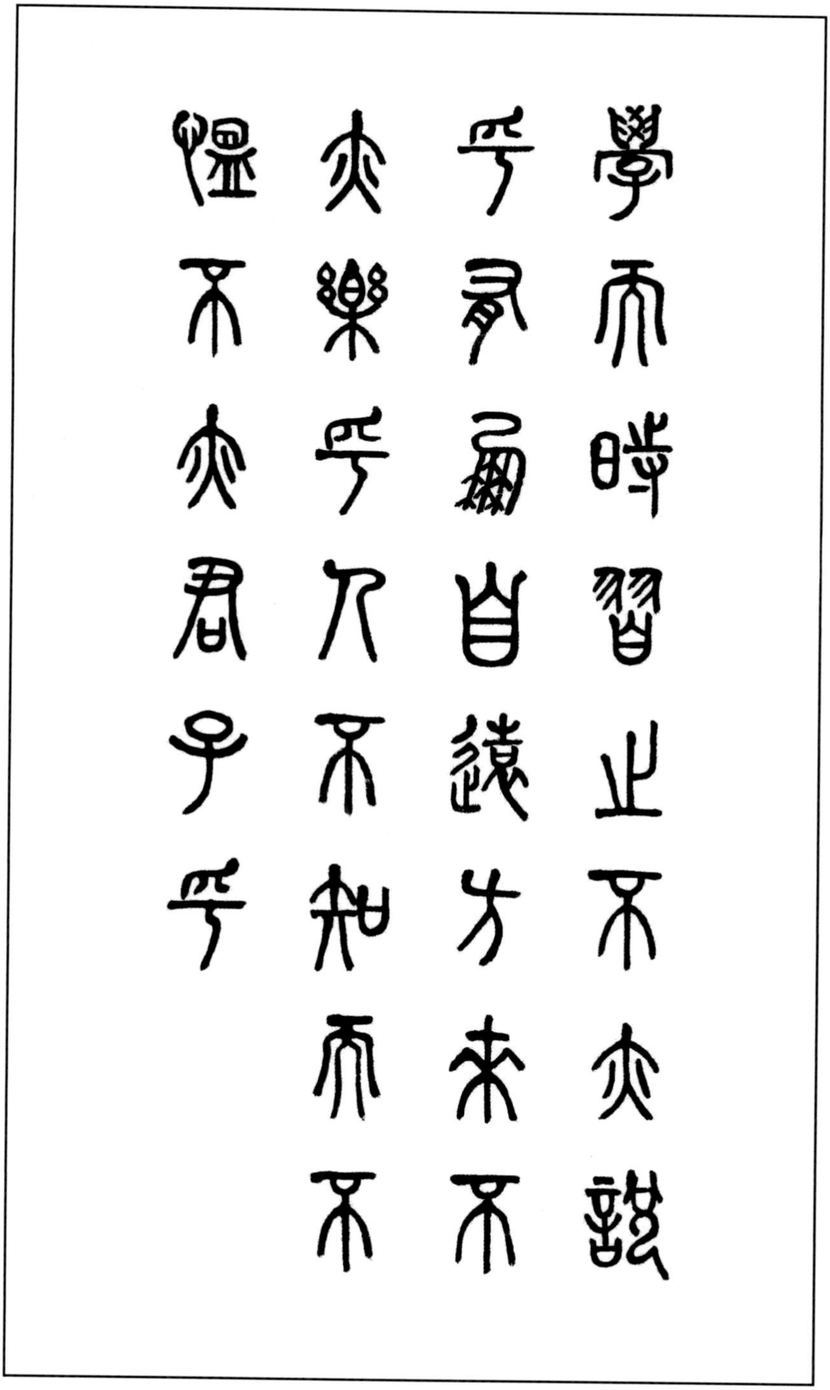

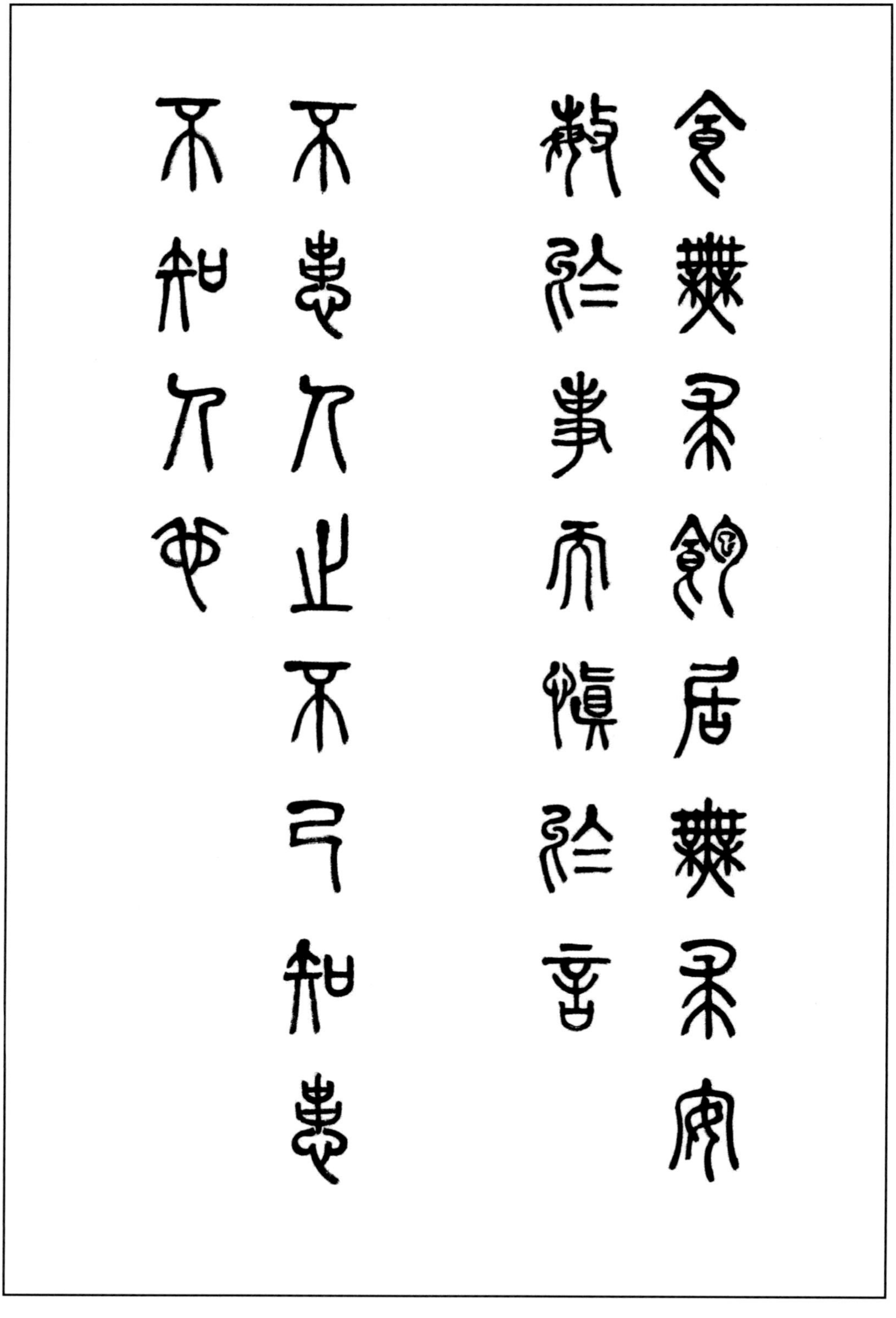
食無求飽居無求安
敏於事而愼於言
不患人之不己知患
不知人也

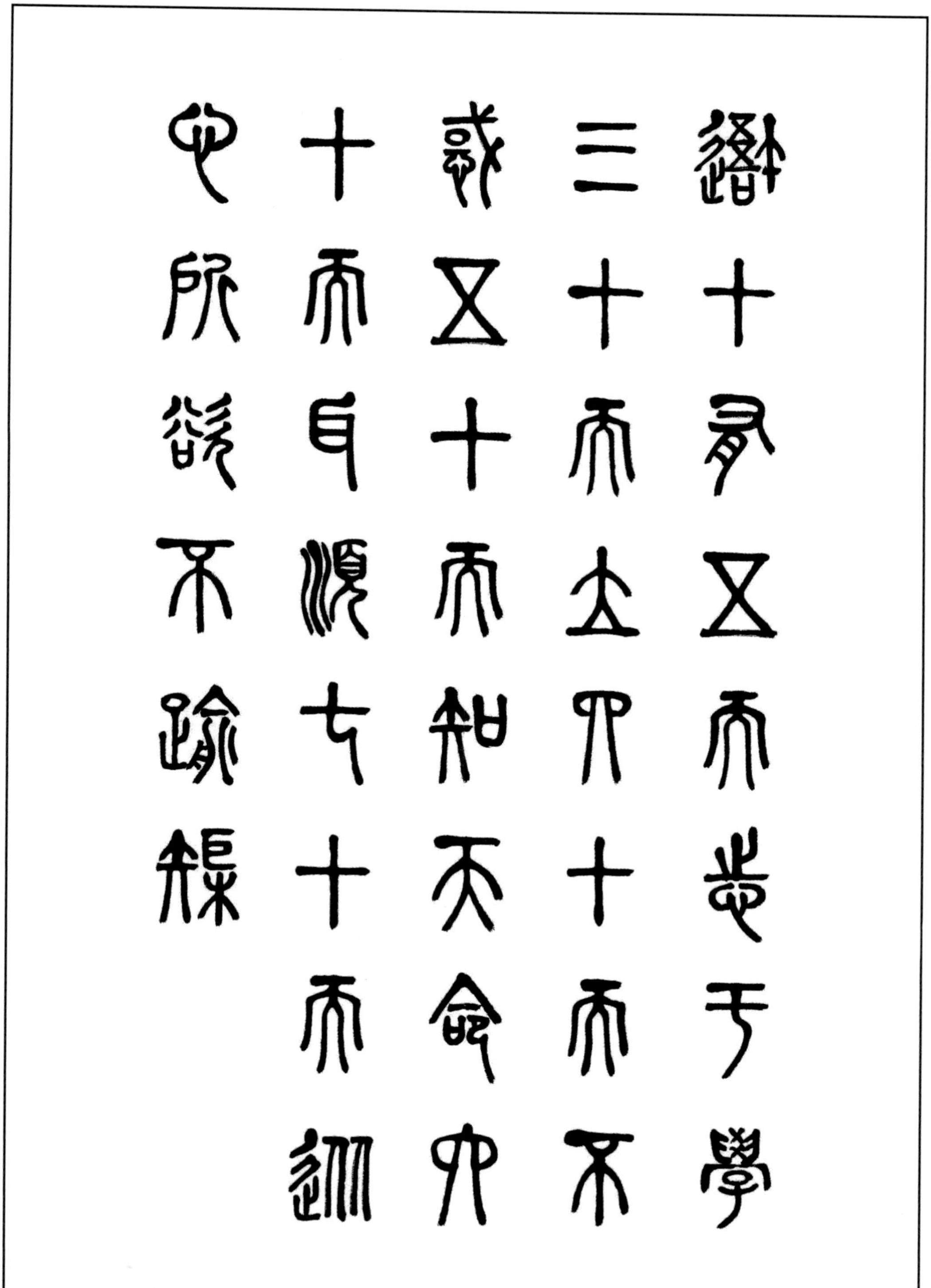
吾十有五而志于學
三十而立四十而不
惑五十而知天命六
十而耳順七十而從
心所欲不踰矩

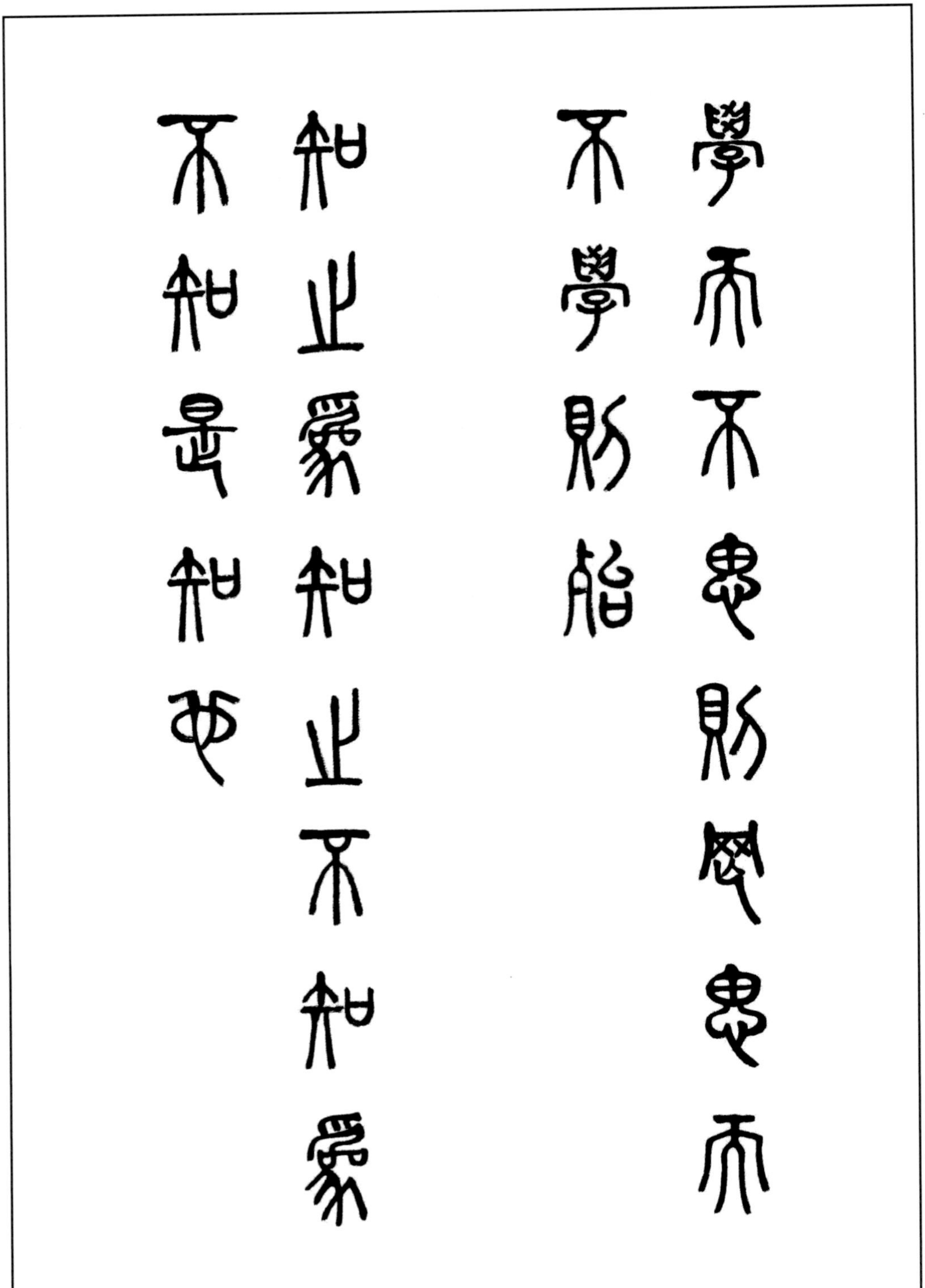
學而不思則罔思而
不學則殆
知之爲知之不知爲
不知是知也

朝聞道夕死可矣
不患無位患所以立
不患莫己知求爲可
知也

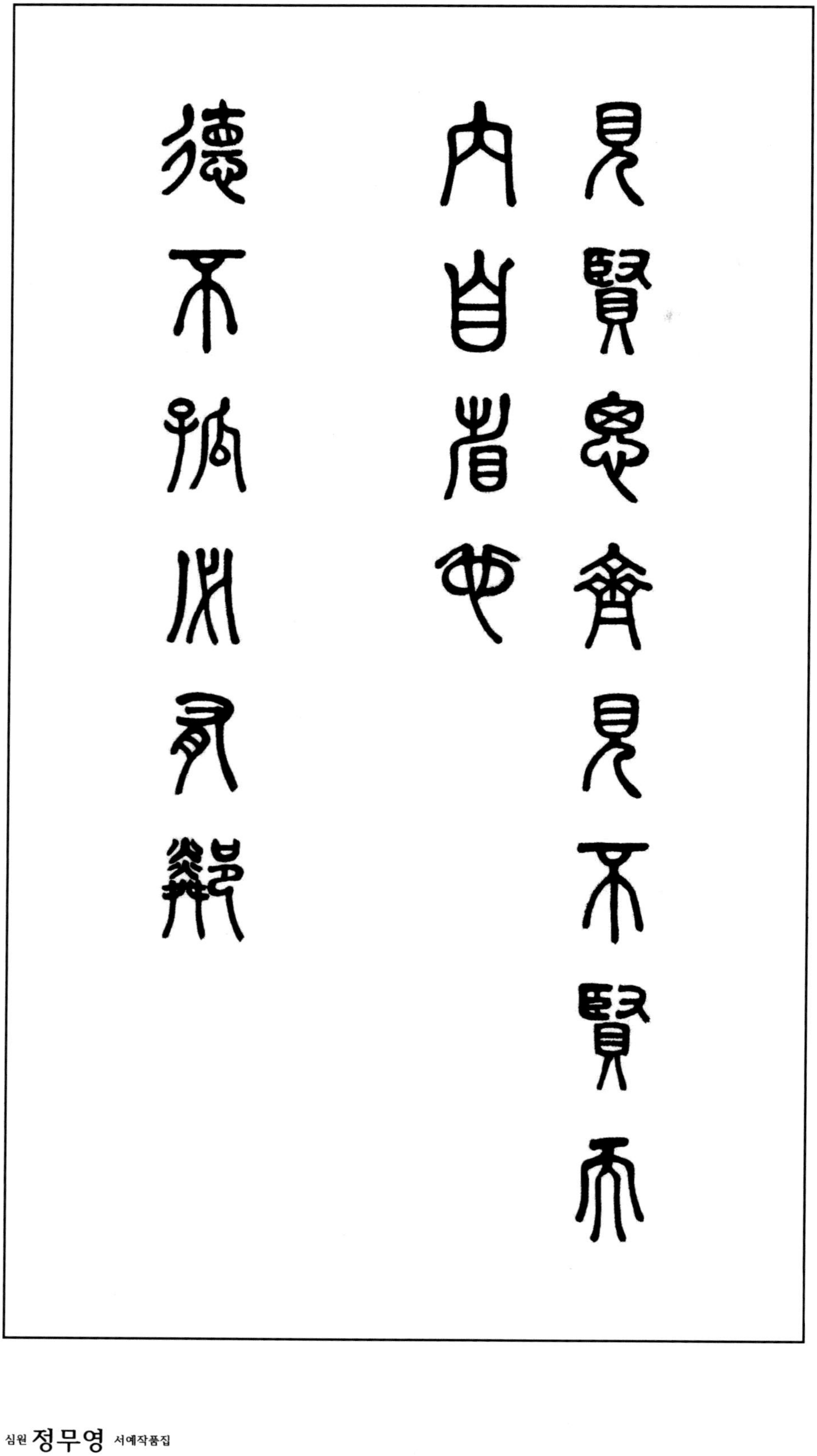
見賢思齊見不賢而
內自省也
德不孤必有鄰

己欲立而立人己欲
達而達人

飯疏食飲水曲肱而
枕之樂亦在其中矣

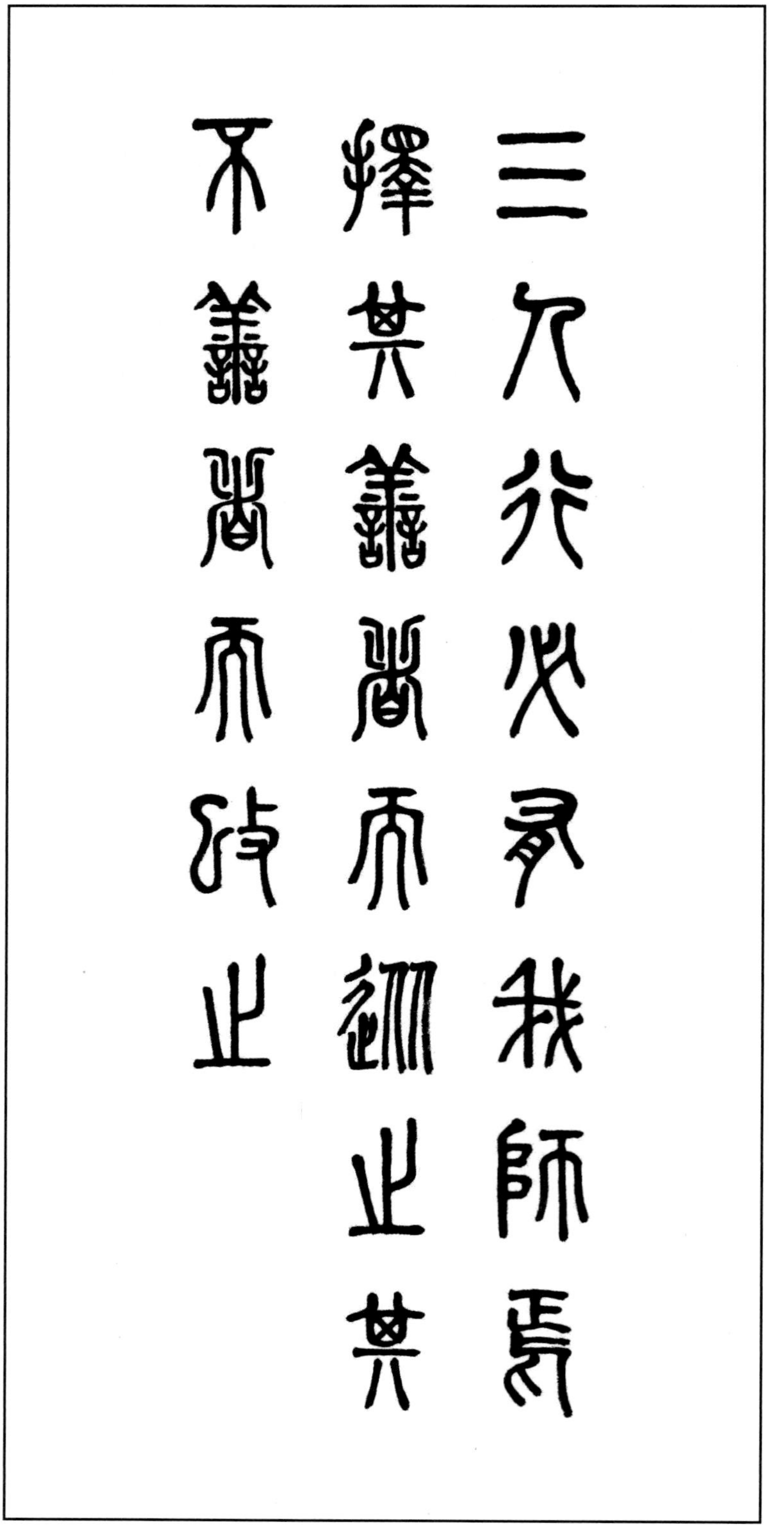
三人行必有我師焉
擇其善者而從之其
不善者而改之

歲寒然後知松柏之
後凋也

知者不惑仁者不憂
勇者不懼

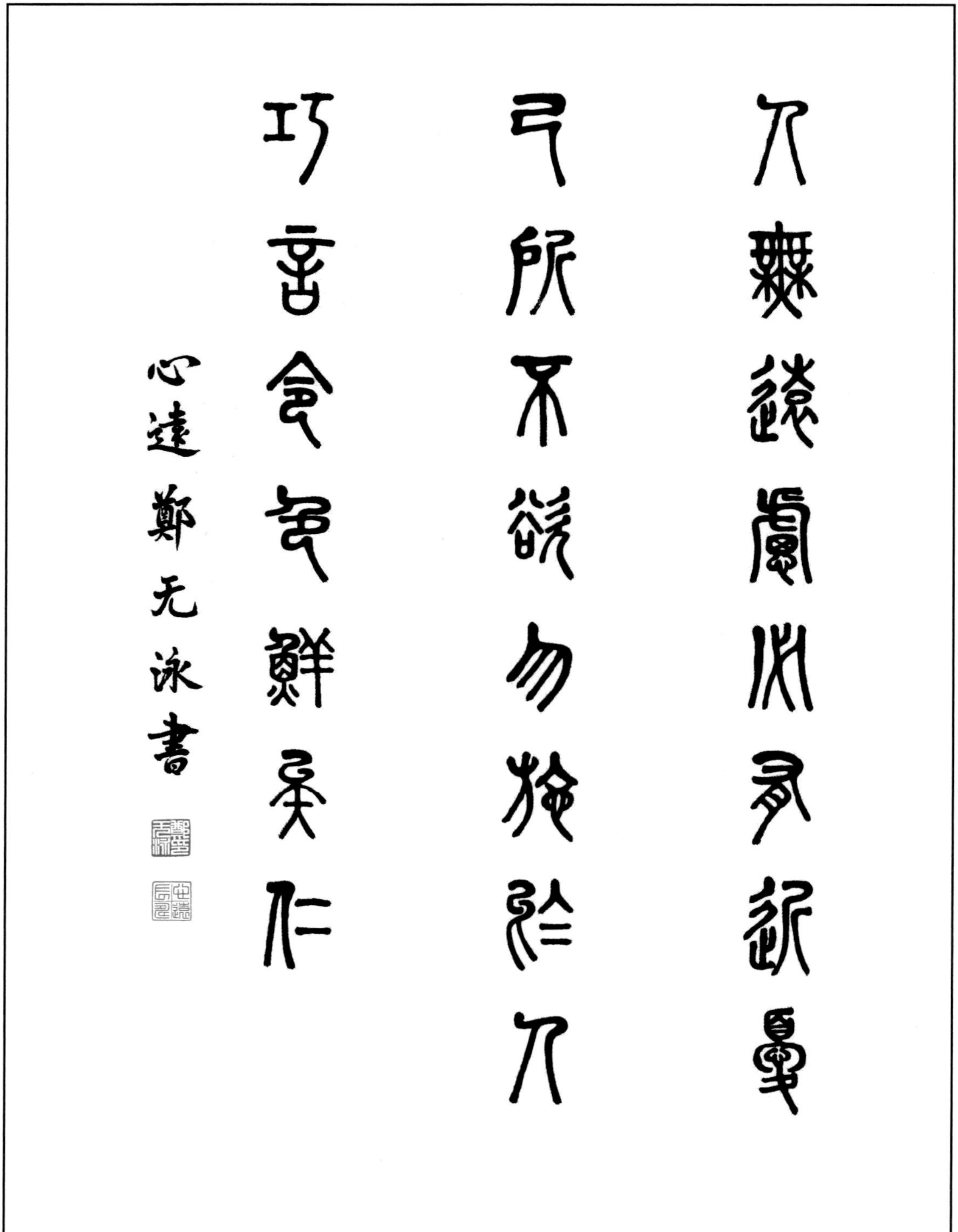
人無遠慮必有近憂
己所不欲勿施於人
巧言令色鮮矣仁
心遠 鄭无泳 書

행서체

學而時習之不亦說
乎有朋自遠方来不
亦樂乎人不知而不
慍不亦君子乎

食無求飽居無求安
敏於事而慎於言
不患人之不己知患
不知人也

吾十有五而志于學
三十而立四十而不
惑五十而知天命六
十而耳順七十而從
心所欲不踰矩

學而不思則罔思而
不學則殆
知之爲知之不知爲
不知是知也

朝聞道夕死可矣

不患無位患所以立
不患莫己知求爲可
知也

見賢思齊
見不賢而內自省也
德不孤必有隣

仁者己欲立而立人
己欲達而達人

飯蔬食飲水曲肱而
枕之樂亦在其中矣

三人行必有我師焉
擇其善者而從之其
不善者而改之

歲寒然後知松栢之
後凋也

知者不惑仁者不憂
勇者不懼

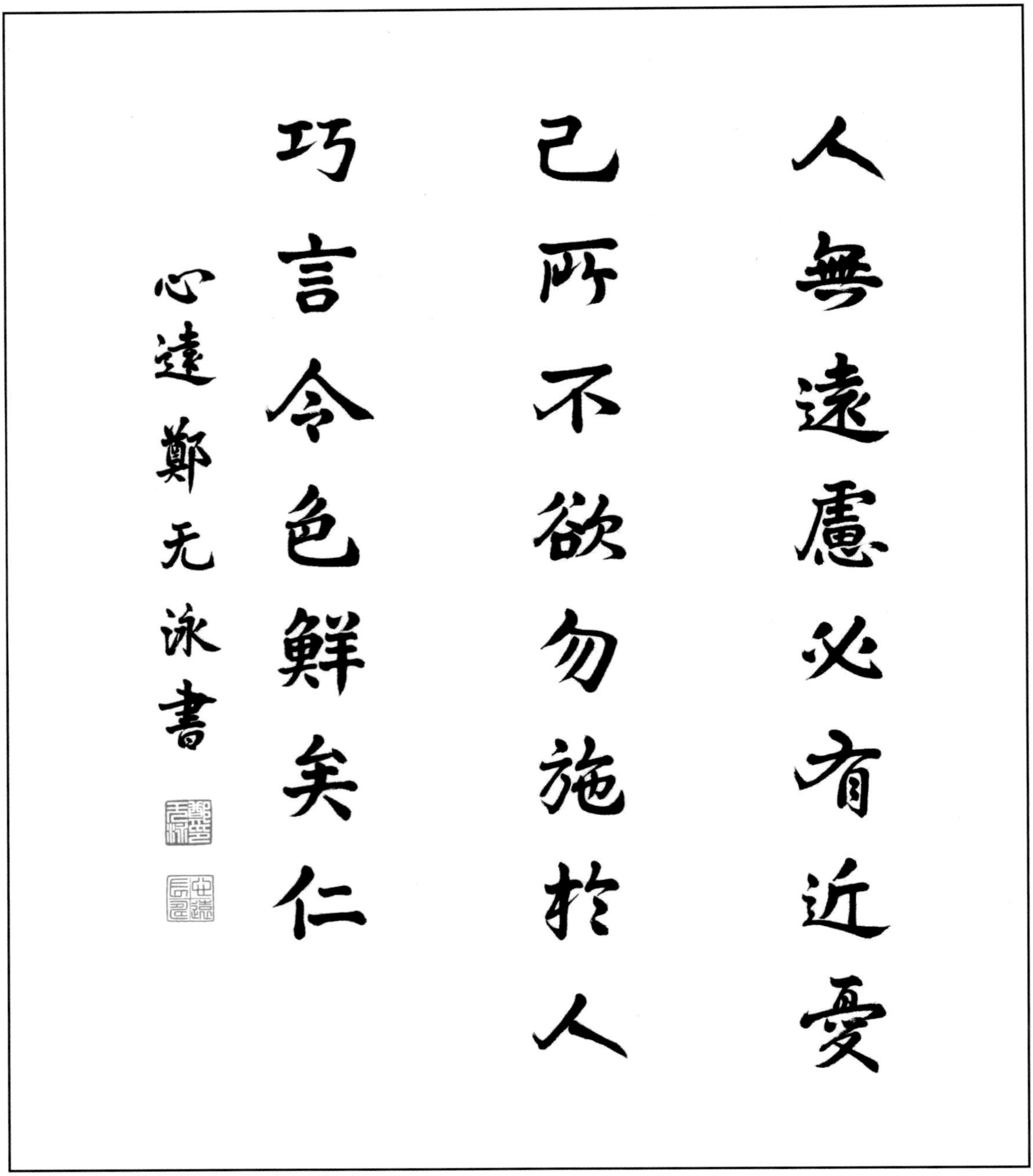
人無遠慮必有近憂
己所不欲勿施於人
巧言令色鮮矣仁
心遠 鄭无泳 書

예서체

學而時習之不亦說
乎有朋自遠方來不
亦樂乎人不知而不
慍不亦君子乎

食無求飽居無求安
敏於事而愼於言
不患人之不己知患
不知人也

吾十有五而志于學
三十而立四十而不
惑五十而知天命六
十而耳順七十而從
心所欲不踰矩

學而不思則罔思而
不學則殆
知之爲知之不知爲
不知是知也

朝聞道夕死可矣

不患無位患所以立
不患莫己知求爲可
知也

見賢思齊

見不賢而內自省也

德不孤必有鄰

夫仁者己欲立而立
人己欲達而達人
飯踈食飲水曲肱而
枕之樂亦在其中矣

三人行必有我師焉
擇其善者而從之其
不善者而改之

歲寒然後知松柏之後凋也

知者不惑仁者不憂勇者不懼

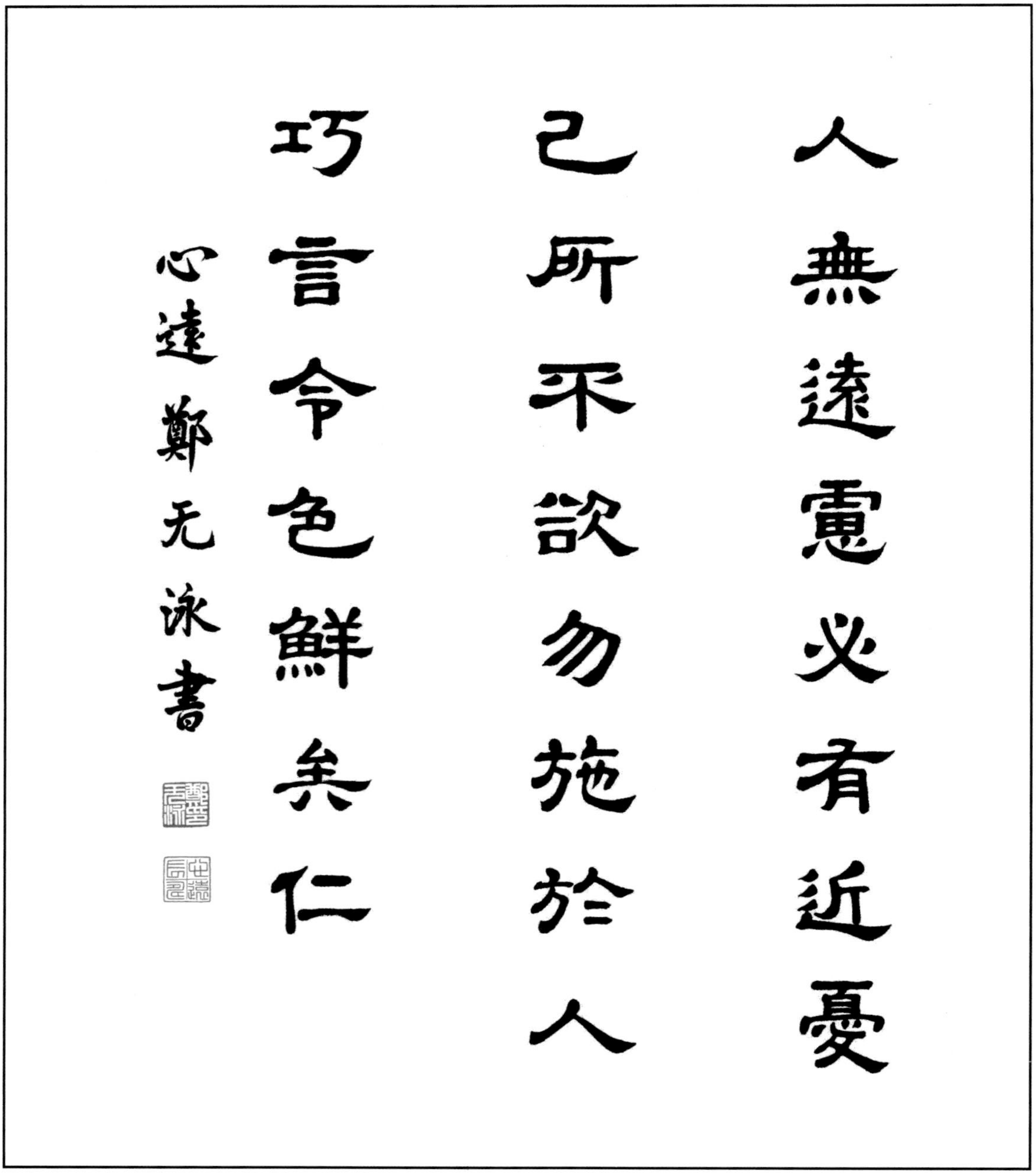
人無遠慮必有近憂
己所不欲勿施於人
巧言令色鮮矣仁
心遠鄭无泳書

學而時習之不亦說
乎有朋自遠方來不
亦樂乎人不知而不
慍不亦君子乎

食無求飽居無求安
敏於事而慎於言
不患人之不己知患
不知人也

吾十有五而志于學
三十而立四十而不
惑五十而知天命六
十而耳順七十而從
心所欲不踰矩

學而不思則罔思而
不學則殆
知之爲知之不知爲
不知是知也

朝聞道夕死可矣

不患無位患所以立
不患莫己知求爲可
知也

見賢思齊
見不賢而內自省也
德不孤必有鄰

仁者己欲立而立人
己欲達而達人

飯蔬食飲水曲肱而
枕之樂亦在其中矣

三人行必有我師焉
擇其善者而從之其
不善者而改之

歲寒然後知松栢之
後凋也

知者不惑仁者不憂
勇者不懼

人無遠慮必有近憂
己所不欲勿施於人
巧言令色鮮矣仁

心遠 鄭无泳 書

역문(譯文, 출처: 동양고전종합DB)

學而時習之 不亦說乎 有朋自遠方來 不亦樂乎 人不知而不慍 不亦君子乎

배우고 수시로 익히면 기쁘지 않겠는가. 벗이 먼 곳으로부터 찾아온다면 즐겁지 않겠는가? 남이 알아주지 않더라도 서운해 하지 않는다면 군자(君子)답지 않겠는가?

食無求飽 居無求安 敏於事而愼於言

군자(君子)는 배불리 먹기를 바라지 않으며, 편안히 거처하기를 바라지 않으며, 일에는 민첩하고 말을 삼간다.

不患人之不己知 患不知人也

남이 자신을 알아주지 않을까 걱정하지 말고, 내가 남을 알아주지 못함을 걱정해야 한다.

吾十有五而志于學 三十而立 四十而不惑 五十而知天命 六十而耳順 七十而從心所欲 不踰矩

나는 열다섯 살에 학문(學問)에 뜻을 두었고, 서른 살에 확고하게 섰으며, 마흔 살에 사리(事理)에 의혹(疑惑)하지 않았고, 쉰 살에 천명(天命)을 알았으며, 예순 살에 귀로 들으면 그대로 이해되었고, 일흔 살에는 마음이 하고자 하는 대로 따라도 법도(法度)를 넘지 않았다.

學而不思則罔 思而不學則殆

배우기만 하고 생각하지 않으면 얻음이 없고, 생각하기만 하고 배우지 않으면 위태롭다.

知之爲知之 不知爲不知 是知也

[유(由, 子路)야. 자네에게 아는 것에 대해 말해주겠네.) 아는 것을 안다 하고 모르는 것을 모른다고 하는 것, 이것이 참으로 아는 것일세.

朝聞道 夕死 可矣

아침에 도(道)를 깨달았으면 저녁에 죽어도 괜찮다.

不患無位 患所以立 不患莫己知 求爲可知也

지위가 없음을 걱정하지 말고 어떻게 지위에 설 것인가를 걱정하며, 자신을 알아주는 이가 없음을 걱정하지 말고 어떻게 알려질 것인가를 구해야 한다.

見賢思齊(焉) 見不賢而內自省也

어진 이의 행실을 보고는 그와 같아지기를 생각하고, 어질지 못한 이의 행실을 보고는 안으로 자신을 반성해야 한다.

德不孤 必有鄰

덕(德)이 있는 사람은 외롭지 않으니, 반드시 이웃이 있다.

仁者 己欲立而立人 己欲達而達人

인자(仁者)는 자신이 서고자 하면 남도 서게 하며, 자신이 통달하고자 하면 남도 통달하게 한다.

飯疏食飮水 曲肱而枕之 樂亦在其中矣 (不義而富且貴 於我 如浮雲)

거친 밥을 먹고 물을 마시며, 팔베개를 베고 누워도 즐거움이 또한 그 가운데 있으니, [의(義)롭지 못하면서 부귀(富貴)함은 나에게 뜬구름과 같다.]

三人行 必有我師焉 擇其善者而從之 其不善者而改之.

세 사람이 길을 가면 그 가운데 반드시 나의 스승이 있으니, 선(善)한 것은 가려서 따르고, 선(善)하지 못한 것은 거울로 삼아 고쳐야 한다.

歲寒然後 知松柏之後彫[凋]也

날씨가 추워진 뒤에야 소나무와 잣나무가 늦게 시드는 것을 알 수 있다.

知者 不惑 仁者 不憂 勇者 不懼

지혜로운 자는 미혹되지 않고, 인(仁)한 자는 근심하지 않으며, 용맹한 자는 두려워하지 않는다.

人無遠慮 必有近憂

사람이 먼 앞일에 대한 생각이 없으면, 반드시 가까운 근심이 있게 마련이다.

(其恕乎) 己所不欲 勿施於人

[서(恕)란] 자기가 하고자 하지 않는 것을 남에게 시키지 않는 것이다.

巧言令色 鮮矣仁

말을 교묘하게 하고 얼굴빛을 곱게 꾸미는 사람[巧言令色]은 인(仁)한 이가 적다.

孟子 맹자 발췌

전서체

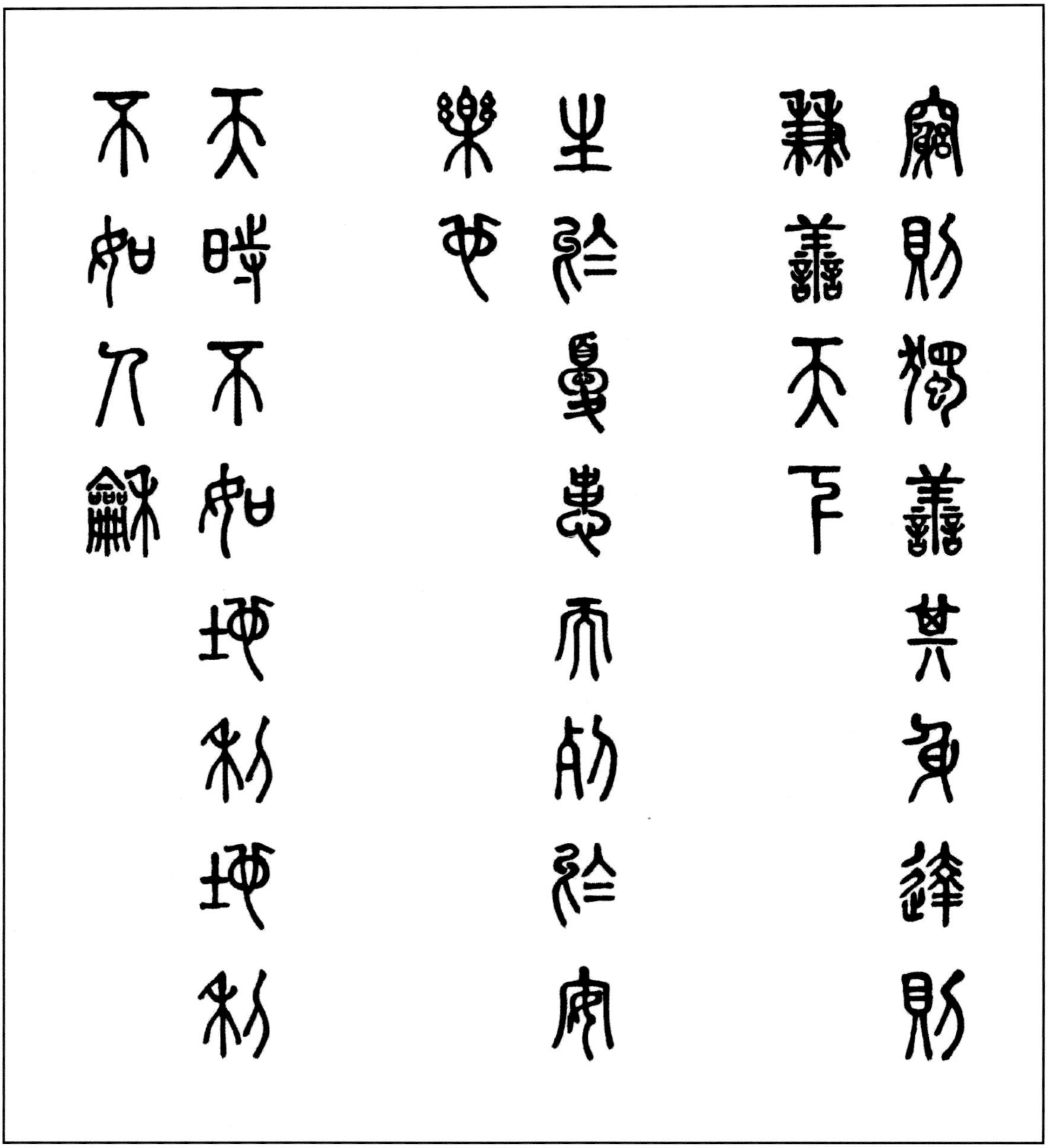

富貴不能淫貧賤不
能移威武不能屈此
之謂大丈夫

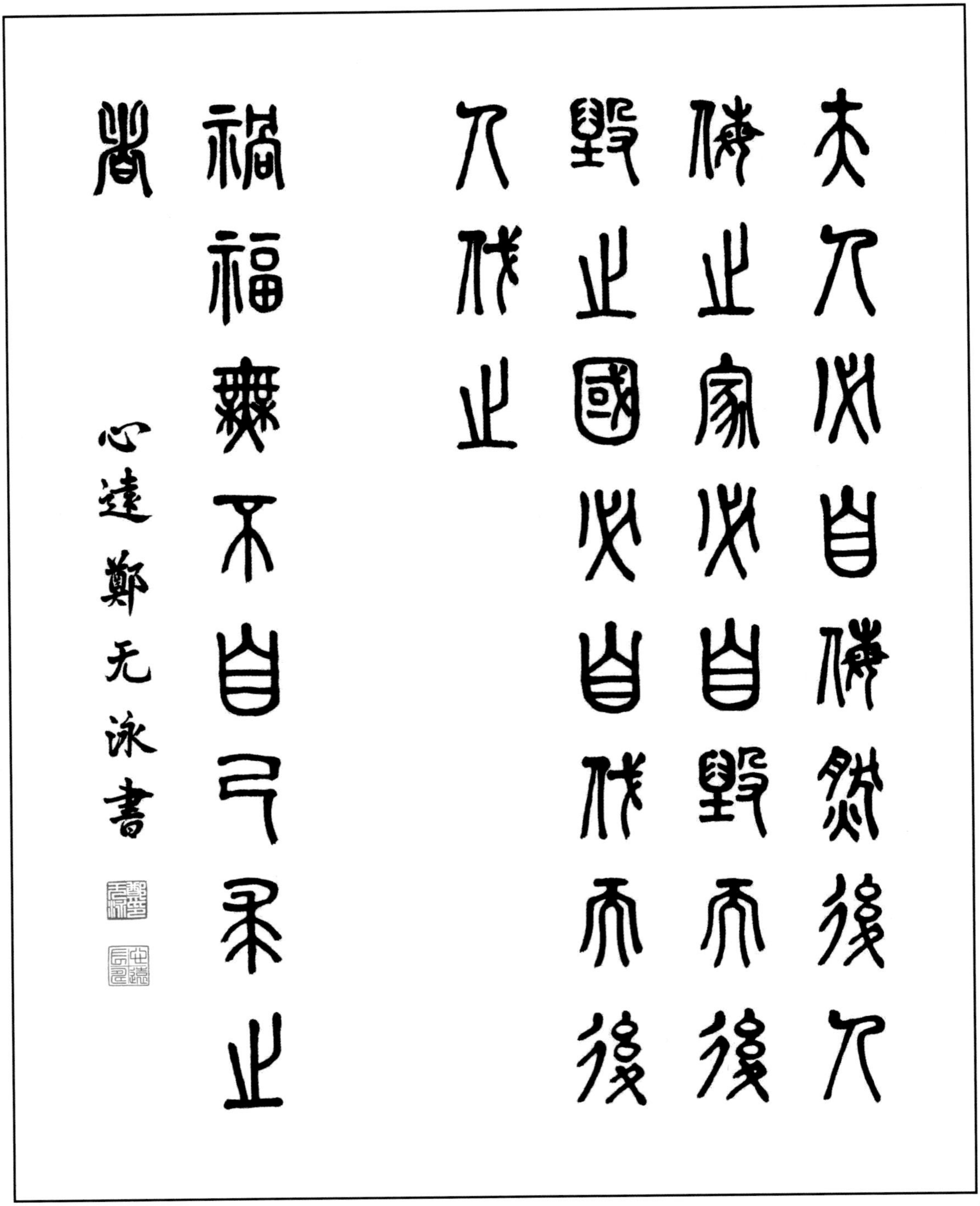
夫人必自侮然後人
侮之家必自毀而後
毀之國必自伐而後
人伐之
禍福無不自己求之
者
心遠 鄭无泳 書

행서체

窮則獨善其身達則
兼善天下

生於憂患而死於安
樂也

天時不如地利地利
不如人和

富貴不能淫貧賤不能移威武不能屈此之謂大丈夫

夫人必自侮然後人
侮之家必自毁而後
人毁之國必自伐而
後人伐之
禍福無不自己求之
者

心遠鄭无泳書

예서체

窮則獨善其身達則
兼善天下
生於憂患而死於安
樂也
天時不如地利地利
不如人和

富貴不能淫貧賤不
能移威武不能屈此
之謂大丈夫

夫人必自侮然後人
侮之家必自毀而後
人毀之國必自伐而
後人伐之
禍福無不自己求之
者

心遠鄭无泳書

해서체

窮則獨善其身達則
兼善天下
生於憂患而死於安
樂也
天時不如地利地利
不如人和

富貴不能淫貧賤不
能移威武不能屈此
之謂大丈夫

夫人必自侮然後人
侮之家必自毁而後
人毁之國必自伐而
後人伐之
禍福無不自己求之
者

心達鄭无泳書

譯文 (동양고전종합DB)

窮則獨善其身 達則兼善天下

곤궁하면 홀로 자기 몸을 선(善)하게 하고, 출세하면 천하 사람들을 모두 선하게 하네.

知生於憂患 而死於安樂也

사람은 우환(憂患) 가운데에서는 살아나고 안락함 가운데에서는 죽는다

天時 不如地利 地利 不如人和

천시(天時)가 지리(地理)의 이로움만 못하고, 지리의 이로움이 인화(人和)만 못 하다.

富貴 不能淫 貧賤 不能移 威武 不能屈 此之謂大丈夫

부귀(富貴)가 마음을 방탕(放蕩)하게 하지 못하고, 빈천(貧賤)이 절개(節槪)를 바꾸게 하지 못하며, 위무(威武)가 지조(志操)를 굽히게 할 수 없는 것, 이러한 사람을 대장부라 하는 것이오.

夫人必自侮然後 人侮之 家必自毁而後 人毁之 國必自伐而後 人伐之

사람은 반드시 스스로 업신여길 만한 짓을 한 뒤에 남이 그를 업신여기고, 집은 반드시 스스로 자기 집안을 망친 뒤에 남이 그 집안을 망치며, 나라는 반드시 스스로 자기 나라를 망하게 할 만한 짓을 한 뒤에 남이 그 나라를 멸망시킨다.

禍福 無不自己求之者

화(禍)와 복(福)은 자기로부터 구하지 않는 것이 없다.

屈原 굴원 漁父辭 어부사

屈原旣放，游於江潭，行吟澤畔，顔色憔悴，形容枯槁。漁父見而問之曰，「子非三閭大夫與？何故至於斯？」屈原曰，「擧世皆濁，我獨淸，衆人皆醉，我獨醒，是以見放。」漁父曰，「聖人不凝滯於物，而能與世推移。世人皆濁，何不淈其泥而揚其波，衆人皆醉，何不餔其糟而歠其釃 何故深思高擧，自令放爲？」屈原曰，「吾聞之，新沐者必彈冠，新浴者必振衣。安能以身之察察，受物之汶汶者乎？寧赴湘流，葬於江魚之腹中，安能以皓皓之白，而蒙世俗之塵埃乎？」漁父莞爾而笑，鼓枻而去，乃歌曰，「滄浪之水淸兮，可以濯吾纓，滄浪之水濁兮，可以濯吾足。」遂去，不復與言。

굴원이 이미 추방당하여 강변을 떠돌다가 늪 가를 지나면서 시를 읊조리는데 낯빛은 초췌하고 여윈 모습이었다. 어부가 그를 보고 물었다. “그대는 삼려대부가 아니십니까? 무슨 까닭으로 이곳에 오게 되었습니까?”

굴원이 대답했다. “온 세상이 모두 탁한데 나 홀로 깨끗하고, 사람들이 모두 취해 있으나 나 홀로 깨어 있어 그 때문에 추방된 것입니다.”

어부가 말했다. “성인은 사물에 얽매이지 않으며 능히 세상의 변화를 따라야 합니다. 세상 사람들이 모두 흐리다면 어찌 그 흙탕물을 더 흐리게 하여 물결을 더 일으키지 않으며, 세상 사람들이 모두 취해 있다면 어찌 술찌개미를 먹거나 그 술을 마시지 않고, 무엇 때문에 깊이 생각하고 고결한 행동으로 스스로 추방당한 것입니까?”

굴원이 대답했다. “내가 듣건대 새로 머리를 감은 사람은 관을 털어 쓰고, 목욕을 한 사람은 옷을 털어 입는다고 하였습니다. 어찌 깨끗한 몸에 더러운 것들을 받아들일 수 있겠습니까? 상수(湘水)의 흐르는 물에 몸을 던져 물고기의 배 속에 장사를 지낼지언정 어찌 희디흰 몸에 세속의 더러운 먼지를 뒤집어쓸 수 있겠습니까?”

어부가 빙그레 웃더니 뱃전을 두드리고 가면서 노래를 불렀다. “창랑의 물이 맑거든, 갓끈을 씻을 수 있고, 창랑의 물이 흐리거든, 내 발을 씻을 수 있도다.”

어부는 가버려서 다시 말을 나눌 수 없었다.

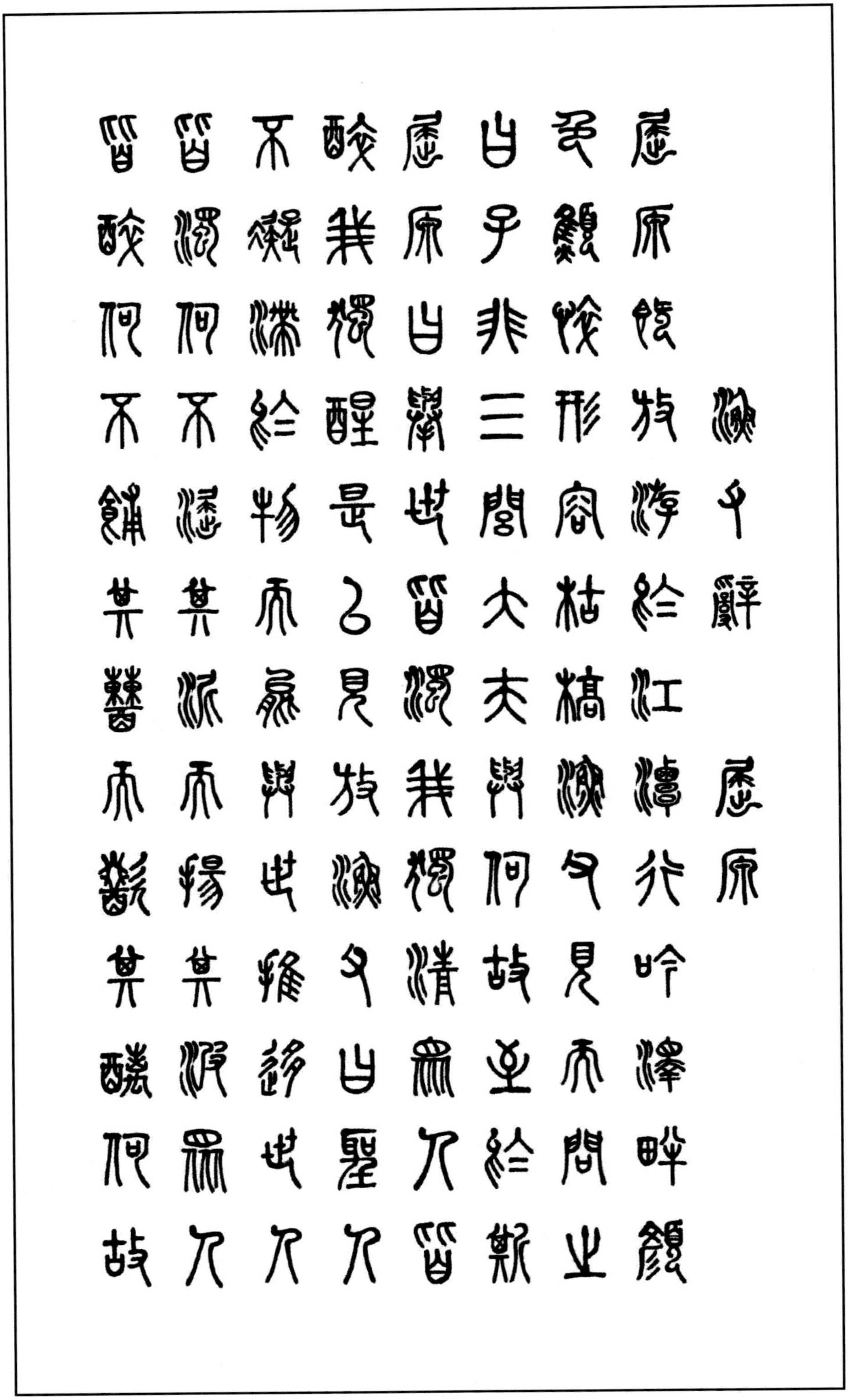
漁父辭
屈原旣放游於江潭行吟澤畔顏
色顦顇形容枯槁漁父見而問之
曰子非三閭大夫與何故至於斯
屈原曰舉世皆濁我獨淸衆人皆
醉我獨醒是以見放漁父曰聖人
不凝滯於物而能與世推移世人
皆濁何不淈其泥而揚其波衆人
皆醉何不餔其糟而歠其釃何故

深思高舉自令放爲屈原曰吾聞
之新沐者必彈冠新浴者必振衣
安能以身之察察受物之汶汶者乎寧
赴湘流葬於江魚之腹中安能以
皓皓之白而蒙世俗之塵埃乎漁父
莞爾而笑鼓枻而去乃歌曰滄浪
之水清兮可以濯吾纓滄浪之水
濁兮可以濯吾足遂去不復與言

心遠 鄭无泳 書

諸葛亮 제갈량 前出師表 전출사표

臣亮言

先帝創業未半, 而中道崩　. 今天下三分, 益州疲弊. 此誠危急存亡之秋也. 然侍衛之臣, 不懈於內, 忠志之士, 忘身於外者, 蓋追先帝之殊遇, 欲報之於陛下也. 誠宜開張聖聽, 以光先帝遺德, 恢弘志士之氣. 不宜妄自菲薄, 引喩失義, 以塞忠諫之路也. 宮中府中, 俱爲一體. 陟罰臧否, 不宜異同. 若有作奸犯科, 及爲忠善者, 宜付有司, 論其刑賞, 以昭陛下平明之理. 不宜偏私, 使內外異法也. 侍中侍郞, 郭攸之費禕董允等, 此皆良實, 志慮忠純. 是以先帝簡拔, 以遺陛下. 愚以爲, 宮中之事, 事無大小, 悉以咨之, 然後施行, 必能裨補闕漏, 有所廣益. 將軍向寵, 性行淑均, 曉暢軍事. 試用於昔日, 先帝稱之曰能. 是以衆議, 擧寵爲督. 愚以爲, 營中之事, 事無大小, 悉以咨之, 必能使行陣和睦, 優劣得所也. 親賢臣, 遠小人, 此先漢所以興隆也. 親小人, 遠賢臣, 此後漢所以傾頹也. 先帝在時, 每與臣論此事, 未嘗不歎息痛恨於桓靈也. 侍中尙書長史參軍, 此悉貞亮死節之臣. 願陛下親之信之, 則漢室之隆, 可計日而待也. 臣本布衣, 躬耕南陽. 苟全性命於亂世, 不求聞達於諸侯. 先帝不以臣卑鄙, 猥自枉屈, 三顧臣於草廬之中, 咨臣以當世之事. 由是感激, 遂許先帝以驅馳. 後値傾覆, 受任於敗軍之際, 奉命於危難之間. 爾來二十有一年矣. 先帝知臣謹愼. 故臨崩寄臣以大事也. 受命以來, 夙夜憂嘆, 恐託付不效, 以傷先帝之明. 故五月渡瀘, 深入不毛. 今南方已定, 兵甲已足. 當奬率三軍, 北定中原. 庶竭駑鈍, 攘除姦凶, 興復漢室, 還于舊都. 此臣所以報先帝, 而忠陛下之職分也. 至於斟酌損益, 進盡忠言, 則攸之允之任也. 願陛下託臣以討賊興復之效. 不效則治臣之罪, 以告先帝之靈. 若無興德之言, 責攸之　允等之咎, 以彰其慢. 陛下亦宜自謀 以諮諏善道, 察納雅言, 深追先帝遺詔. 臣不勝受恩感激, 今當遠離, 臨表涕泣, 不知所云.

(建興五年 平北大都督 丞相 武鄕侯 領益州牧 知內外事 諸葛亮)

신(臣) 량(亮)이 삼가 아뢰옵니다.

선제(先帝)께옵서는 창업하신 뜻의 반도 이루지 못하신 채 중도에 붕어하시고, 이제 천하는 셋으로 정립되어 익주가 매우 피폐하오니, 참으로 나라의 존망이 위급한 때이옵니다. 하오나 폐하를 모시는 대소 신료들이 안에서 나태하지 아니하고 충성스러운 무사들이 밖에서 목숨을 아끼지 않음은 선제께옵서 특별히 대우해주시던 황은을 잊지 않고 오로지 폐하께 보답하고자 하는 마음 때문이옵니다.

폐하께서는 마땅히 그들의 충언에 귀를 크게 여시어 선제의 유덕을 빛내시오며, 충의지사들의 의기를 드넓게 일으켜 주시옵소서. 스스로 덕이 박하고 재주가 부족하다고 여기셔서 그릇된 비유를 들어 대의를 잃으셔서는 아니 되오며, 충성스레 간하는 길을 막지 마시옵소서.

또한, 궁중과 부중이 일치단결하여 잘한 일에 상을 주고 잘못된 일에 벌을 줌에 다름이 있어서는 아니 될 것이옵니다. 만일 간악한 짓을 범하여 죄지은 자와 충량한 자가 있거든 마땅히 각 부서에 맡겨 상벌을 의논하시어 폐하의 공평함과 명명백백한 다스림을 더욱 빛나게 하시고, 사사로움에 치우치셔서 안팎으로 법을 달리하는 일이 없게 하시옵소서.

시중 곽유지와 비의, 시랑 동윤 등은 모두 선량하고 진실하오며 뜻과 생각이 고르고 순박하여 선제께서 발탁하시어 폐하께 남기셨사오니, 아둔한 신이 생각하건대 궁중의 크고 작은 일은 모두 그들에게 물어보신 이후에 시행하시면 필히 허술한 곳을 보완하는 데 크게 이로울 것이옵니다.

장군 상총은 성품과 행실이 맑고 치우침이 없으며 군사에 밝은지라 지난날 선제께서 상총을 시험 삼아 쓰신 뒤 유능하다고 말씀하시었고, 그리하여 여러 사람의 뜻을 모아 그를 도독으로 천거했사오니, 아둔한 신의 생각으로는 군중의 대소사는 상총에게 물어 결정하시면 반드시 군사들 사이에서 화목할 것이오며, 유능한 자와 무능한 자 모두 적재적소에서 맡은 바 임무를 성실히 다할 것이옵니다.

전한 황조가 흥한 것은 현명한 신하를 가까이하고 탐관오리와 소인배를 멀리했기 때문이오며, 후한 황조가 무너진 것은 탐관오리와 소인배를 가까이하고 현명한 신하를 멀리 한 때문입니다. 선제께옵서는 생전에 신들과 이런 이야기를 나누시면서 일찍이 환제, 영제 때의 일에 대해 통탄을 금치 못하셨사옵니다. 시중과 상서, 장사와 참군 등은 모두 곧고 밝은 자들로 죽기로써 국가에 대한 절개를 지킬 신하들이니, 원하건대 폐하께서는 이들을 가까이 두시고 믿으시옵소서. 그리하시면 머지않아 한실은 다시 융성할 것이옵니다.

신은 본래 하찮은 포의로 남양 땅에서 논밭이나 갈면서 난세에 목숨을 붙이고자 하였을 뿐, 제후를 찾아 일신의 영달을 구할 생각은 없었사옵니다. 하오나 선제께옵서는 황공하옵게도 신을 미천하게 여기지 아니하시고 무려 세 번씩이나 몸을 낮추시어 몸소 초려(草廬)를 찾아오셔서 신에게 당세의 일을 자문하시니, 신은 이에 감격하여 마침내 선제를 위해 몸을 아끼지 않으리라 결심하고 그 뜻을 받들었사옵니다. 그 후 한실의 국운이 기울어 싸움에 패하는 어려움 가운데 소임을 맡아 동분서주하며 위난한 상황에서 명을 받들어 일을 행해온 지 어언 스물하고도 한 해가 지났사옵니다.

선제께옵서는 신이 삼가고 신중한 것을 아시고 붕어하실 때 신에게 탁고의 대사를 맡기셨사옵니다. 신은 선제의 유지를 받은 이래 조석으로 근심하며 혹시나 그 부탁하신 바를 이루지 못하여 선제의 밝으신 뜻에 누를 끼치지 않을까 두려워하던 끝에, 지난 건흥 3년(225년) 5월에 노수를 건너 불모의 땅으로 깊이 들어갔사옵니다. 이제 남방은 평정되었고 인마와 병기와 갑옷 역시 넉넉하니, 마땅히 삼군이 북으로 나아가 중원을 평정시켜야 할 것이옵니다. 늙고 아둔하나마 있는 힘을 다해 간사하고 흉악한 무리를 제거하고 대한 황실을 다시 일으켜 옛 황도로 돌아가는 것만이 바로 선제께 보답하고 폐하께 충성을 드리는 신의 직분이옵니다. 손익을 헤아려 폐하께 충언드릴 일은 이제 곽유지, 비의, 동윤 등의 몫이옵니다.

원하건대 폐하께옵서는 신에게 흉악무도한 역적을 토벌하고 한실을 부흥시킬 일을 명하시고, 만일 이루지 못하거든 신의 죄를 엄히 다스리시어 선제의 영전에 고하시옵소서. 또한 만약 덕을 흥하게 하는 말이 없으면 곽유지, 비의, 동윤의 허물을 책망하시어 그 태만함을 온 천하에 드러내시옵소서. 폐하께옵서도 마땅히 스스로 헤아리시어 옳고 바른 방도를 취하시고, 신하들의 바른말을 잘 살펴 들으시어 선제께옵서 남기신 뜻을 좇으시옵소서.

신이 받은 은혜에 감격을 이기지 못하옵니다! 이제 멀리 떠나는 자리에서 표문을 올림에 눈물이 앞을 가려 무슨 말씀을 아뢰어야 할지 모르겠사옵니다.

건흥5년 평북대도독 승상 무향후 영익주목 지내외사 제갈량(출처: 위키문헌 전출사표)

전서체

前出師表 諸葛亮

臣亮言先帝創業未半而中道崩殂
今天下三分益州疲弊此誠危急存
亡之秋也然侍衛之臣不懈於內忠
志之士忘身於外者蓋追先帝之殊
遇欲報之於陛下也誠宜開張聖聽
以光先帝遺德恢弘志士之氣不宜
妄自菲薄引喻失義以塞忠諫之路
也宮中府中俱為一體陟罰臧否不
宜異同若有作奸犯科及為忠善者
宜付有司論其刑賞以昭陛下平明
之理不宜偏私使內外異法也侍中
侍郎郭攸之費禕董允等此皆良實
志慮忠純是以先帝簡拔以遺陛下
愚以為宮中之事事無大小悉以諮
之然後施行必能裨補闕漏有所廣

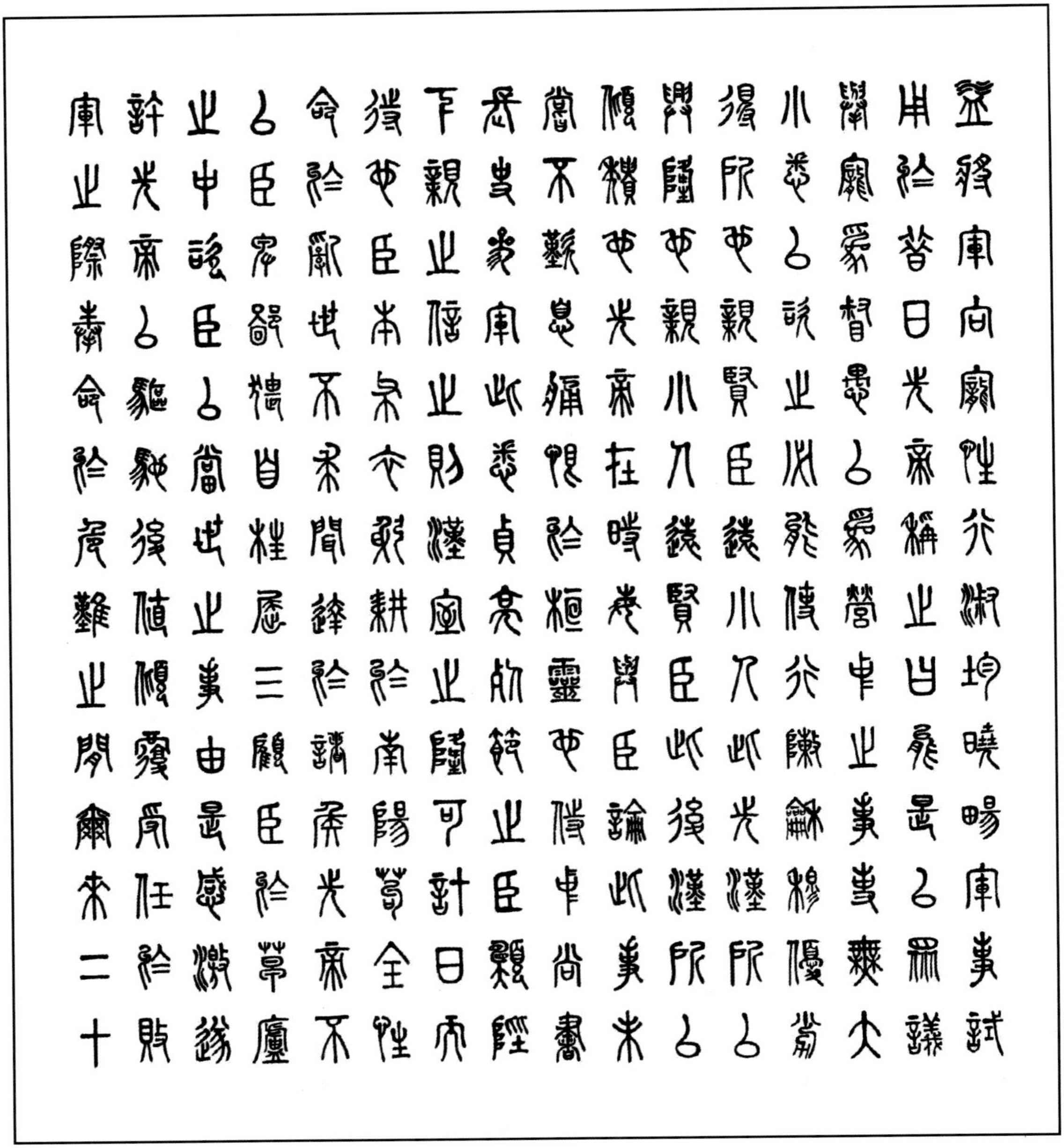

有一年矣先帝知臣謹慎故臨崩寄
臣以大事也受命以來夙夜憂歎恐
託付不效以傷先帝之明故五月渡
瀘深入不毛今南方已定兵甲已足
當獎率三軍北定中原庶竭駑鈍攘
除姦凶興復漢室還於舊都此臣之
所以報先帝而忠陛下之職分也至
於斟酌損益進盡忠言則攸之禕允
之任也願陛下託臣以討賊興復之
效不效則治臣之罪以告先帝之靈
若無興德之言則責攸之禕允等之
慢以彰其咎陛下亦宜自謀以諮諏
善道察納雅言深追先帝遺詔臣不
勝受恩感激今當遠離臨表涕泣不
知所云

辛丑年秋 心遠 鄭元泳 書

행서체

前出師表 諸葛亮

臣亮言先帝創業未半而中道崩殂今天
下三分益州疲弊此誠危急存亡之秋也
然侍衛之臣不懈於內忠志之士忘身於
外者蓋追先帝之殊遇欲報之於陛下也
誠宜開張聖聽以光先帝遺德恢弘志士
之氣不宜妄自菲薄引喻失義以塞忠諫
之路也宮中府中俱為一體陟罰臧否不
宜異同若有作姦犯科及為忠善者宜付
有司論其刑賞以昭陛下平明之理不宜
偏私使內外異法也侍中侍郎郭攸之費
禕董允等此皆良實志慮忠純是以先帝
簡拔以遺陛下愚以為宮中之事事無大
小悉以咨之然後施行必能裨補闕漏有

所廣益將軍向寵性行淑均曉暢軍事試
用於昔日先帝稱之曰能是以衆議舉寵
爲督愚以爲營中之事事無大小悉以咨
之必能使行陳和穆優劣得所也親賢臣
遠小人此先漢所以興隆也親小人遠賢
臣此後漢所以傾頹也先帝在時每與臣
論此事未嘗不歎息痛恨於桓靈也侍中
尚書長史參軍此悉貞亮死節之臣願陛
下親之信之則漢室之隆可計日而待也
臣本布衣躬耕於南陽苟全性命於亂世
不求聞達於諸侯先帝不以臣卑鄙猥自
枉屈三顧臣於草廬之中咨臣以當世之
事由是感激遂許先帝以驅馳後值傾覆
受任於敗軍之際奉命於危難之間爾來

二十有一年矣先帝知臣謹慎故臨崩寄
臣以大事也受命以来夙夜憂歎恐託付
不效以傷先帝之明故五月渡瀘深入不
毛今南方已定兵甲已足當獎率三軍北
定中原庶竭駑鈍攘除姦凶興復漢室還
於舊都此臣之所以報先帝而忠陛下之
職分也至於斟酌損益進盡忠言則攸之
禕允之任也願陛下託臣以討賊興復之
效不效則治臣之罪以告先帝之靈若無
興德之言則責攸之禕允等之咎以彰其
慢陛下亦宜自謀以諮諏善道察納雅言
深追先帝遺詔臣不勝受恩感激今當遠
離臨表涕泣不知所云

心遠 鄭无泳 書

예서체

前出師表　諸葛亮
臣亮言先帝創業未半而中道崩殂今天
下三分益州疲弊此誠危急存亡之秋也
然侍衛之臣不懈於內忠志之士忘身於
外者盡追先帝之殊遇欲報之於陛下也
誠宜開張聖聽以光先帝遺德恢弘志士
之氣不宜妄自菲薄引喻失義以塞忠諫
之路也宮中府中俱為一體陟罰臧否不
宜異同若有作姦犯科及為忠善者宜付
有司論其刑賞以昭陛下平明之理不宜
偏私使內外異法也侍中侍郎郭攸之費
禕董允等此皆良實志慮忠純是以先帝
簡拔以遺陛下愚以為宮中之事事無大
小悉以咨之然後施行必能裨補闕漏有

所廣益將軍向寵性行淑均曉暢軍事試
用於昔日先帝稱之曰能是以衆議舉寵
爲督愚以爲營中之事事無大小悉以咨
之必能使行陣和穆優劣得所也親賢臣
遠小人此先漢所以興隆也親小人遠賢
臣此後漢所以傾頹也先帝在時每與臣
論此事未嘗不歎息痛恨於桓靈也侍中
尚書長史參軍此悉貞亮死節之臣願陛
下親之信之則漢室之隆可計日而待也
臣本布衣躬耕於南陽苟全性命於亂世
不求聞達於諸侯先帝不以臣卑鄙猥自
枉屈三顧臣於草廬之中諮臣以當世之
事由是感激遂許先帝以驅馳後值傾覆
受任於敗軍之際奉命於危難之間爾來

二十有一年矣先帝知臣謹慎故臨崩寄
臣以大事也受命以來夙夜憂歎恐託付
不效以傷先帝之明故五月渡瀘深入不
毛今南方已定兵甲已足當獎率三軍北
定中原庶竭駑鈍攘除姦兇興復漢室還
於舊都此臣之所以報先帝而忠陛下之
職分也至於斟酌損益進盡忠言則攸之
禕允之任也願陛下託臣以討賊興復之
效不效則治臣之罪以告先帝之靈若無
興德之言則責攸之禕允等之咎以彰其
慢陛下亦宜自謀以諮諏善道察納雅言
深追先帝遺詔臣不勝受恩感激今當遠
離臨表涕泣不知所云

心遠 鄭无泳 書

초서체

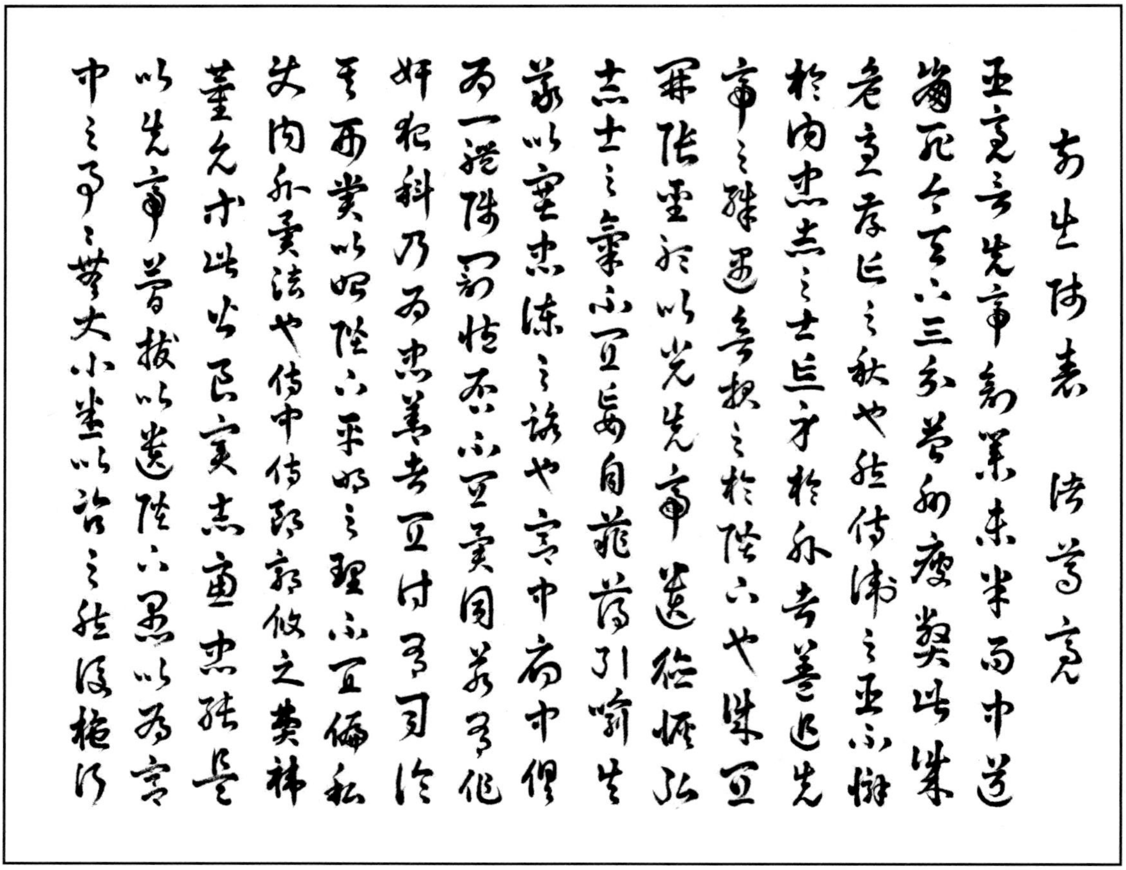
出師表 諸葛亮
臣亮言先帝創業未半而中道
崩殂今天下三分益州疲弊此誠
危急存亡之秋也然侍衛之臣不懈
於內忠志之士忘身於外者蓋追先
帝之殊遇欲報之於陛下也誠宜
開張聖聽以光先帝遺德恢弘
志士之氣不宜妄自菲薄引喻失
義以塞忠諫之路也宮中府中俱
為一體陟罰臧否不宜異同若有作
姦犯科及為忠善者宜付有司論
其刑賞以昭陛下平明之理不宜偏私
使內外異法也侍中侍郎郭攸之費禕
董允等此皆良實志慮忠純是
以先帝簡拔以遺陛下愚以為宮
中之事事無大小悉以咨之然後施行

必能裨補闕漏有所廣益將軍向
寵性行淑均曉暢軍事試用於昔
日先帝稱曰能是以衆議舉寵爲
督愚以爲營中之事事無大小悉以
咨之必能使行陣和睦優劣得所也
親賢臣遠小人此先漢所以興隆也
親小人遠賢臣此後漢所以傾頹也
先帝在時每與臣論此事未嘗不
歎息痛恨於桓靈也侍中尚書長史
參軍此悉貞良死節之臣願陛下
親之信之則漢室之隆可計日而待也
臣本布衣躬耕於南陽苟全性命
於亂世不求聞達於諸侯先帝不以
臣卑鄙猥自枉屈三顧臣於草廬之
中諮臣以當世之事由是感激遂許
先帝以驅馳後值傾覆受任於敗

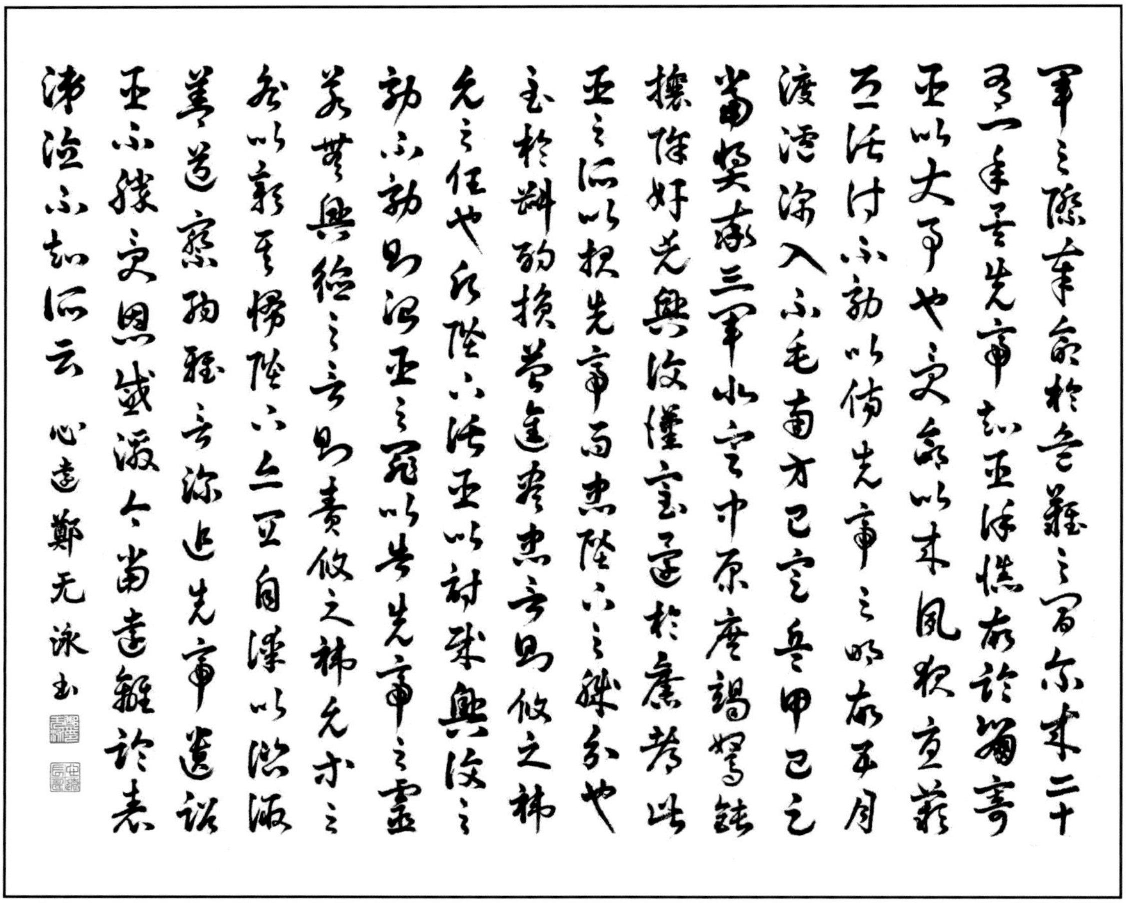
軍之際奉命於危難之間爾來二十
有一年矣先帝知臣謹慎故臨崩寄
臣以大事也受命以來夙夜憂歎
恐託付不效以傷先帝之明故五月
渡瀘深入不毛南方已定兵甲已足
當奬率三軍北定中原庶竭駑鈍
攘除奸凶興復漢室還於舊都此
臣之所以報先帝而忠陛下之職分也
至於斟酌損益進盡忠言則攸之禕
允之任也願陛下託臣以討賊興復之
效不效則治臣之罪以告先帝之靈
若無興德之言則責攸之禕允之
慢以彰其咎陛下亦宜自謀以諮諏
善道察納雅言深追先帝遺詔
臣不勝受恩感激今當遠離臨表
涕泣不知所云
心遠 鄭无泳 书

陶淵明 도연명

귀거래사

歸去來兮！田園將蕪胡不歸？既自以心為形役，奚惆悵而獨悲！悟已往之不諫，知來者之可追。實迷途其未遠，覺今是而昨非。舟搖搖以輕颺，風飄飄而吹衣。問征夫以前路，恨晨光之熹微。乃瞻衡宇，載欣載奔。童僕歡迎，稚子候門。三徑就荒，松菊猶存。攜幼入室，有酒盈樽。引壺觴以自酌，眄庭柯以怡顏。倚南窗以寄傲，審容膝之易安。園日涉以成趣，門雖設而常關。策扶老以流憩，時矯首而遐觀。雲無心以出岫，鳥倦飛而知還。景翳翳以將入，撫孤松而盤桓。歸去來兮！請息交以絕游。世與我而相違，復駕言兮焉求？悅親戚之情話，樂琴書以消憂。農人告余以春及，將有事於西疇。或命巾車，或棹孤舟。既窈窕以尋壑，亦崎嶇而經丘。木欣欣以向榮，泉涓涓而始流。善萬物之得時，感吾生之行休。已矣乎！寓形宇內復幾時，曷不委心任去留？胡為乎遑遑欲何之？富貴非吾願，帝鄉不可期。懷良辰以孤往，或植杖而耘耔。登東皐以舒嘯，臨清流而賦詩。聊乘化以歸盡，樂夫天命復奚疑！

돌아가리라
전원은 황폐해 가는데 내 어이 아니 돌아가리
정신을 육체의 노예로 만들고 그 고통을 혼자 슬퍼하고 있겠는가
잘못 들어섰던 길 그리 멀지 않아
지금 고치면 어제의 잘못을 돌이킬 수 있으리다.
배는 유유히 흔들거리고 바람은 가볍게 옷자락을 날린다.
지나가는 사람에게 길을 묻고 새벽빛이 희미한 것을 원망하다
나의 작은 집을 보고는 기뻐서 달음질친다.
머슴아이 반갑게 나를 맞이하고 어린 자식은 문 앞에서 기다린다
세 갈래 길에는 소나무와 국화가 아직 살아있다
아이들 손을 잡고 집 안에 들어서니 병에 술이 채워져 있다
나는 혼자 술을 따라 마신다.
뜰의 나무들이 내 얼굴에 화색이 돌게 한다.

남창을 내다보고 나는 느낀다.
작은 공간으로 쉽게 만족할 수 있음을.

사립문이 하나 있지만 언제나 닫혀있다.
지팡이를 끌며 나는 걷다가 쉬고 가끔 머리를 들어 멀리 바라다본다.
구름은 무심히 산을 넘어가고 새는 지쳐 둥지로 돌아온다.
고요히 해는 지고 외로이 서 있는 소나무를 어루만지며
나의 마음은 평온으로 돌아온다.
돌아가자 사람들과 만남을 끊고,
세속과 나는 서로 다르거늘 다시 수레를 타고 무엇을 구할 것인가?
고향에서 가족들과 소박한 이야기를 하고 거문고와 책에서 위안을 얻으니
농부들은 지금 봄이 왔다고 서쪽 들판에 할 일이 많다고 한다.
나는 어떤 때는 작은 마차를 타고 어떤 때는 외로운 배 한 척을 젓는다.
고요한 시냇물을 지나 깊은 계곡으로 가기도 하고
거친 길로 언덕을 넘기도 한다.
나무들은 무성한 잎새를 터트리기도 하고 시냇물은 조금씩 흐르기 시작한다.
나는 자연의 질서 있는 절기를 찬양하며 내 생명의 끝을 생각한다.

모든 것이 끝난다.
우리 인간에게는 그렇게도 적은 시간이 허용되어 있을 뿐
그러니 마음 내키는 대로 살자.
애를 써서 어디로 갈 것인가?
나는 재물에 욕심이 없다. 천국에 대한 기대도 없다.

청명한 날 혼자서 산책을 하고 등나무로 만든 지팡이를 끌며
동산에 올라 오랫동안 휘파람을 불고 맑은 냇가에서 시를 짓고
이렇게 나는 마지막 귀향할 때까지 하늘의 명을 달게 받으며
타고난 복을 누리리라. 거기에 무슨 의문이 있겠는가?

(피천득 역)

전서체

歸去來辭 陶淵明

歸去來兮田園將蕪胡不歸旣自以
心爲形役奚惆悵而獨悲悟已往之
不諫知來者之可追實迷途其未遠
覺今是而昨非舟遙遙以輕颺風飄飄而
吹衣問征夫以前路恨晨光之熹微
乃瞻衡宇載欣載奔僮僕歡迎稚子
候門三徑就荒松菊猶存攜幼入室
有酒盈樽引壺觴以自酌眄庭柯以

怡顏倚南窗以寄傲審容膝之易安
園日涉以成趣門雖設而常關策扶
老以流憩時矯首而遐觀雲無心以
出岫鳥倦飛而知還景翳翳以將入撫
孤松而盤桓歸去來兮請息交以絶
遊世與我而相違復駕言兮焉求悅
親戚之情話樂琴書以消憂農人告
余以春及將有事於西疇或命巾車

或櫂孤舟既窈窕以尋壑亦崎嶇而
經丘木欣欣以向榮泉涓涓而始流善萬
物之得時感吾生之行休已矣乎寓
形宇內復幾時曷不委心任去留胡
爲乎遑遑欲何之富貴非吾願帝鄉不
可期懷良辰以孤往或植杖而耘耔
登東皋以舒嘯臨清流而賦詩聊乘
化以歸盡樂夫天命復奚疑

鄭无泳書

歸去來辭 陶淵明

歸去來兮田園將蕪胡不歸既自以心爲
形役奚惆悵而獨悲悟已往之不諫知來
者之可追實迷途其未遠覺今是而昨非
舟遙遙以輕颺風飄飄而吹衣問征夫以前路
恨晨光之熹微乃瞻衡宇載欣載奔僮僕
歡迎稚子候門三徑就荒松菊猶存攜幼
入室有酒盈樽引壺觴以自酌眄庭柯以

怡顏倚南窗以寄傲審容膝之易安園日
涉以成趣門雖設而常關策扶老以流憩
時矯首而遐觀雲無心以出岫鳥倦飛而
知還景翳翳以將入撫孤松而盤桓歸去來
兮請息交以絕遊世與我而相違復駕言
兮焉求悅親戚之情話樂琴書以消憂農
人告余以春及將有事於西疇或命巾車

或棹孤舟既窈窕以尋壑亦崎嶇而經丘
木欣欣以向榮泉涓涓而始流羨萬物之得時
感吾生之行休已矣乎寓形宇內復幾時
曷不委心任去留胡為乎遑遑欲何之富貴
非吾願帝鄉不可期懷良辰以孤往或植
杖而耘耔登東皐以舒嘯臨清流而賦詩
聊乘化以歸盡樂夫天命復奚疑

心遠 鄭无泳

歸去來兮田園將蕪胡不歸旣自以心爲
形役奚惆悵而獨悲悟已往之不諫知來
者之可追實迷途其未遠覺今是而昨非
舟遙遙以輕颺風飄飄而吹衣問征夫以前路
恨晨光之熹微乃瞻衡宇載欣載奔僮僕
歡迎稚子候門三徑就荒松菊猶存攜幼
入室有酒盈樽引壺觴以自酌眄庭柯以

怡顏倚南窗以寄傲審容膝之易安園日
涉以成趣門雖設而常關策扶老以流憩
時矯首而遐觀雲無心以出岫鳥倦飛而
知還景翳翳以將入撫孤松而盤桓歸去來兮
請息交以絶遊世與我而相違復駕言兮焉求
悅親戚之情話樂琴書以消憂農人告余以
春及將有事於西疇或命巾車或棹孤舟

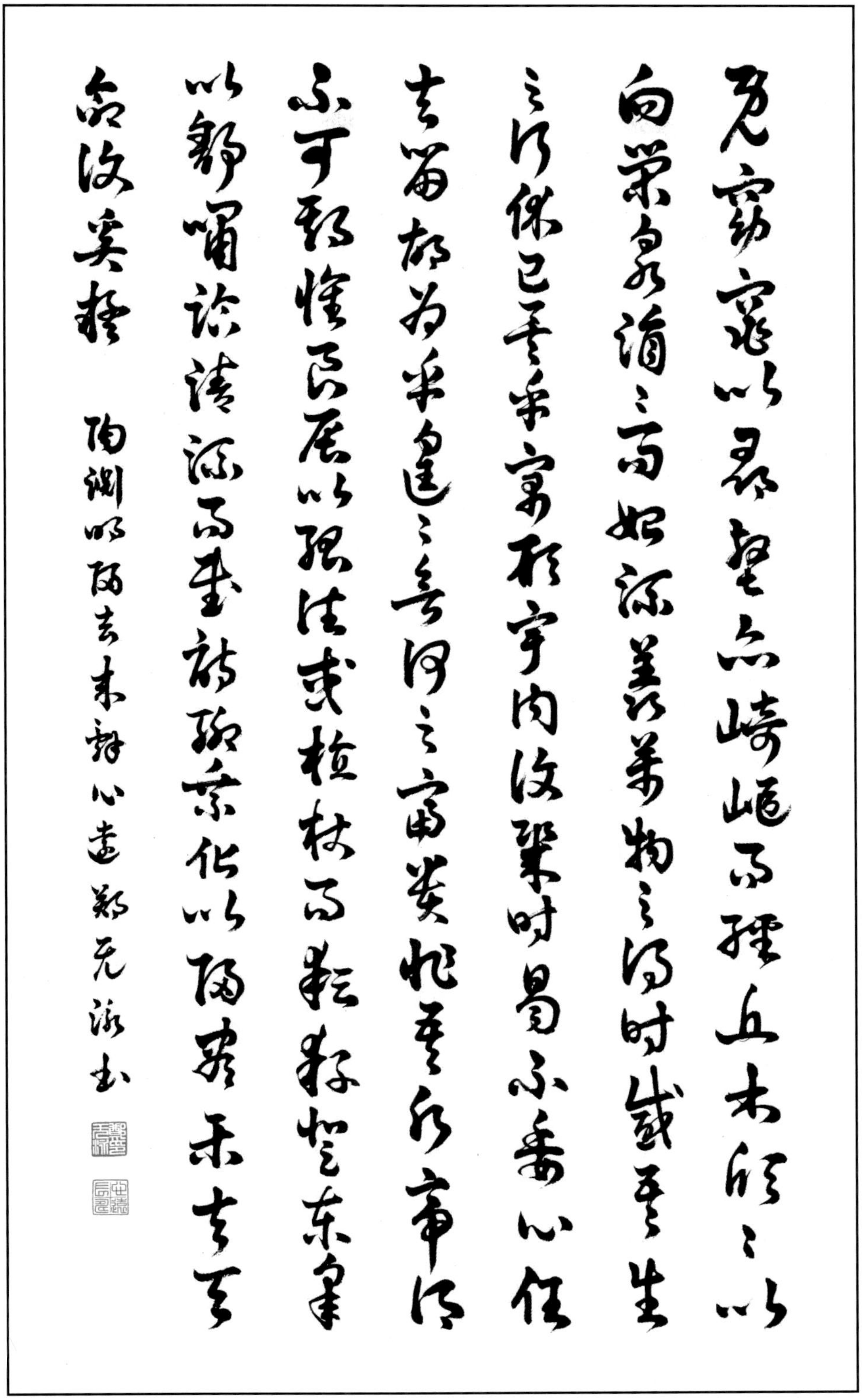
既窈窕以寻壑亦崎岖而经丘木欣欣以
向荣泉涓涓而始流善万物之得时感吾生
之行休已矣乎寓形宇内复几时曷不委心任
去留胡为乎遑遑欲何之富贵非吾愿帝乡
不可期怀良辰以孤往或植杖而耘耔登东皋
以舒啸临清流而赋诗聊乘化以归尽乐夫天
命复奚疑
陶渊明归去来辞 心远郑元浩书

잡시(雜詩, 飮酒 第5首라고도 함)

結廬在人境 而無車馬喧
問君何能爾 心遠地自偏
採菊東籬下 悠然見南山
山氣日夕佳 飛鳥相與還
此中有眞意 欲辯已忘言

사람 사는 경내(境內)에 집 지었으나 수레와 말의 시끄러움 없네.
그대에게 묻노니 어찌 그럴 수 있는가 마음이 세속과 머니(멀리하니) 땅(사는 곳)이 절로 궁벽하다오(외지다오).
동쪽 울타리 아래에서 국화 따다가 한가로이 南山을 보노라.
산 기운은 아침저녁으로 아름답고 나는 새는 서로 더불어 돌아오네.
이 사이에 참다운 뜻이 있으니 말하고자 하나 이미 할 말 잊었네.

(역문 출처: 동양고전종합DB 고문진보)

結廬在人境而無車馬喧
問君何能爾心遠地自偏
采菊東籬下悠然見南山
山氣日夕佳飛鳥相與還
此中有真意欲辯已忘言

陶淵明詩飲酒 心遠鄭元泳書

結廬在人境而無車馬喧
問君何能爾心遠地自偏
採菊東籬下悠然見南山
山氣日夕佳飛鳥相與還
此中有眞意欲辯已忘言

陶淵明詩飲酒 心遠鄭无泳敬書

結廬在人境而無車馬喧
門君何能爾心遠地自偏
採菊東籬下悠然見南山
山氣日夕佳飛鳥相與還
此中有真意欲辯已忘言

陶淵明詩飲酒 心遠鄭元泳書

結廬在人境而無車馬喧
問君何能爾心遠地自偏
採菊東籬下悠然見南山
山氣日夕佳飛鳥相與還
此中有真意欲辯已忘言

陶淵明詩飲酒 心遠鄭无泳敬書

結廬在人境而無車馬喧
問君何能爾心遠地自偏
采菊東籬下悠然見南山
山氣日夕佳飛鳥相與還
此中有真意欲辨已忘言

陶淵明詩飲酒 心遠 鄭元永 敬書

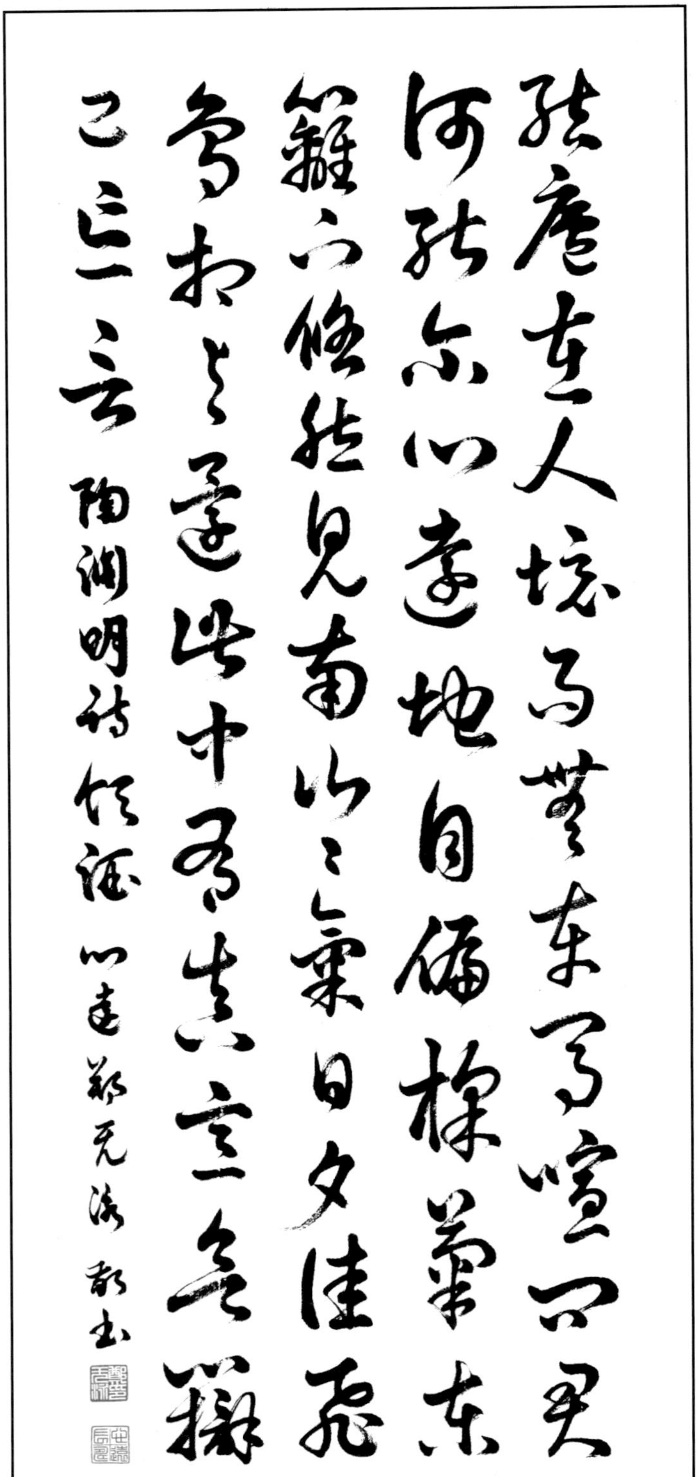
結廬在人境而無車馬喧問君
何能爾心遠地自偏採菊東
籬下悠然見南山山氣日夕佳飛
鳥相與還此中有真意欲辨已忘言
陶淵明詩 飲酒

桃花源記

晉太元中，武陵人，捕魚為業，緣溪行，忘路之遠近；忽逢桃花林，夾岸數百步，中無雜樹，芳草鮮美，落英繽紛；漁人甚異之。復前行，欲窮其林。林盡水源，便得一山。山有小口，彷彿若有光，便舍船，從口入。初極狹，纔通人；復行數十步，豁然開朗。土地平曠，屋舍儼然。有良田、美池、桑、竹之屬，阡陌交通，雞犬相聞。其中往來種作，男女衣著，悉如外人；黃髮垂髫，並怡然自樂。見漁人，乃大驚，問所從來；具答之。便要還家，設酒、殺雞、作食。村中聞有此人，咸來問訊。自云：「先世避秦時亂，率妻子邑人來此絕境，不復出焉；遂與外人間隔。」問「今是何世？」乃不知有漢，無論魏、晉！此人一一為具言所聞，皆歎惋。餘人各復延至其家，皆出酒食。停數日，辭去。此中人語云：「不足為外人道也。」既出，得其船，便扶向路，處處誌之。及郡下，詣太守，說如此。太守即遣人隨其往，尋向所誌，遂迷不復得路。南陽劉子驥，高尚士也，聞之，欣然規往，未果，尋病終。後遂無問津者。

진(晋)나라 태원(太元) 때, 한 무릉(武陵) 사람이 고기잡이로 생계를 이어갔다. 하루는 시내를 따라 너무 멀리 들어가 길을 잃었다. 홀연히 복숭아 숲을 만났는데, 시내 가장자리 수백 보가 모두 복숭아나무뿐이었다. 향기로운 풀 아름다운데, 복숭아 꽃잎 어지럽게 흩날려, 어부가 매우 이상하게 여겼다. 다시 앞으로 나가면서, 복숭아나무 숲 끝까지 가보려고 했다. 숲은 수원지(水源池)에서 끝이 나고, 작은 산이 있었다. 산에는 조그마한 굴이 있는데 밝은 빛이 있는 듯하였다.

배에서 내려 동굴 안쪽으로 들어갔다. 굴 입구가 매우 좁아 사람이 간신히 지나갈 수 있었는데, 다시 수십 보 들어가니 넓고 확 트였다. 땅은 넓고 평평했으며, 집들도 잘 정돈되어 있었다. 기름진 땅과 아름다운 연못이 있고 뽕나무와 대나무 등이 있었다. 밭 사이 길은 사방으로 통하고 닭 울고 개 짖는 소리가 도처에서 들렸다. 이곳에서 오가며 농사짓는 것과 남녀가 옷을 입는 것이 모두 바깥세상과 같았으며, 노인과 어린아이가 함께 기뻐하고 즐거워했다.

그들이 어부를 보고 몹시 놀라며 어디서 왔는지 물었다. 어부가 자세히 대답하자, 집으로 초청해 술상을 차리고 닭을 잡아먹기를 청했다. 마을에 이런 사람이 와있다는 소문을 듣고, 마을 사람들이 모두 찾아와서 자세히 물었다. 그들 스스로 "선조들이 진나라 때 난을 피해 처자와 동향 사람을 거느리고, 세상과 단절된 이곳으로 왔다 다시 나가지 않았소. 그래서 바깥 세상 사람과 왕래가 끊겼소"라고 하면서 물었다. "지금이 어느 시대입니까?" 그들은 한나라가 있었다는 사실조차 몰랐고, 위와 진나라는 말할 것도 없었다. 이에 어부가 알고 있는 모든 것을 일일이 말해주자, 모두 놀라며 탄식했다. 다른 사람들도 그를 자청하여 술과 음식을 대접했다. 어부는 며칠동안 묵은 후 작별 인사를 했다. 마을 사람들이 그에게 부탁했다. “바깥 사람들에게 이야기할 것이 못 됩니다.”

어부가 그곳에서 나와 배를 타고 전에 왔던 길을 따라 돌아오면서 곳곳에 표시를 해놓았다. 마을에 돌아와 태수를 뵙고 이러한 사정을 이야기했다. 이에 태수가 곧 사람을 보내, 그가 온 곳을 따라 표시한 곳을 찾았으나 끝내 길을 잃고 찾지 못했다.

남양에 유자기는 인품이 높은 선비였다. 이 이야기를 듣고 기뻐 그곳을 가보고자 했으나 끝내 찾지 못하고, 얼마 안 가 죽고 말았다. 그 후로는 이 나루터를 찾거나 묻는 이가 없었다.

晉太元中武陵人捕魚爲業緣溪
行忘路之遠近忽逢桃花林夾岸
數百步中無雜樹芳草鮮美落
英繽紛漁人甚異之復前行欲窮
其林林盡水源便得一山山有小口彷彿
若有光便捨船從口入初極狹才
通人復行數十步豁然開朗土地平
曠屋舍儼然有良田美池桑竹之

屬阡陌交通雞犬相聞其中往來種作男女衣著悉如外人黃髮垂髫並怡然自樂見漁人乃大驚問所從來具答之便要還家設酒殺雞作食村中聞有此人咸來問訊自云先世避秦時亂率妻子邑人來此絕境不復出焉遂與外人間隔問今是何世乃不知有漢無論魏

此人一一爲具言所聞皆歎惋餘人
各復延至其家皆出酒食停數日辭去
此中人語云不足爲外人道也旣出
得其船便扶向路處處誌之及郡下
詣太守說如此太守卽遣人隨其
往尋向所誌遂迷不復得路南陽劉
子驥高尚士也聞之欣然規往未果
尋病終後遂無問津者

桃花源記 陶淵明作 心達 鄭炳泳 書

桃花源詩

嬴氏亂天紀，賢者避其世。 黃綺之商山，伊人亦云逝。
往跡浸復湮，來徑遂蕪廢。 相命肆農耕，日入從所憩。
桑竹垂餘蔭，菽稷隨時藝； 春蠶收長絲，秋熟靡王稅。
荒路曖交通，雞犬互鳴吠。 俎豆猶古法，衣裳無新制。
童孺縱行歌，班白歡游詣。 草榮識節和，木衰知風厲。
雖無紀歷志，四時自成歲。 怡然有餘樂，于何勞智慧！
奇蹤隱五百，一朝敞神界。 淳薄既異源，旋復還幽蔽。
借問游方士，焉測塵囂外。 願言躡淸風，高擧尋吾契。

진나라 임금이 천도 (天道)를 흐트리자 현자들이 세상에서 몸을 숨겼다.
네 사람의 은자들이 상산으로 갔고 그들 역시 이곳으로 피해 왔노라.

은신해 갔던 발자국도 묻혀 지워졌고, 도화원으로 오던 길도 황폐해 버렸노라.
서로 도와 농사에 힘들이고, 해가 지면 편하게 쉬더라.

뽕과 대나무가 무성하여 그늘이 길고, 콩과 기장 때를 따라 심는다.
봄누에 쳐서 비단실 거두고, 가을 추수 세금 안 바치더라.

황폐한 길이 희미하게 틔었고, 닭과 개가 서로 우짖고 있다.
제사도 여전히 옛 법대로이고, 옷도 새로운 형식을 따르지 않았다.

어린아이들은 멋대로 길에서 노래하고, 백발노인들은 즐겁게 서로 찾는다.
풀 자라니 온화한 봄철인 줄 알고, 나무 시들자 바람이 찬 겨울임을 잊노라.

비록 달력 같은 기록은 없어도, 사계절 변천으로 일 년을 알 수 있노라.
기쁜 낯으로 마냥 즐겁게 살고, 애써 꾀부리거나 재간을 피지도 않는다.

흔적 없이 가리워진 지 오백 년 만에, 홀연히 신비의 세계가 나타났으나
순박한 도원경과 야박한 속세 서로 맞지 않아
잠시 속세에 노는 사람에게 묻겠노라. 먼지와 소음 없는 신비경을 알겠는가.

바라건대 사뿐히 바람을 타고, 높아 올라 나의 이상을 찾으리.

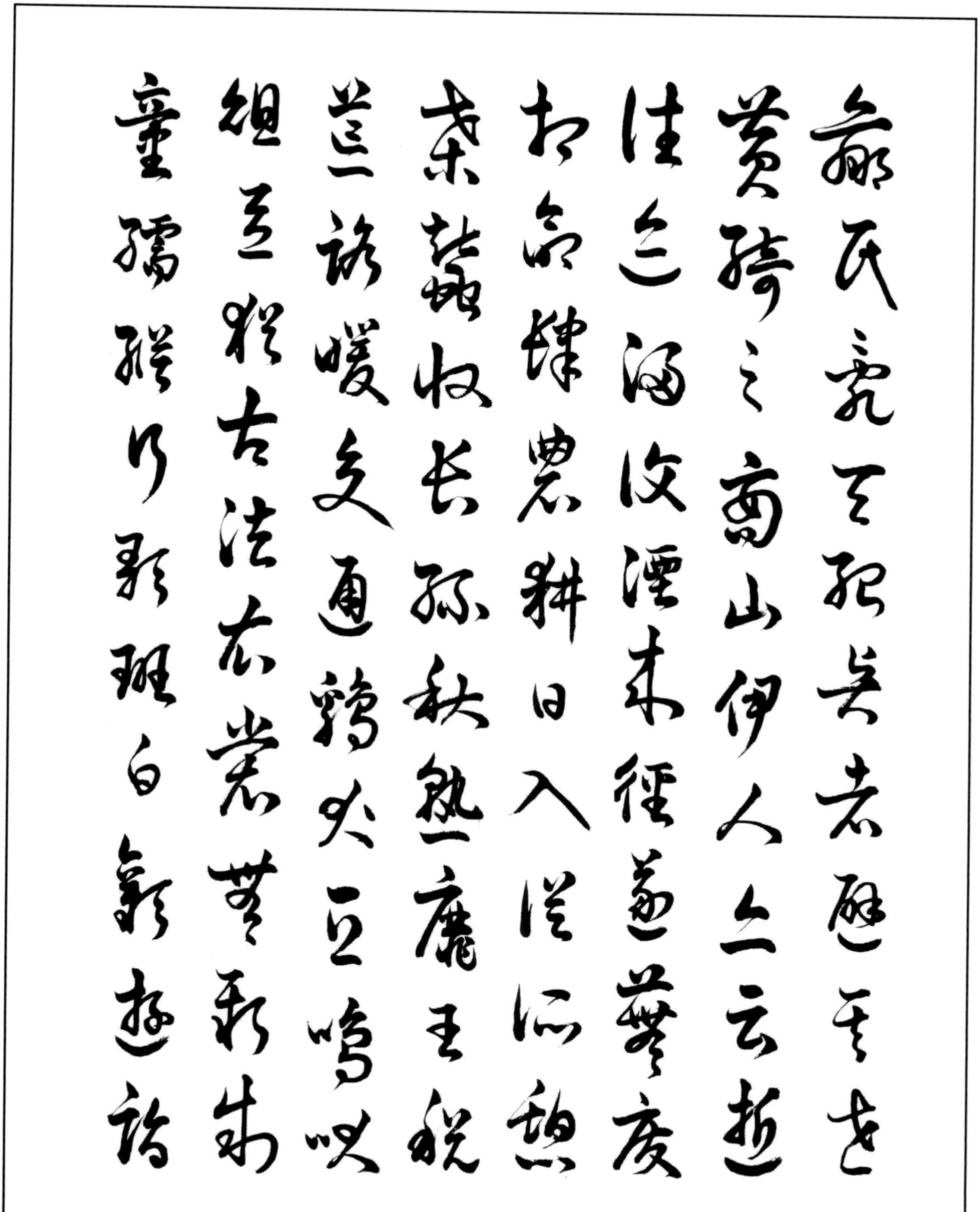

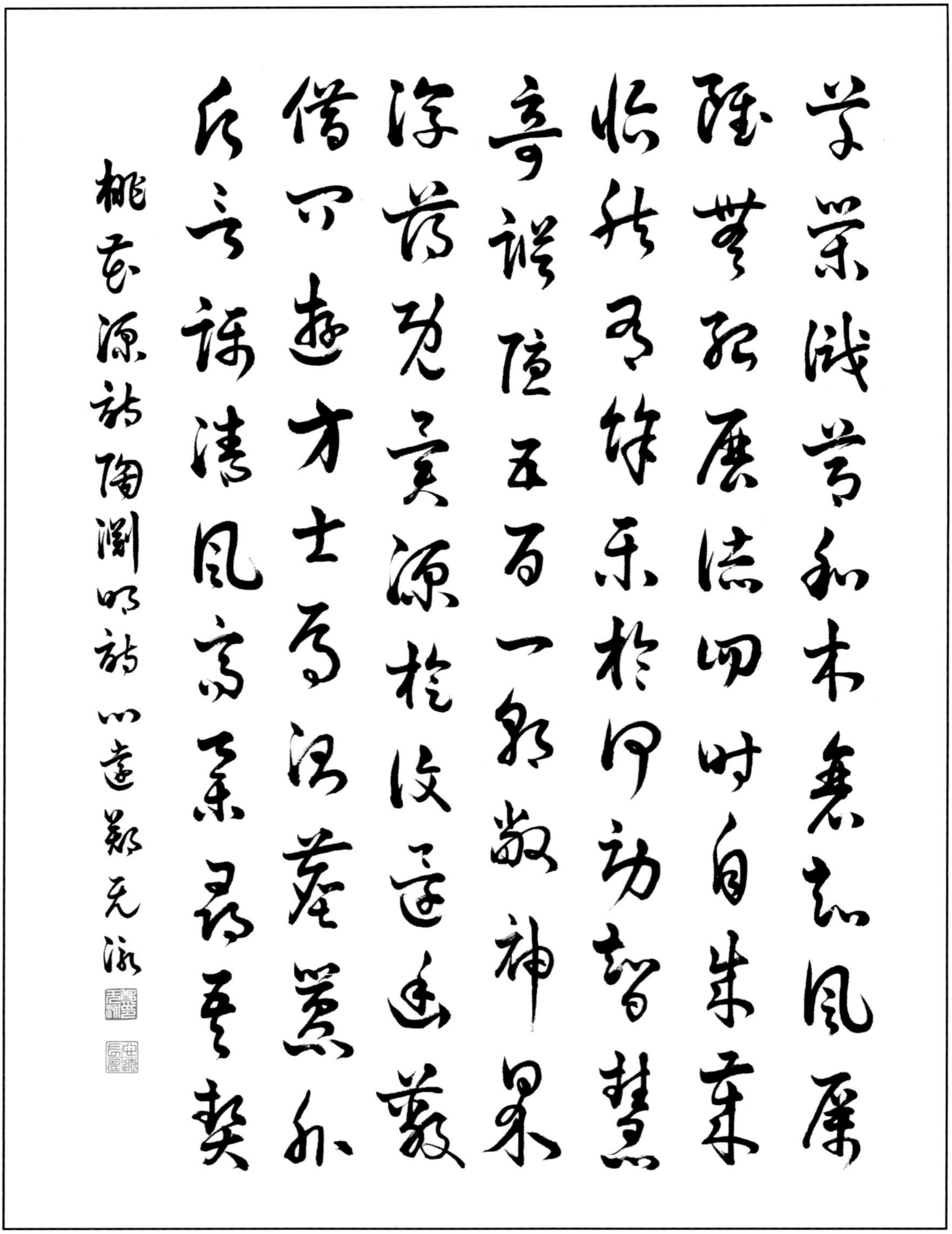
草榮識節和木衰知風厲
雖無紀曆志四時自成歲
怡然有餘樂於何勞智慧
奇蹤隱五百一朝敞神界
淳薄既異源旋復還幽蔽
借問遊方士焉測塵囂外
願言躡輕風高舉尋吾契
桃花源詩 陶淵明詩

李白 이백

將進酒

君不見，黃河之水天上來，奔流到海不復回! 君不見，高堂明鏡悲白髮，朝如青絲暮成雪。人生得意須盡歡，莫使金樽空對月。天生我材必有用，千金散盡還復來。烹羊宰牛且為樂，會須一飲三百杯。岑夫子，丹丘生，將進酒，杯莫停。與君歌一曲，請君為我傾耳聽。鐘鼓饌玉不足貴，但願長醉不願醒。古來聖賢皆寂寞，唯有飲者留其名。陳王昔時宴平樂，斗酒十千恣歡謔。主人何為言少錢，徑須沽取對君酌。五花馬，千金裘，呼兒將出換美酒，與爾同銷萬古愁。

술 권하네

그대 보지 못하였는가.
황하의 물이 하늘로부터 내려와
바다로 흘러가 다시 돌아오지 못하는 것을
그대는 보지 못하였는가.
고당(高堂)에서 밝은 거울 속 백발을 슬퍼하니
아침에 검던 머리 저녁엔 눈처럼 희어지는 것을
인생에서 뜻을 얻으면 모름지기 맘껏 즐겨야 하나니
금 술동이 달 앞에서 헛되게 하지 말라.
하늘이 나를 낳을 때 반드시 쓸 데가 있을지니
천금이 모두 흩어지면 다시 돌아오리라.
양 삶고 소 잡아 즐길 일이니
한 번에 모름지기 삼백 잔을 마셔야지.
잠부자(岑夫子)여 단구생(丹丘生)이여
술을 권하노니 그대는 멈추지를 마시게나.
그대 위해 노래 한 곡을 부르리니

그대는 나를 위해 귀 기울여 들어주게.
종과 북의 음악 옥 같은 음식은 귀할 것 없으니
다만 영원히 취하여 깨어나지 않길 바랄 뿐
옛날부터 성현들은 모두 적막하건만
오직 술 잘 마시던 사람만이 그 이름을 남겼다네.
진왕(陳王)은 옛날 평낙관(平樂館)에서 잔치 벌일 때
한 말에 만 냥 하는 술을 맘껏 즐기며 놀았다 하네.
주인이 어찌 돈이 적다고 말하겠는가.
지금 바로 술을 사오게 하여 그대와 대작하리니
오화마 천금의 갖옷
아이 불러 가지고 가 좋은 술과 바꿔 오게 하여
그대와 함께 만고의 시름을 씻어 내리라.

(번역; 동양고전종합DB)

전서체

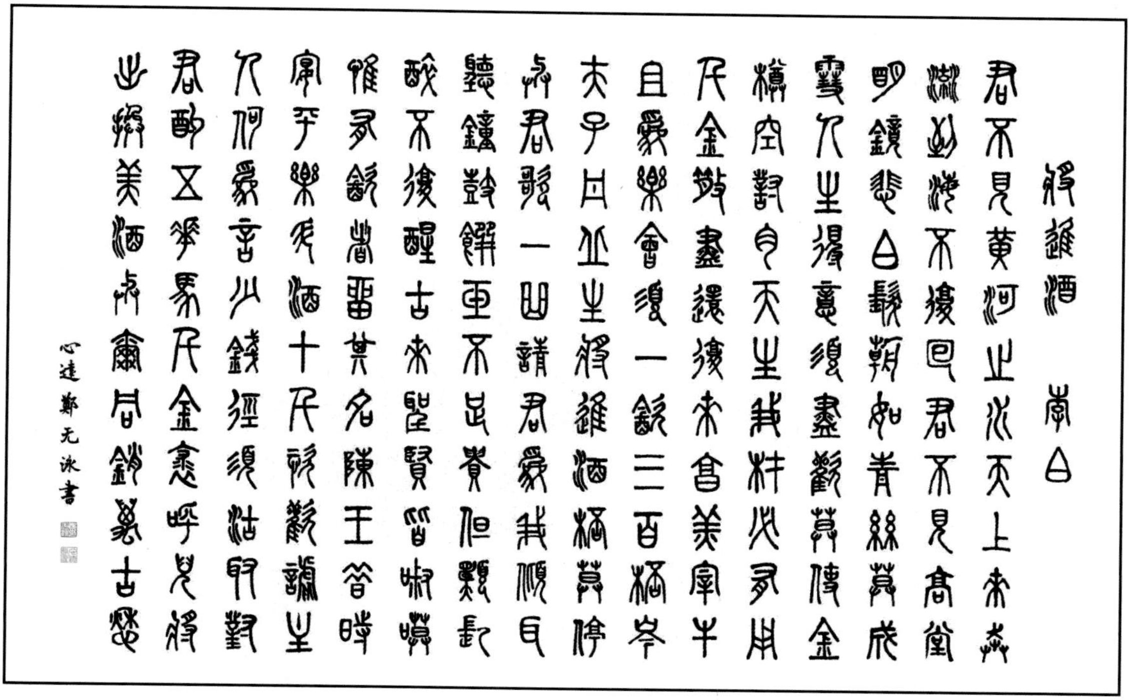
心遠 鄭无泳 書

행서체

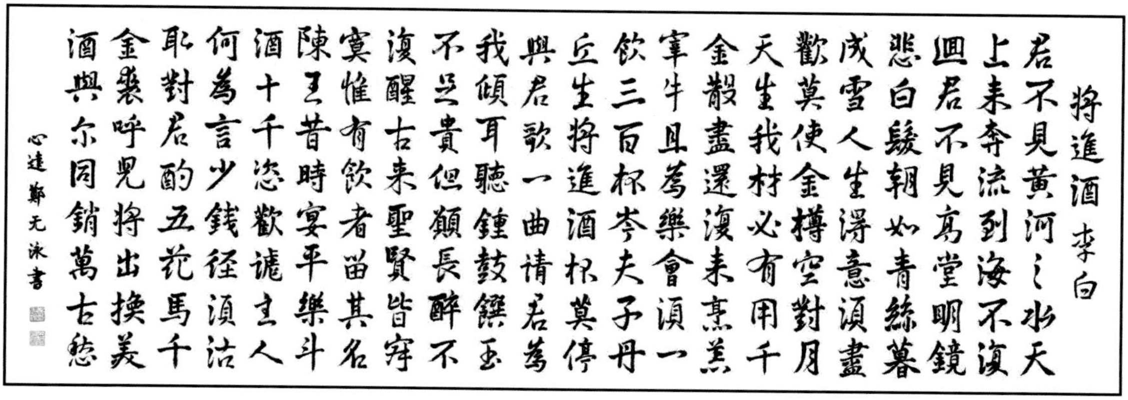
將進酒 李白
君不見黃河之水天
上來奔流到海不復
回君不見高堂明鏡
悲白髮朝如青絲暮
成雪人生得意須盡
歡莫使金樽空對月
天生我材必有用千
金散盡還復來烹羔
宰牛且爲樂會須一
飮三百杯岑夫子丹
丘生將進酒杯莫停
與君歌一曲請君爲
我傾耳聽鐘鼓饌玉
不足貴但願長醉不
復醒古來聖賢皆寂
寞惟有飮者留其名
陳王昔時宴平樂斗
酒十千恣歡謔主人
何爲言少錢徑須沽
取對君酌五花馬千
金裘呼兒將出換美
酒與尒同銷萬古愁
心遠 鄭无泳 書

초서체

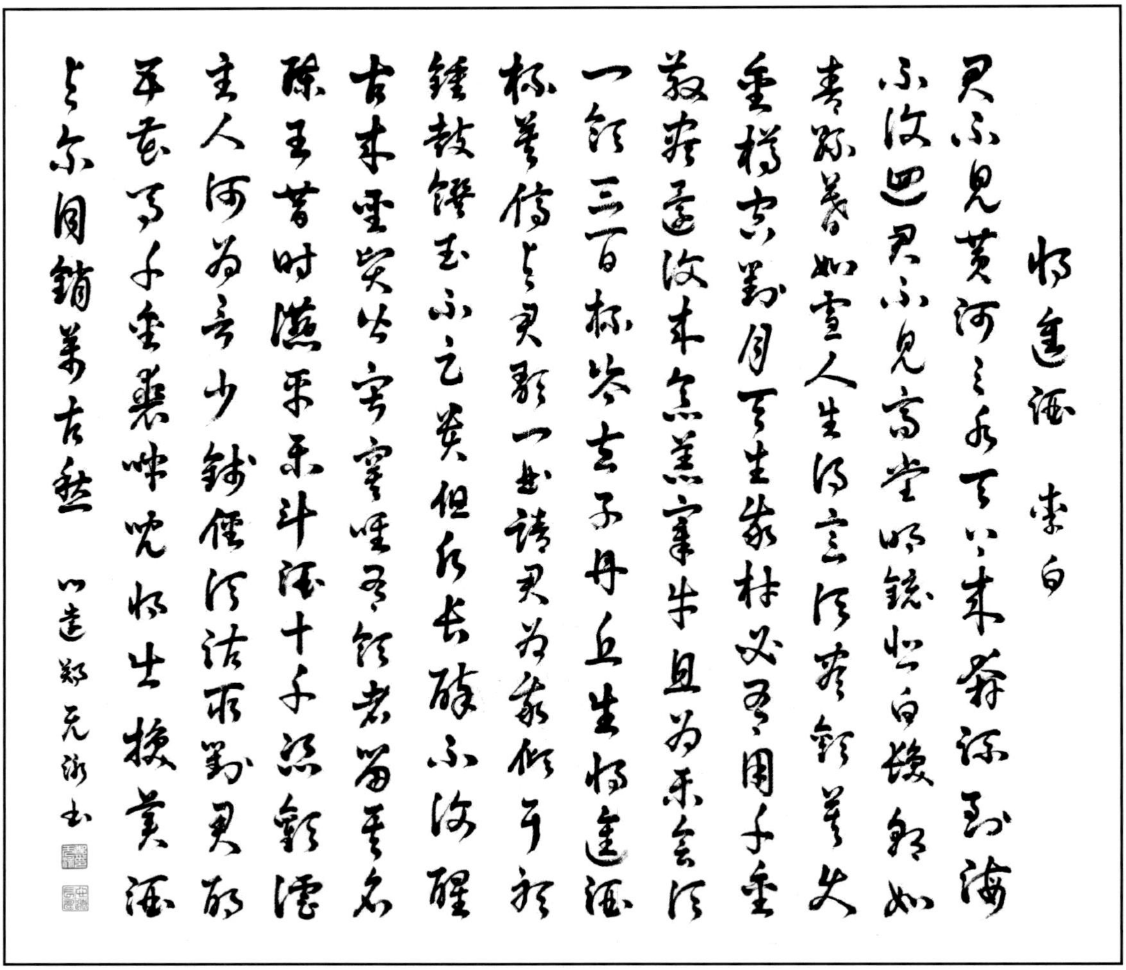
將進酒 李白
君不見黃河之水天上來奔流到海
不復回君不見高堂明鏡悲白髮朝如
青絲暮成雪人生得意須盡歡莫使
金樽空對月天生我材必有用千金
散盡還復來烹羊宰牛且爲樂會須
一飮三百杯岑夫子丹丘生將進酒
杯莫停與君歌一曲請君爲我傾耳聽
鐘鼓饌玉不足貴但願長醉不復醒
古來聖賢皆寂寞惟有飮者留其名
陳王昔時宴平樂斗酒十千恣歡謔
主人何爲言少錢徑須沽取對君酌
五花馬千金裘呼兒將出換美酒
與爾同銷萬古愁

將進酒 李白

君不見黃河之水天上來奔
流到海不復回君不見高堂
明鏡悲白髮朝如青絲暮成
雪人生得意須盡歡莫使金
樽空對月天生我材必有用
千金散盡還復來烹羊宰牛
且爲樂會須一飲三百杯岑
夫子丹丘生將進酒杯莫停

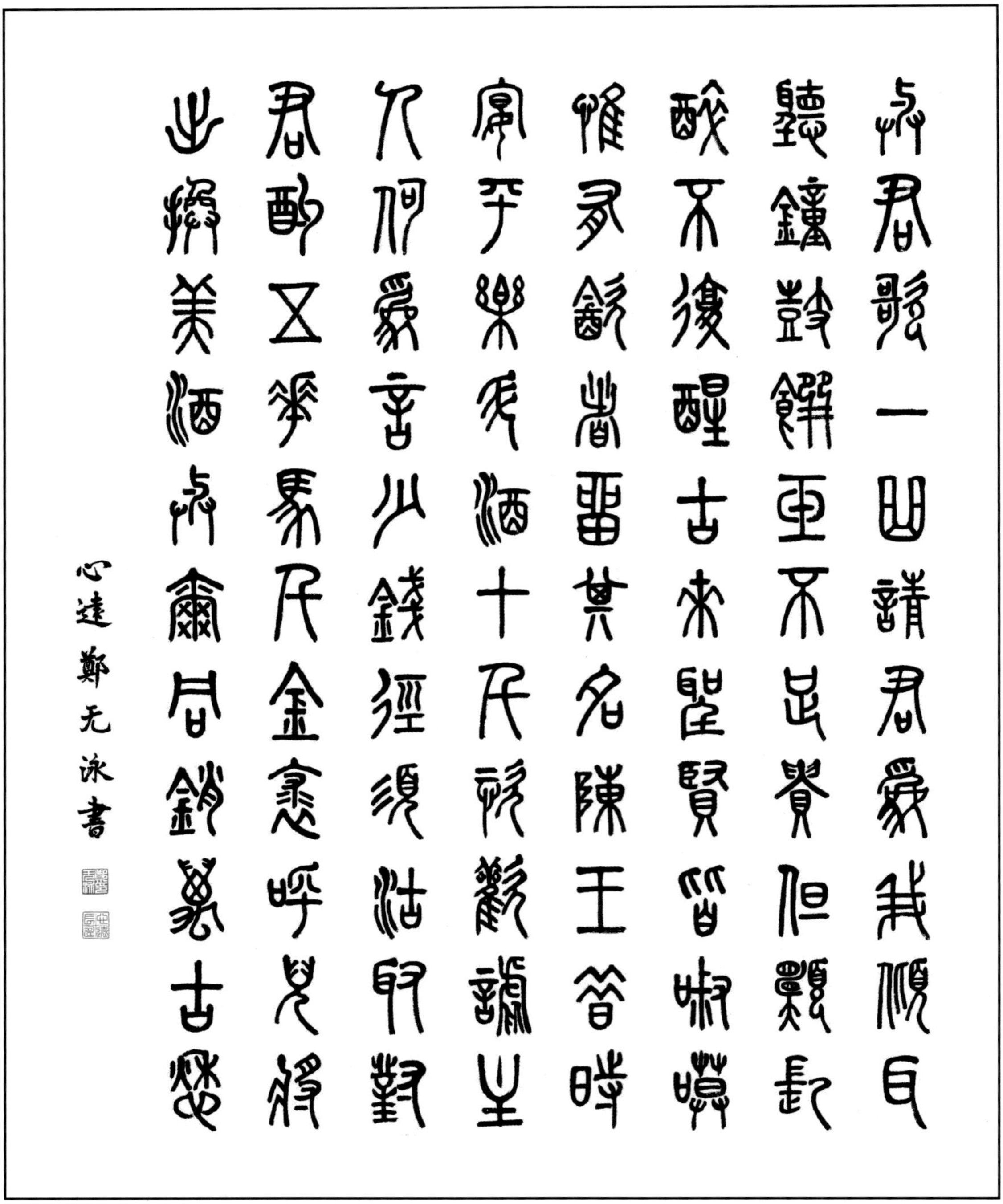
與君歌一曲請君爲我傾耳
聽鐘鼓饌玉不足貴但願長
醉不復醒古來聖賢皆寂寞
惟有飮者留其名陳王昔時
宴平樂斗酒十千恣歡謔主
人何爲言少錢徑須沽取對
君酌五花馬千金裘呼兒將
出換美酒與爾同銷萬古愁
心遠 鄭无泳書

将進酒 李白

君不見黃河之水天
上来奔流到海不復
廻君不見高堂明鏡
悲白髮朝如青絲暮
成雪人生得意須盡
歡莫使金樽空對月
天生我材必有用千

金散盡還復來烹羔
宰牛且爲樂會須一
飲三百杯岑夫子丹
丘生將進酒杯莫停
與君歌一曲請君爲
我傾耳聽鍾鼓饌玉
不足貴但願長醉不
復醒古來聖賢皆寂

寞惟有飲者留其名
陳王昔時宴平樂斗
酒十千恣歡謔主人
何爲言少錢径須沽
取對君酌五花馬千
金裘呼兒将出換美
酒與尔同銷萬古愁

心遠 鄭无泳 書

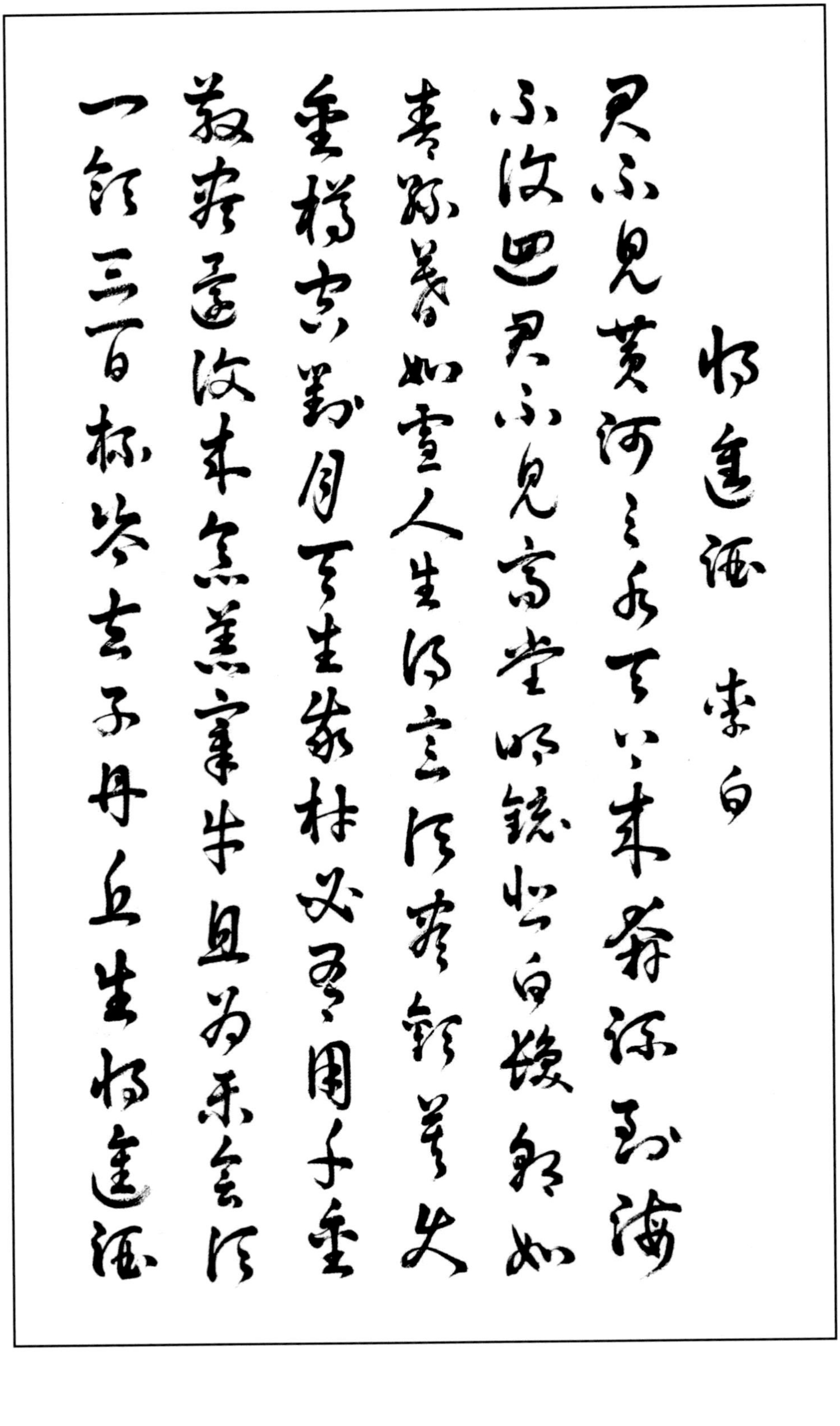
將進酒 李白
君不見黃河之水天上來奔流到海
不復回君不見高堂明鏡悲白髮朝如
青絲暮如雪人生得意須盡歡莫使
金樽空對月天生我材必有用千金
散盡還復來烹羊宰牛且為樂會須
一飮三百杯岑夫子丹丘生將進酒

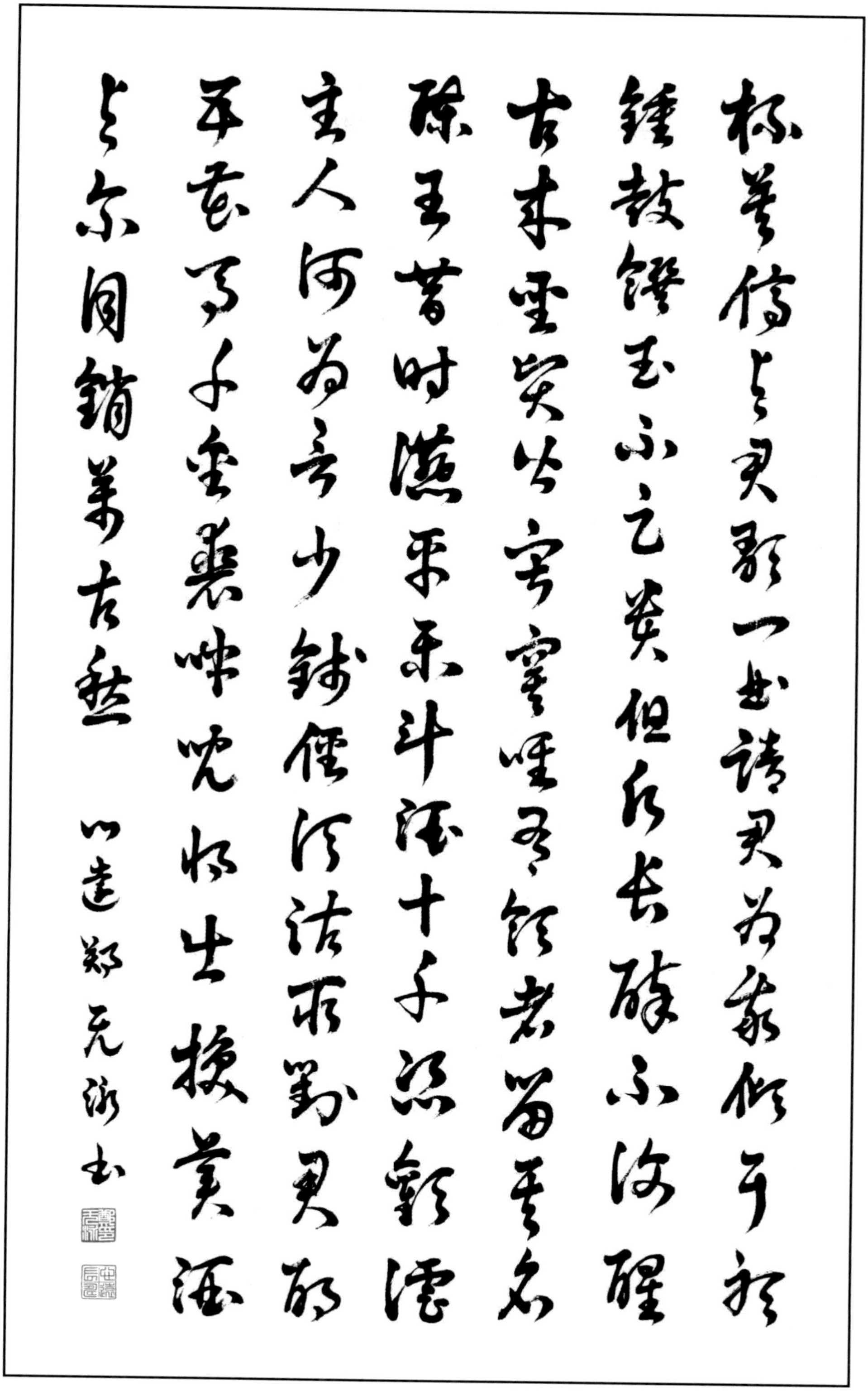
杯莫停与君歌一曲请君为我倾耳听
钟鼓馔玉不足贵但愿长醉不复醒
古来圣贤皆寂寞惟有饮者留其名
陈王昔时宴平乐斗酒十千恣欢谑
主人何为言少钱径须沽取对君酌
五花马千金裘呼儿将出换美酒
与尔同销万古愁
心達鄭元浙書

山中問答

問余何事栖碧山
笑而不答心自閑
桃花流水杳然去
別有天地非人間

내게 묻기를 무슨 일로 청산(靑山)에 사는가,
웃으며 대답하지 않으니 마음 절로 한가롭네.
복숭아꽃 흐르는 물에 아득히 흘러가니
별천지(別天地)요 인간(人間) 세상 아니로세.

(역문 출처: 동양고전종합DB 고문진보)

問余何事棲碧山
笑而不答心自閑
桃花流水杳然去
別有天地非人間

李白詩山中問答心遠鄭元泳敬書

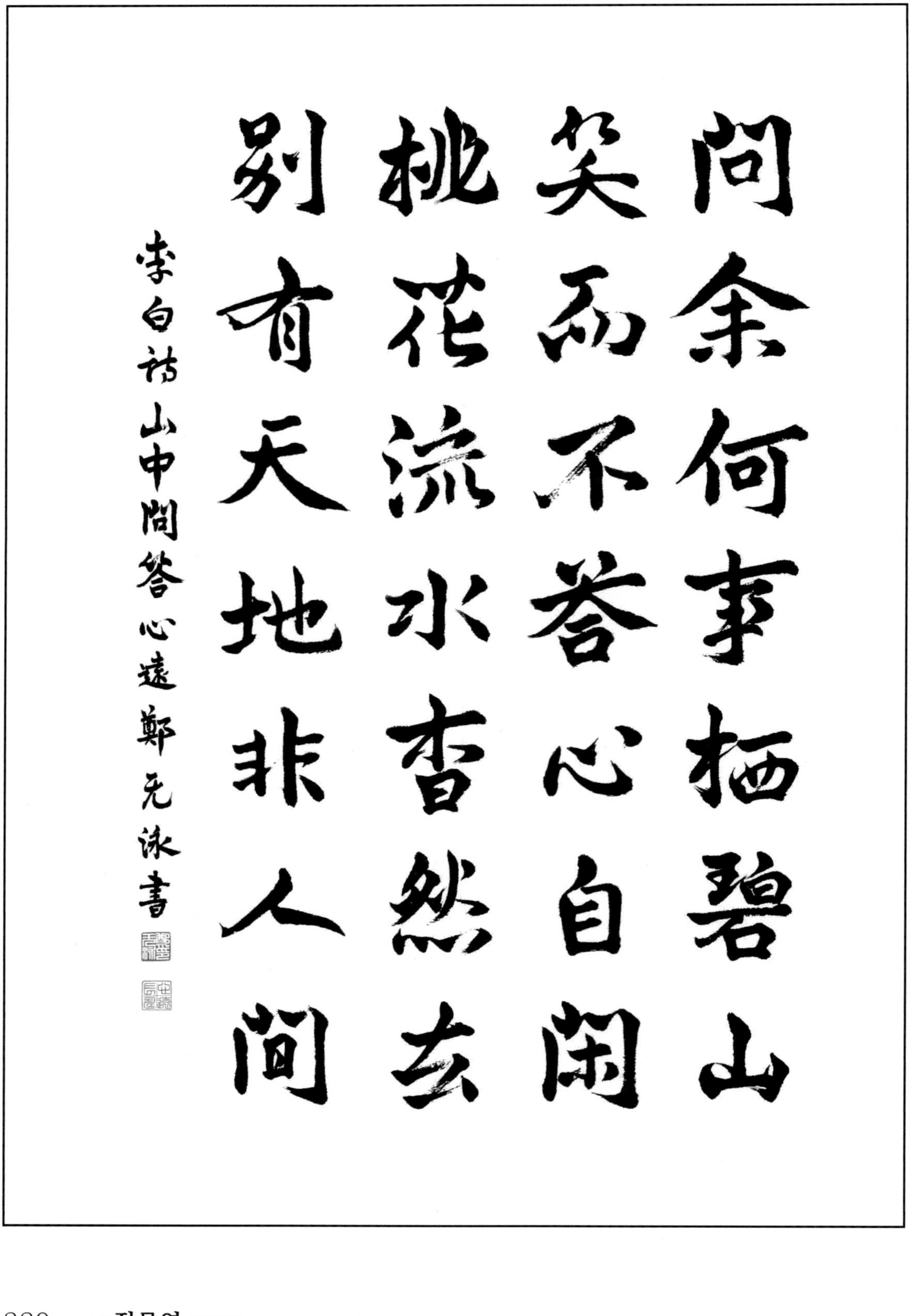
問余何事棲碧山
笑而不答心自閑
桃花流水杳然去
別有天地非人間
李白詩 山中問答 心遠 鄭无泳 書

問余何事棲碧山
咲而不答心自閑
桃花流水杳然去
別有天地非人間

李白詩山中問答 心遠鄭元泳敬書

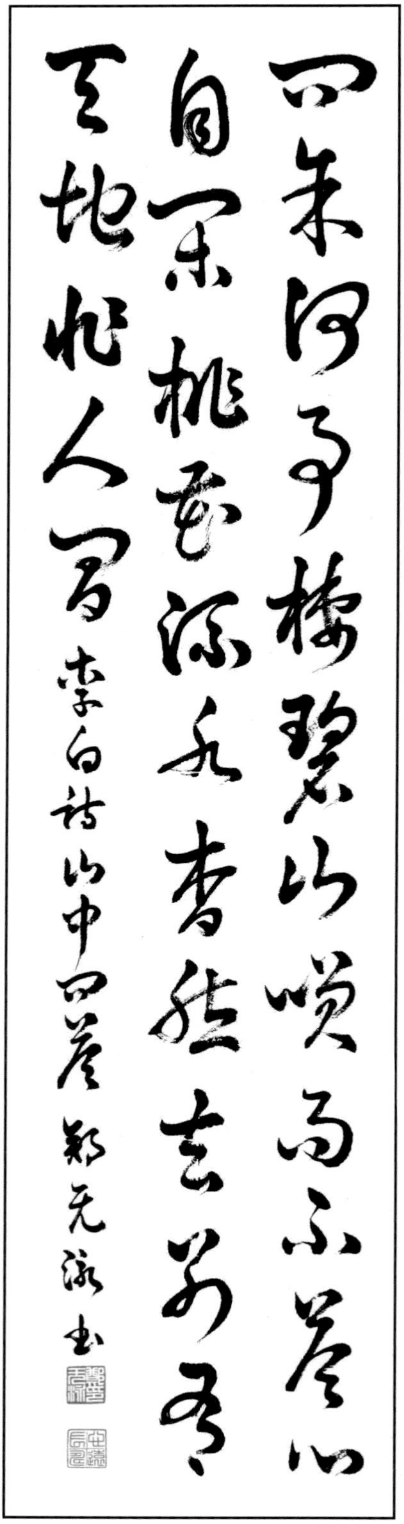
問余何事棲碧山笑而不答心
自閑桃花流水杳然去別有
天地非人間
李白詩山中問答 鄭茂泳書

月下獨酌 1

花下(間)一壺酒(화하일호주) 꽃나무 아래(사이)에서 한 동이 술을
獨酌無相親(독작무상친) 친구 없이, 혼자 마신다.
擧杯邀明月(거배요명월) 잔 들어 밝은 달을 맞고
對影成三人(대영성삼인) 그림자를 마주하니 셋이 친구 되었네
月旣不解飮(월기부해음) 달은 술을 아예 마시지 못하니
影徒隨我身(영도수아신) 그림자만 부질없이 나를 따라 다니네
暫伴月將影(잠반월장영) 잠시 달을 친구하고 그림자 거느리고
行樂須及春(항낙수급춘) 즐거움을 누리는 이 일 봄에야 가능하리
我歌月徘徊(아가월배회) 내가 노래하면 달도 따라다니고
我舞影零亂(아무영령난) 내가 춤추면 그림자도 덩실덩실 춤을 춘다
醒時同交歡(성시동교환) 깨어서는 함께 서로 기뻐하고
醉后各分散(취후각분산) 취한 뒤에는 각자 나누어 흩어진다.
永結無情游(영결무정유) 정에 얽매이지 않는 사귐을 영원히 맺어
相期邈雲漢(상기막운한) 저 멀리 은하수에서 만나기를 서로 기약하자.

월하독작(月下獨酌) 1

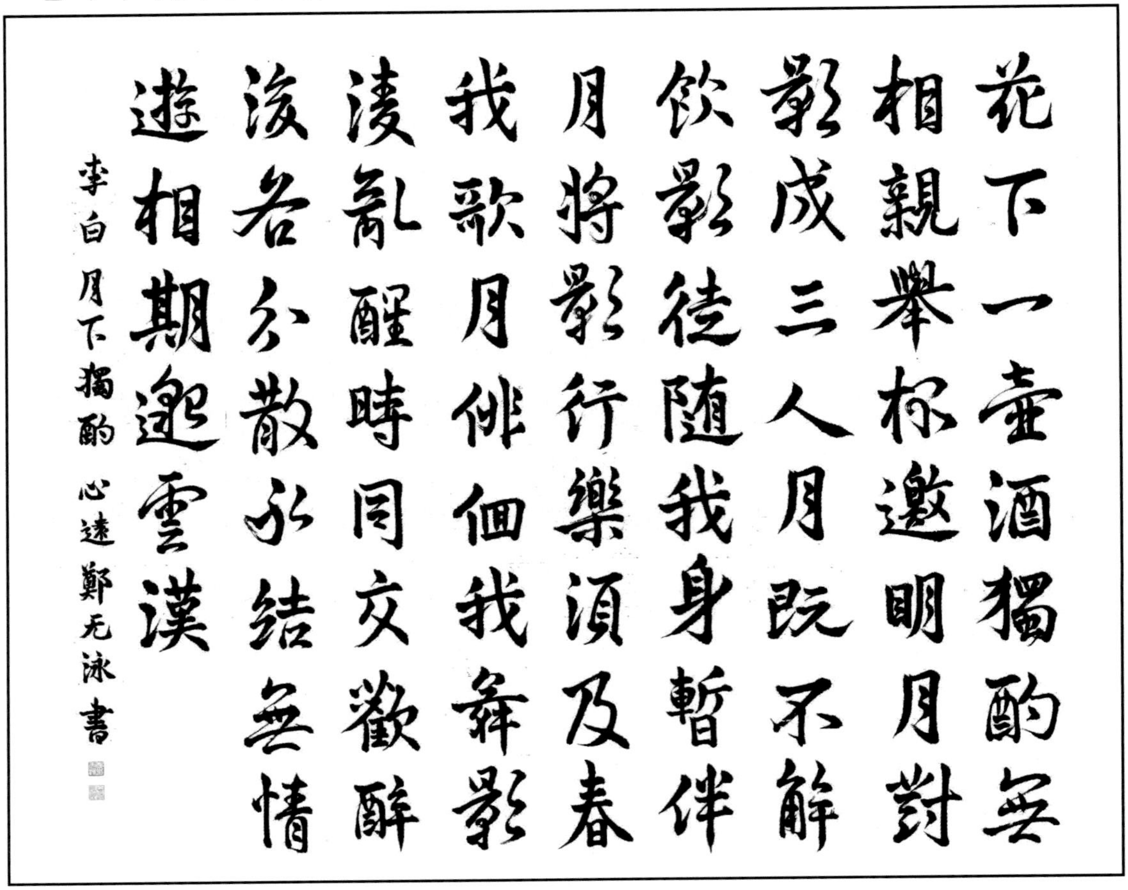
花下一壺酒獨酌無
相親擧杯邀明月對
影成三人月旣不解
飮影徒隨我身暫伴
月將影行樂須及春
我歌月徘徊我舞影
凌亂醒時同交歡醉
後各分散永結無情
遊相期邈雲漢
李白 月下獨酌 心遠 鄭无泳 書

月下獨酌 2

天若不愛酒(천약불애주) 하늘이 만약 술을 좋아하지 않았다면
酒星不在天(주성부재천) 주성이 하늘에 없을 것이다.
地若不愛酒(지약불애주) 땅이 만약 술을 좋아하지 않았다면
地應無酒泉(지응무주천) 땅엔 응당 주천이 없을 것이다.
天地旣愛酒(천지기애주) 하늘과 땅이 이미 술을 좋아하였으니
愛酒不愧天(애주불괴천) 술을 좋아함이 하늘에 부끄럽지 않도다.
已聞淸比聖(이문청비성) 나는 이미 들었다네, 청주는 성인에 견주고
復道濁如賢(복도탁여현) 다시 탁주는 현인이라고 말하는 것을
聖賢旣已飮(성현기이음) 성인과 현인이 이미 마셨으니
何必求神仙(하필구신선) 어찌 반드시 신선이 되기를 바랄까.
三杯通大道(삼배통대도) 석 잔 술로 대도와 통하고
一斗合自然(일두합자연) 한 말 술을 마시면 자연으로 돌아간다.
但得醉中趣(구득취중취) 다만 취중에 얻는 즐거움일 뿐이니
勿爲醒者傳(물위성자전) 술 깬 사람들에게 전하지 말지어다.

월하독작(月下獨酌) 2

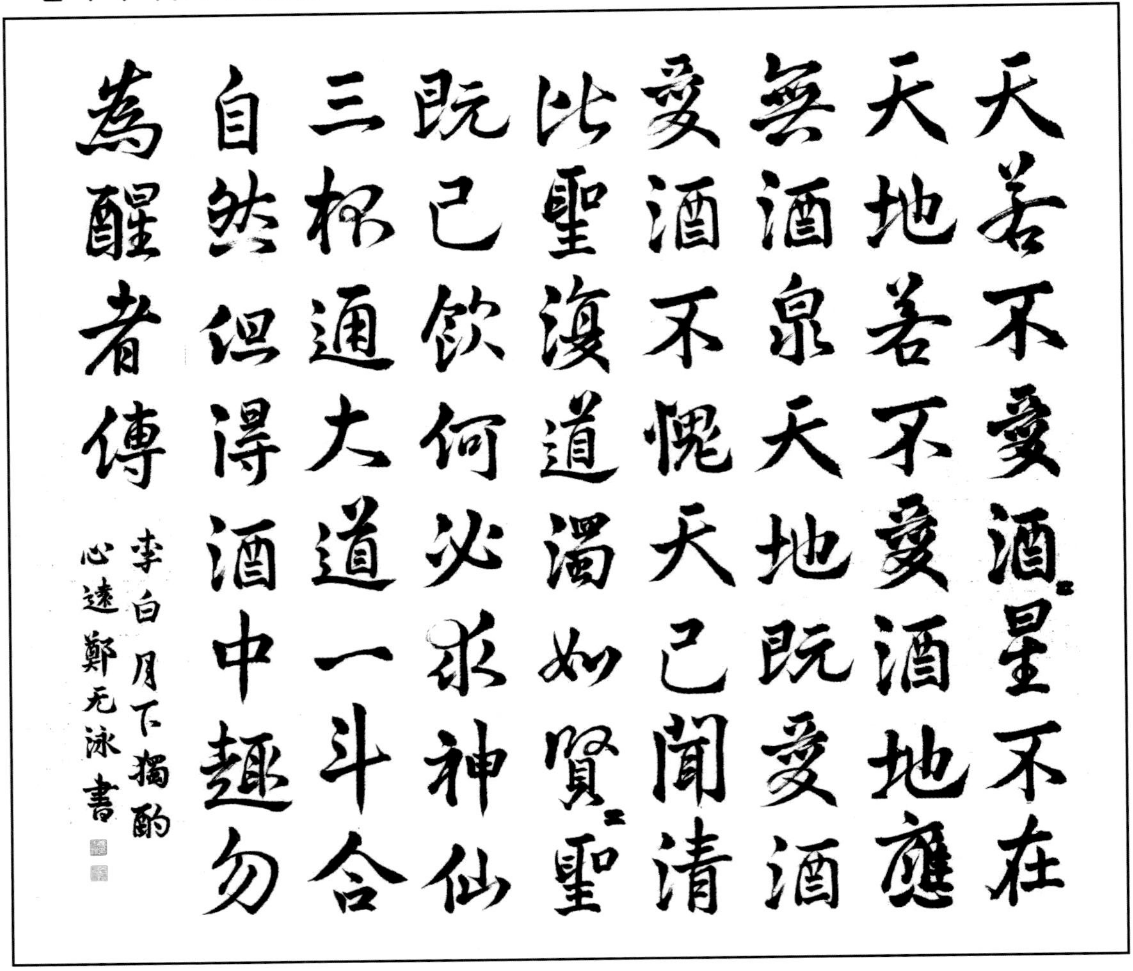
天若不愛酒〃星不在
天地若不愛酒地應
無酒泉天地既愛酒
愛酒不愧天已聞清
比聖復道濁如賢〃聖
既已飮何必求神仙
三杯通大道一斗合
自然但得酒中趣勿
爲醒者傳
李白 月下獨酌
心遠 鄭无泳 書

杜甫 두보 杜詩諺解 두시언해

가인(佳人)

絶代有佳人 幽居在空谷 自云良家子 零落依草木
關中昔喪亂 兄弟遭殺戮 官高何足論 不得收骨肉
世情惡衰歇 萬事隨轉燭 夫婿輕薄兒 新人美如玉
合昏尙知時 鴛鴦不獨宿 但見新人笑 那聞舊人哭
在山泉水淸 出山泉水濁 侍婢賣珠迴 牽蘿補茅屋
摘花不揷髮 采柏動盈掬 天寒翠袖薄 日暮倚修竹

절대가인이 있어 빈 계곡에 숨어 사네
스스로 말하길, 양가 자식으로 영락해 수풀에서 지낸답니다.
지난번 관중에 난리가 있을 때, 형제들은 죽임을 당했어요.
관직이 높은들 무슨 소용 있겠어요, 골육조차 거두지 못했는 걸요.
세상 인정이란 몰락한 거 싫어하고 세상일이 바람 따라 촛불 흔들리듯 하지요
남편은 경박한 사람이었고 새 여자는 옥같이 아름다웠지요.
합혼화도 때를 알고 원앙도 혼자 자지 않건만
새 여자의 웃음만 보고 있으니 옛사람의 울음 어떻게 듣겠어요.
산에 있어야 샘물이 맑은 법이지 산을 나가면 샘물은 탁해진다네
여종이 구슬 팔아 돌아오고 덩굴 가져와 집을 수리해 산다.
꽃 꺾어 머리에 꽂지 않고 측백잎 따 언제나 두 손 가득할 뿐.
날 추워져 푸른 옷 얇은데 저물녘에 긴 대나무에 기대어 있네.

(역문: 동양고전DB 당시삼백수)

一代예 그ᄎᆞᆫ 됴ᄒᆞᆫ 사ᄅᆞ미 잇ᄂᆞ니 幽僻ᄒᆞᆫ 산ᄂᆞᆫ ᄯᅡ히 뷘 묏ᄀᆞ래 잇
도다 제 닐오ᄃᆡ 良家앳 子息이라니 ᄠᅥ러뎌 草木서리예
브텟노라 關中이 녜 브ᅀᆞ왭제 오라비 殺戮을 맛나니라 벼슬 노
ᄑᆞᆫ 엇뎨 足히 議論ᄒᆞ리오 아ᅀᆞᄆᆞᆯ 收合호ᄆᆞᆯ 得디 몯ᄒᆞ니라
世間앳 ᄠᅳ디 衰歇ᄒᆞ니ᄅᆞᆯ 아쳗고 萬事ㅣ 옮ᄂᆞᆫ 燭ㅅ 블를
졷ᄂᆞ니라 샤옹ᄋᆞᆫ 輕薄ᄒᆞᆫ 男兒ㅣ 나 새겨지비 아ᄅᆞᆷ다오미
玉ᄀᆞᆮᄃᆞ다 合昏나모도 오히려 ᄠᅢᄅᆞᆯ 알오 鴛鴦새도 ᄒᆞ오ᅀᅡ
자디 아니ᄒᆞᄂᆞ니 오직 새사ᄅᆞ미 우수믈 보거니 엇뎨 녯사ᄅᆞ미 우
루믈 드르리오 뫼해 이셔ᄂᆞᆫ ᄉᆡᇝ므리 ᄆᆞᆰ더니 뫼해 나가ᄂᆞᆫ ᄉᆡᇝ므리
ᄒᆞ리ᄂᆞᆺ다 더브럿ᄂᆞᆫ 겨집죵이 구스를 ᄑᆞ라 도라오나ᄂᆞᆯ 薜蘿
ᄅᆞᆯ ᄭᅳᆺᅀᅥ다가 새집 헌 ᄃᆡᄅᆞᆯ 깁노라 고ᄌᆞᆯ ᄠᅡ도 머리예 곳디 아니ᄒᆞ고
잣남ᄀᆞᆯ 採取ᄒᆞᆫ 다마다 주메 ᄀᆞᄃᆞ기 ᄒᆞᄂᆞᆺ다 하ᄂᆞᆯ히 칩거ᄂᆞᆯ 프른 ᄉᆞ매
얄우니 ᄒᆡ 져므러 어ᄂᆞᆯ 긴 대ᄅᆞᆯ 지여셋도다

杜詩諺解中 佳人 心遠 鄭茂泳 敬書

一代예 그츤 됴ᄒᆞᆫ 사ᄅᆞ미 잇ᄂᆞ니 幽僻ᄒᆞᆫ 사ᄂᆞ ᄯᅡ
히 뷘 묏고래 잇도다 제 닐오ᄃᆡ 良家ᄋᆡᆺ 子息이라
니 ᄇᆞ려뎌 草木서리예 브텟노라 關中이 녜 브스왤
제 오라비 殺戮을 맛나니라 벼슬 노포ᄆᆞᆫ 엇뎨 足
히 議論ᄒᆞ리오 아ᅀᆞᆯ 몰 收合ᄒᆞ몰 得디 몯ᄒᆞ니
라 世間앳 ᄠᅳ디 衰歇ᄒᆞ니ᄅᆞᆯ 아쳗고 萬事ㅣ 옮ᄂᆞᆫ
燭ㅅ브를 좃ᄂᆞ니라 샤옹ᄋᆞᆫ 輕薄ᄒᆞᆫ 男兒ㅣ라 새
겨지비 아ᄅᆞᆷ다오미 玉ᄀᆞᆮ도다 合昏나모도 오히려
ᄢᅢᄅᆞᆯ 알오 鴛鴦새도 ᄒᆞ오ᅀᅡ 자디 아니 ᄒᆞᄂᆞ니라
오직 새사ᄅᆞ미 우수믈 보거니 엇뎨 녯사ᄅᆞ미 우
루믈 드르리오 뫼해 이셔ᄂᆞᆫ 싨므리 ᄆᆞᆰ더니 뫼해
나가ᄂᆞᆫ 싨므리 흐리놋다 더브렛ᄂᆞᆫ 겨집죵이 구스
를 포라 도라오나ᄂᆞᆯ 薜蘿ᄅᆞᆯ ᄭᅳ어다가 새집 헌ᄃᆡ
ᄅᆞᆯ 깁고라 고ᄌᆞᆯ ᄠᅡ도 머리예 곳디 아니하고 잣남ᄀᆞᆯ
採取ᄒᆞᆫ다마다 주메 ᄀᆞᄃᆞᆨ기 ᄒᆞᆫ놋다 하ᄂᆞᆯ히 칩고
프ᄅᆞᆫ ᄉᆞ매 열우니 ᄒᆞ져믈어ᄂᆞᆯ 긴대ᄅᆞᆯ 지여 셧도다

杜詩諺解中佳人 心遠鄭元泳 書

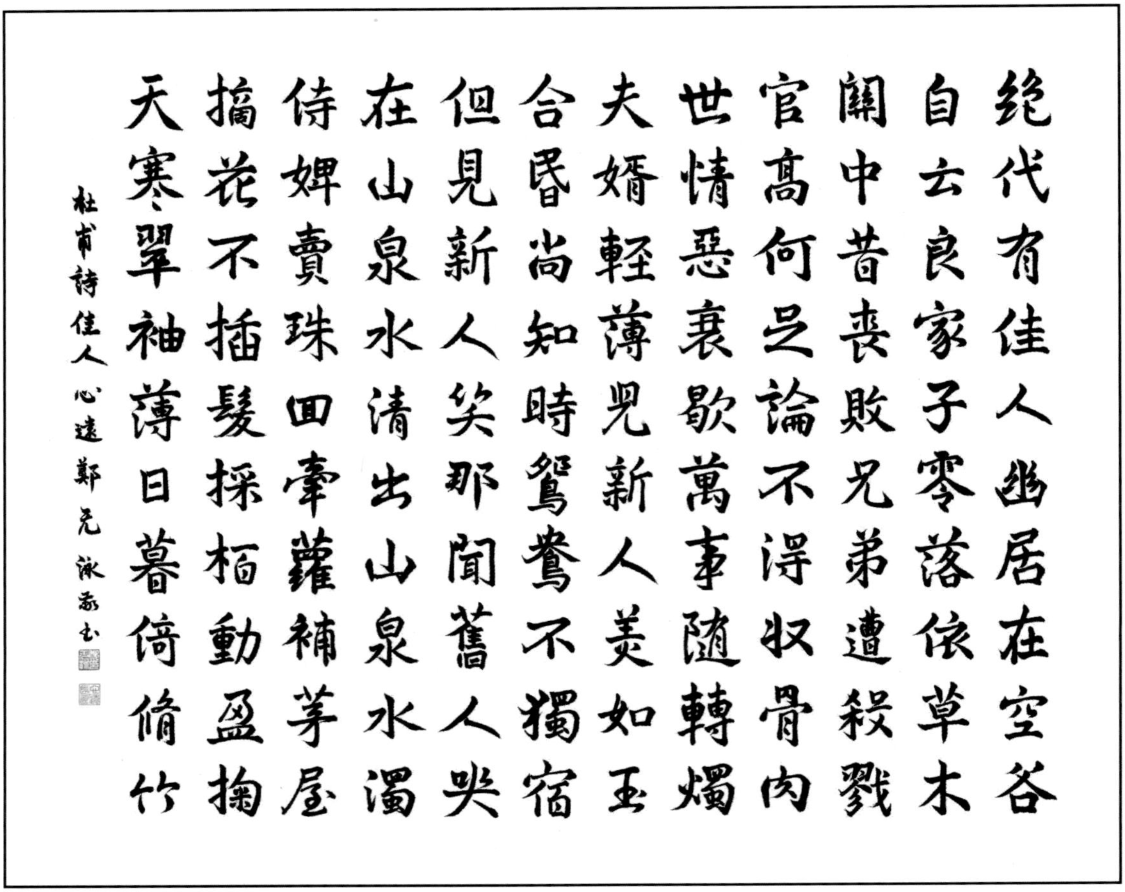
絶代有佳人幽居在空谷
自云良家子零落依草木
關中昔喪敗兄弟遭殺戮
官高何足論不得收骨肉
世情惡衰歇萬事隨轉燭
夫婿輕薄兒新人美如玉
合昏尚知時鴛鴦不獨宿
但見新人笑那聞舊人哭
在山泉水清出山泉水濁
侍婢賣珠回牽蘿補茅屋
摘花不插髮採柏動盈掬
天寒翠袖薄日暮倚脩竹
杜甫詩佳人 心遠 鄭无泳 敬書

絕代有佳人幽居在空谷自云良家子零落依草木關中昔喪亂兄弟遭殺戮官高何足論不得收骨肉世情惡衰歇萬事隨轉燭夫婿輕薄兒新人美如玉合昏尚知時鴛鴦不獨宿但見新人笑那聞舊人哭在山泉水清出山泉水濁侍婢賣珠回牽蘿補茅屋摘花不插髮采柏動盈掬天寒翠袖薄日暮倚修竹

杜甫詩佳人 心達 鄭元敬書

강촌(江村)

清江一曲抱村流
長夏江村事事幽
自去自來堂上燕
相親相近水中鷗
老妻畵紙爲棋局
稚子敲針作釣鉤
多病所須唯藥物
微軀此外更何求

맑은 강물 한 굽이 마을을 감싸 흐르고
강촌의 긴 여름, 일마다 한가롭다.
자유롭게 날아가고 날아오는 지붕 위의 제비
서로 친하여 서로 가까이하는 것은 물속의 갈매기
늙은 아내는 종이에 바둑판을 그리고
어린아이는 바늘 두들겨 낚싯바늘 만드네.
병이 많아 필요한 건 오직 약뿐이니
하찮은 몸 이것 외에 무엇을 더 바랄까.

ᄆᆞᆯᄀᆞᆫᄀᆞᄅᆞᇝᄒᆞᆫ고ᄇᆡᄆᆞᅀᆞᆯᄒᆞᆯ아나흐르ᄂᆞ니긴
녀ᄅᆞᇝ江村애일마다幽深ᄒᆞ도다절로가며
절로오ᄂᆞ닌집우흿져비오서르親ᄒᆞ며서르
갓갑ᄂᆞ닌믌가온ᄃᆡᆺᄀᆞᆯ며기로다늘근겨지븐
죠ᄒᆡᄅᆞᆯ그려쟝긔판ᄋᆞᆯᄆᆡᇰᄀᆞᆯ어ᄂᆞᆯ져믄아ᄃᆞᄅᆞᆫ
바ᄂᆞᄅᆞᆯ두드려고기낛ᄀᆞᆯ낙ᄉᆞᆯᄆᆡᇰᄀᆞᄂᆞ다한病
에엇고져ᄒᆞ논바ᄂᆞᆫ오직藥物이니져구맛
모미이밧긔다시므스글求ᄒᆞ리오

杜詩諺解中江村 心達 鄭充洛 書

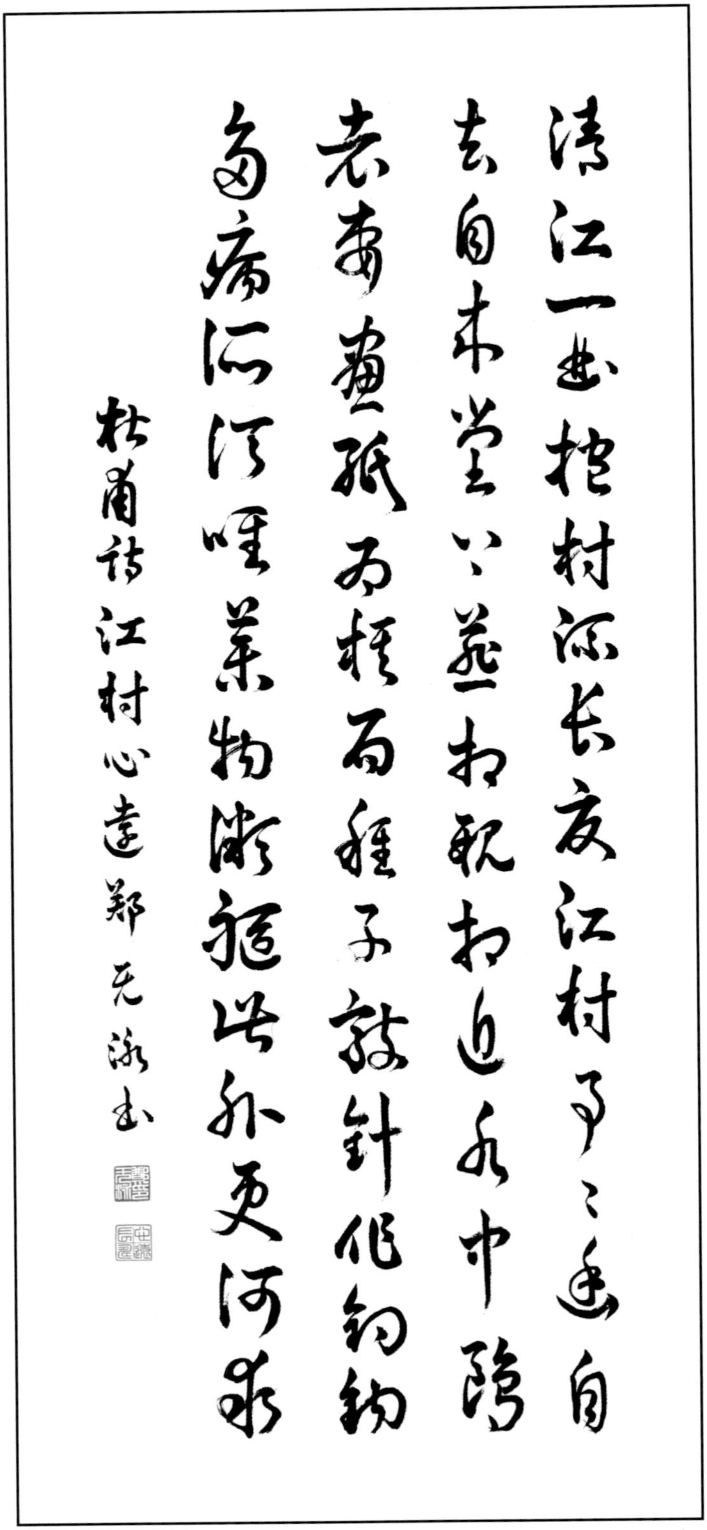
清江一曲抱村流長夏江村事事幽自
去自來梁上燕相親相近水中鷗
老妻畫紙爲棋局稚子敲針作釣鉤
多病所須唯藥物微軀此外更何求
杜甫詩江村 心遠鄭茂永書

清江一曲抱村流長夏江村事々幽
自去自来堂上燕相親相近水中鷗
老妻畫紙為棋局稚子敲針作釣鉤
多病所須唯藥物微軀此外更何求

杜甫詩江村 心遠鄭元泳書

등고(登高)

風急天高猿嘯哀
渚淸沙白鳥飛回
無邊落木蕭蕭下
不盡長江滾滾來
萬里悲秋常作客
百年多病獨登臺
艱難苦恨繁霜鬢
潦倒新停濁酒杯

바람 급하고 하늘 높고 원숭이 울음 슬프고
물 맑고 모래 흰데 새는 빙빙 날고 있다.
가없이 우수수 나뭇잎 떨어지고
다함 없이 넘실대며 긴 강물 흐른다.
만 리 밖에서 가을을 슬퍼하며 늘 나그네 되어
늘그막에 병든 몸으로 홀로 누대에 오른다.
온갖 고난에 늘어난 흰머리 너무도 한스럽고
늙고 쇠하여 탁주 잔을 요사이 멈추었네.

(역문; 동양고전종합DB 당시삼백수)

ᄇᆞᄅᆞ미ᄲᆞᄅᆞ며하ᄂᆞᆯ히놉고나ᄇᆡ되ᄑᆞ라미슬프니믌
ᄀᆞᅀᅢᄆᆞᆯᄀᆞ며몰애힌ᄃᆡ새ᄂᆞ라도라오ᄂᆞ다ᄀᆞᇫ업슨디ᄂᆞᆫ
나못니픈蕭蕭히ᄂᆞ리고다ᄋᆞᆷ업슨긴ᄀᆞᄅᆞᄆᆞᆫ니ᅀᅥᆺ니어
오ᄂᆞ다萬里예ᄀᆞᅀᆞᆯᄒᆡ슬허셔샹녜나그내ᄃᆞ외니
百年人한病에ᄒᆞ오ᅀᅡ臺예오라艱難애ᄉᆞᆯ지곤
흰머리어즈러우믈심히슬허ᄒᆞ노니늙고사오나
오매흐린술盞ᄋᆞᆯ새려머믈웻노라

杜詩諺解中 登高 心遠鄭允泳書

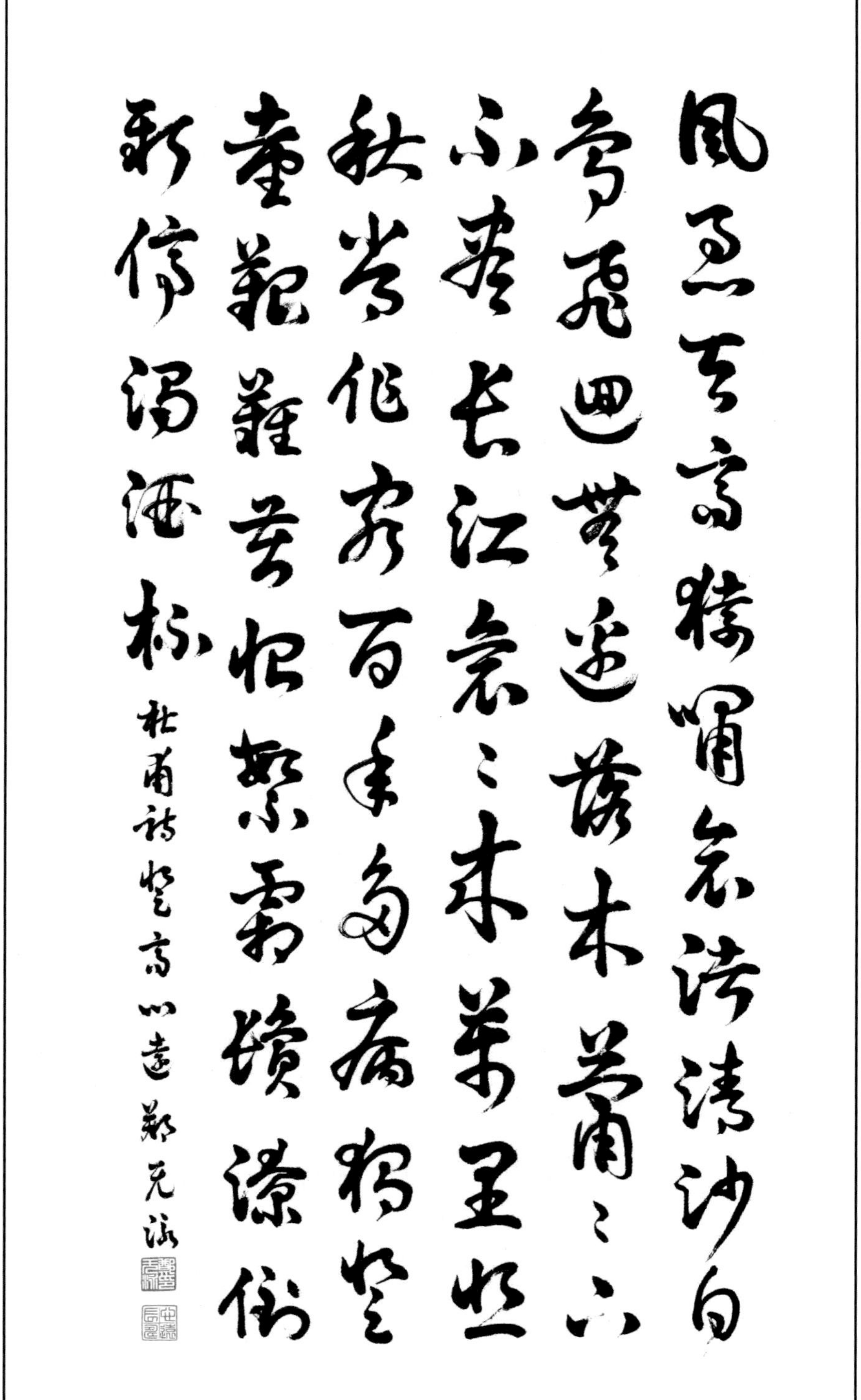
風急天高猿嘯哀渚清沙白鳥飛回
無邊落木蕭蕭下不盡長江滾滾來
萬里悲秋常作客百年多病獨登臺
艱難苦恨繁霜鬢潦倒新停濁酒杯
杜甫詩登高 心遠 鄭武永

風急天高猿嘯哀渚清沙白鳥飛迴
無邊落木蕭〻下不盡長江袞〻来
萬里悲秋常作客百年多病獨登臺
艱難苦恨繁霜鬢潦倒新停濁酒杯

杜甫詩登高 心遠鄭无泳敬書

석호리(石壕吏)

暮投石壕村 有吏夜捉人 老翁踰墻走 老婦出門看
吏呼一何怒 婦啼一何苦 聽婦前致詞 三男鄴城戍
一男附書至 二男新戰死 存者且偸生 死者長已矣
室中更無人 所有乳下孫 孫有母未去 出入無完裙
老嫗力雖衰 請從吏夜歸 急應河陽役 猶得備晨炊
夜久語聲絶 如聞泣幽咽 天明登前途 獨與老翁別

저녁에 석호촌(石壕村)에 투숙하니 아전이 밤에 사람을 잡으러 왔네.
늙은 영감 담 넘어 달아나고 늙은 할미 문에 나와서 보누나.
아전의 호통은 어찌 그리도 노여우며 할미의 울음은 어찌 그리도 괴로운가.
할미 앞으로 나와 말하는 것 들어보니 세 아들이 업성(鄴城)에서 수자리 살고 있다오.
한 아들이 부친 편지가 왔는데 두 아들이 새로운 싸움에서 전사(戰死)하였다 하오.
산 사람도 겨우 삶 이어가고 죽은 자는 영영 그만이라오.
집안에 다시 사람이 없고 오직 젖먹이 손자가 있을 뿐이오.
손자 있어 어미는 떠나가지 못하고 출입할 만한 성한 치마도 없다오.
늙은 할미 기력(氣力)은 비록 쇠하였으나 부디 아전 따라 밤에 돌아가리다.
급히 하양(河陽)의 전쟁터에 나가게 되면 오히려 새벽밥은 지을 수 있을 것이오.
밤 깊어지자 말소리 끊기니 눈물 흘리며 속으로 오열하는 소리 들리는 듯하네.
날이 밝아 예전 길에 오르니 할미는 떠나고 홀로 늙은 영감과 작별하였네.

(역문: 동양고전종합DB 고문진보)

나조ᄒᆡ石壕村애가니잇ᄂᆞᆫ吏ㅣ바ᄆᆡ와사ᄅᆞᄆᆞᆯ잡더
라늘근한아비ᄂᆞᆫ담ᄋᆞᆯ너머ᄃᆞ거늘늘근겨지븐門은나보
더라吏의브르지주믄ᄒᆞᆫ갓티ᄌᆞ모怒ᄒᆞ야커늘겨지비
우루믄ᄒᆞᆫ갓티ᄌᆞ모苦ᄅᆞ외도다겨지븨나아가말
ᄉᆞᆷᄒᆞ옴ᄋᆞᆯ드로니세아ᄃᆞ리鄴城에가防戍ᄒᆞ야더니ᄒᆞᆫ
아ᄃᆞ리ᄇᆞᆯ쵸ᄅᆞᆯ워리오니두아ᄃᆞ리새려사호다가죽도
다사랫ᄂᆞ니ᄂᆞᆫᄯᅩ사라ᄉᆞᆷᄋᆞᆯ일버잇ᄉᆞᆫ주그니ᄂᆞᆫ기리말리로
다집안해ᄯᅩ사ᄅᆞ미업고오직젓먹ᄂᆞᆫ孫子옷잇ᄂᆞ니
져믄孫子ㅣ이셔어미니ᄅᆞ가디ᄆᆞᆯᄒᆞ리오ᄯᅳᆫ나ᄃᆞᆯ
매입ᄋᆞᆫᄂᆞᆨ외도업스니라늘근할미ᄆᆞᄋᆞᆷ비록衰殘ᄒᆞ나
請ᄒᆞᄂᆞᆫ吏ᄅᆞᆯ조차바ᄆᆡ가ᄲᆞᆯ리河陽役事ᄅᆞᆯ對答ᄒᆞ
면오히려시러곰새벳밥지ᅀᅳᆯ초ᄒᆞ리라바미오라아말
ᄉᆞᆷ소리긋ᄎᆞ니우러귀셔수우워류ᄅᆞᆯ듣ᄂᆞᆫᄃᆞᆺᄒᆞ더니
하ᄂᆞᆯ히ᄇᆞᆰ거늘앏길ᄒᆞᆯᄋᆞᆯ아ᄋᆞᆯ제ᄒᆞ오아늘근한아
비와로여희요라

杜詩諺解中石壕吏 心遠 鄭元泳 書

나조ᄒᆡ 石壕村에 가니 잇ᄂᆞᆫ 吏ㅣ 바ᄆᆡ 와 사ᄅᆞᄆᆞᆯ 잡
더라 늘근 한아비ᄂᆞᆫ 다ᄆᆞᆯ 너머 ᄃᆞᆮ거늘 늘근 겨지비
門의 나 보더라 吏의 블로ᄆᆞᆫ ᄒᆞᆫ갓 ᄆᆞ티 ᄌᆞ모 怒ᄒᆞ야
커늘 겨지븨 우루ᄆᆞᆫ ᄒᆞᆫ갓 ᄆᆞ티 ᄌᆞ모 苦ᄅᆞ외도다
겨지븨 나아가 말ᄉᆞᆷ호ᄆᆞᆯ 드로니 세 아ᄃᆞ리 鄴城에 가
防戍ᄒᆞ더니 ᄒᆞᆫ 아ᄃᆞ리 브쵼 글외디 오니 두 아ᄃᆞ리
새려 사호다가 죽도다 사랫ᄂᆞ니도 ᄯᅩ 사라쇼ᄆᆞᆯ 일ᄇᆡ
어 잇고 주그닌 기리 말리로다 집 안해 ᄯᅩ 사ᄅᆞ미 업고
오직 젓먹ᄂᆞᆫ 孫子 옷 잇ᄂᆞ니 져믄 孫子ㅣ 이셔 어미 ᄇᆞ
리고 가디 몯ᄒᆞ리오 ᄯᅩ ᄃᆞ나드로매 암ᄋᆞᆫ ᄀᆞ외도 업스니라
늘근 할며 히미 비록 衰殘ᄒᆞ나 請ᄒᆞᆫᄃᆞᆫ 吏ᄅᆞᆯ 조차
바미 가 ᄲᆞᆯ리 河陽役事ᄅᆞᆯ 對答ᄒᆞ면 오히려 시러곰
새뱃 밥지ᅀᅵᆯ ᄀᆞ초호리라 바미 오라아 말ᄉᆞᆷ소리 그츠니
우러 그으기셔 수우워류믈 듯ᄂᆞᆫ ᄃᆞᆺᄒᆞ더니 하ᄂᆞᆯ히
ᄇᆞᆯ거늘 알ᄑᆡ 길ᄒᆞᆯ 올아 올제 ᄒᆞ오아 늘근 한아비와로
여희요라 杜詩諺解中石壕吏 心遠 鄭茂泳 書

暮投石壕村有吏夜捉人老翁踰墻
走老婦出門看吏呼一何怒婦啼一何苦
聽婦前致詞三男鄴城戍一男附書至二
男新戰死存者且偸生死者長已矣室中
更無人惟有乳下孫有孫母未去出入無
完裙老嫗力雖衰請從吏夜歸急應
河陽役猶得備晨炊夜久語聲絶如聞泣
幽咽天明登前途獨與老翁別

杜甫詩 石壕吏 心遠 鄭元淑 書

절구(絶句)

江碧鳥逾白 山靑花欲然 今春看又過 何日是歸年

강물이 푸르니 새가 더욱 희고 푸른 산의 꽃이 타는 듯이 붉구나.
이 봄이 가는 것을 또 보게 되니 어느 날에나 고향으로 돌아가리오.

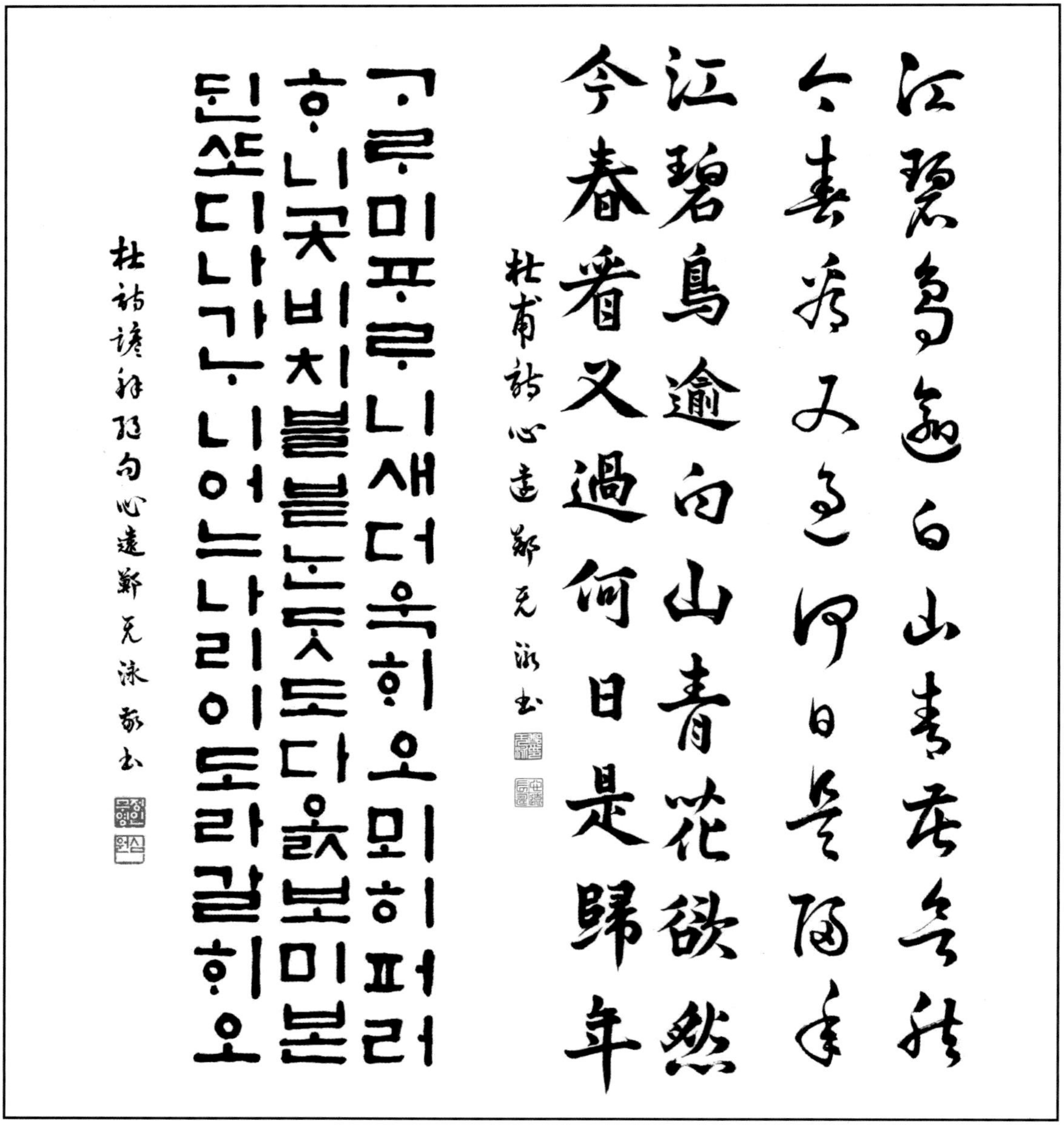

증위팔처사(贈衛八處士)

人生不相見 動如參與商 今夕復何夕 共此燈燭光
少壯能幾時 鬢髮各已蒼 訪舊半爲鬼 驚呼熱中腸
焉知二十載 重上君子堂 昔別君未婚 兒女忽成行
怡然敬父執 問我來何方 問答乃未已 驅兒羅酒漿
夜雨剪春韭 新炊間黃粱 主稱會面難 一擧累十觴
十觴亦不醉 感子故意長 明日隔山岳 世事兩茫茫

위팔처사에게 주다

사람이 살며 만나지 못하는 것 늘 삼성(參星)하고 상성(商星) 같지
이 밤이 도대체 어인 밤인가 등불 아래 그대와 함께하다니
젊은 시절이 얼마나 될까, 머리 터럭은 벌써 다 세었구나.
옛 친구들 찾아보니 반은 귀신 되어 놀라 속이 타버렸다네.
어찌 알았겠는가, 이십 년 지나 다시 그대 집에 오게 될 줄을
예전에 헤어질 때 자넨 미혼이었는데 아이들이 그새 많아졌구만.
반갑게 아비 친구를 공대하며 내게 어디서 오셨는지 묻기에
대답도 미처 마치지 못했는데 아이들 시켜서 술상을 차려내네.
밤비 속에 봄 부추 자르고 새로 불을 지펴 기장 섞인 밥을 내왔지
"만나기 어려웠어." 자넨 말하며 술 한 번 들자 연거푸 열 잔
열 잔에도 취하지 않는 것은 그대의 깊은 옛정 느꼈기 때문일세.
내일이면 높은 산 사이에 두고 세상일에 서로가 아득해질 텐데.

(역 : 동양고전종합DB 당시삼백수)

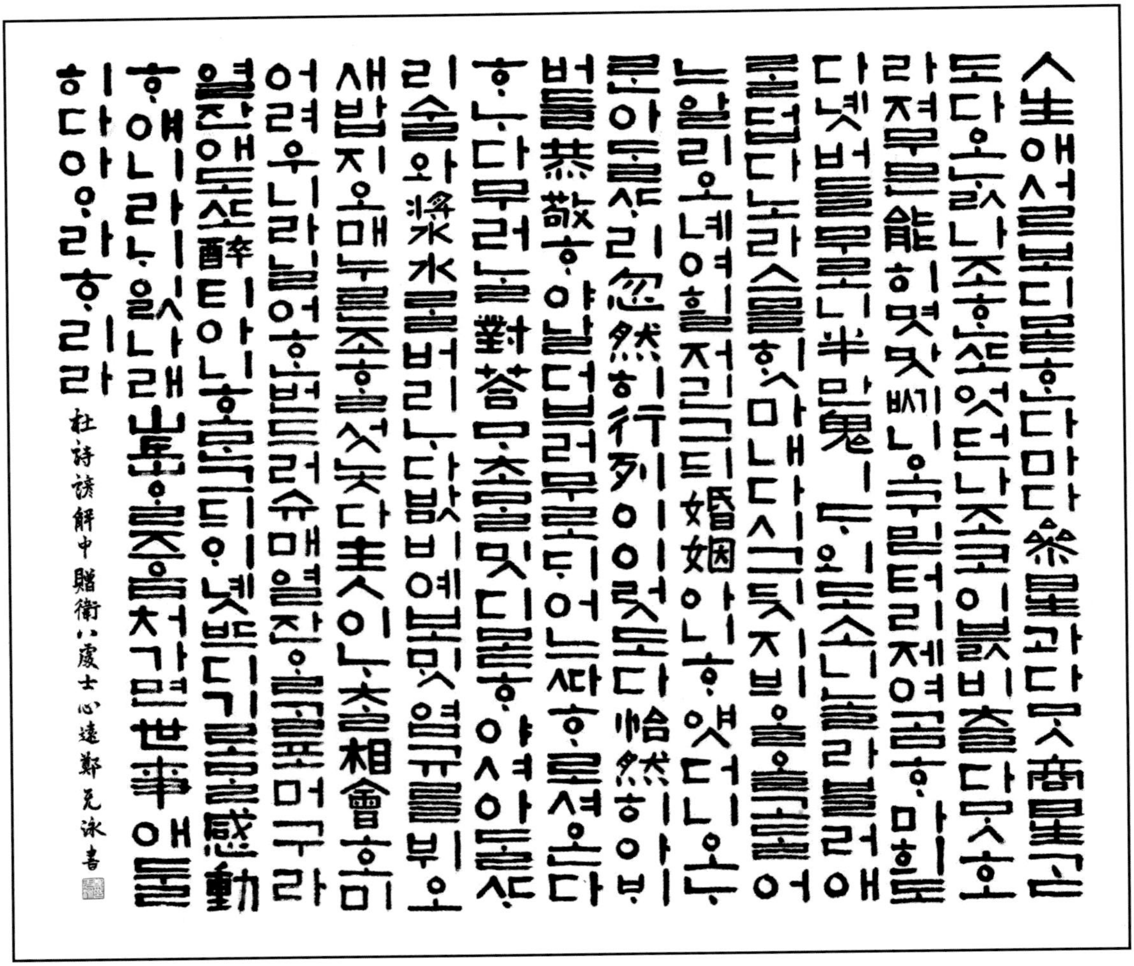
杜詩諺解中 贈衛八處士 心遠 鄭戊泳 書

人生애 서르 보디 몯ᄒᆞᆫ다마다 參星과 다ᄆᆞᆺ 商星 ᄀᆞᆮ
도다 오ᄂᆞᆳ 나조ᄒᆞᆫ ᄯᅩ 엇던 나조코 이 븘비츨 다ᄆᆞᆺ호라
져무믄 能히 몃 맛 ᄢᅢ니오 구믿터리 제여곰 ᄒᆞ마 희도다
녜 버들 무ᄅᆞ니 半만 鬼ㅣ ᄃᆞ외도소니 ᄀᆞᆯ라 블러 애ᄅᆞᆯ
덥다 그라 스믈 힛마내 다시 그듸 지븨 올올 고ᄃᆞᆯ 어느
알리오 녜 여희ᇙ 저긘 그듸 婚姻 아니 ᄒᆞ얫더니 오ᄂᆞᆫ
아ᄃᆞᆯ ᄯᆞ리 忽然히 行列이 이럿도다 怡然히 아비 버들
恭敬ᄒᆞ야 날ᄃᆞ려 무로ᄃᆡ 어느 ᄡᅡᄒᆞ로셔 온다 ᄒᆞ
ᄂᆞ다 무러ᄂᆞᆯ 對答모ᄎᆞᄆᆞᆯ 밋디 몯ᄒᆞ야셔 아ᄃᆞᆯ ᄯᆞ리
술와 漿水ᄅᆞᆯ 버리ᄂᆞ다 밤비예 보ᄆᆡᆺ 염규ᄅᆞᆯ 뵈오 새
밥 지오매 누른 조ᄒᆞᆯ 섯긋다 主人이 ᄂᆞᄎᆞᆯ 相會호미
어려우니라 닐어 ᄒᆞᆫ번 드러 슈매 열잔ᄋᆞᆯ ᄀᆞᆯ포 머구라
열잔에도 ᄯᅩ 醉티 아니호ᄆᆞᆫ 그듸의 녯 ᄠᅳ디 기로ᄆᆞᆯ 感動
ᄒᆞ애니라 ᄂᆡ읈 나래 山岳ᄋᆞᆫ 즈음처 가면 世事애 둘히
다 아ᄋᆞ라ᄒᆞ리라

杜詩諺解中 贈衛八處士 心遠 鄭充泳 書

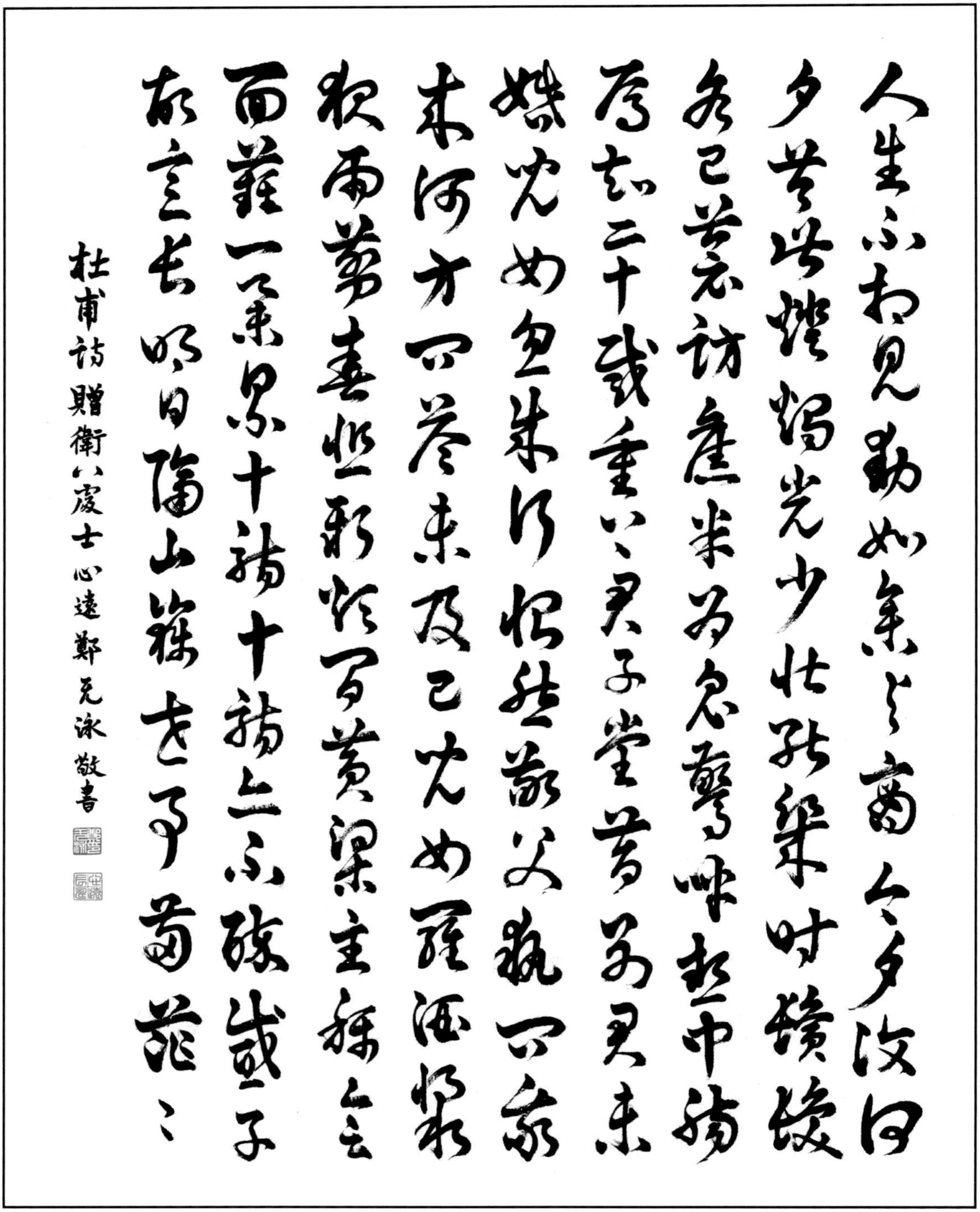
人生不相見動如參與商今夕復何夕共此燈燭光少壯能幾時鬢髮各已蒼訪舊半爲鬼驚呼熱中腸焉知二十載重上君子堂昔別君未婚兒女忽成行怡然敬父執問我來何方問答乃未已兒女羅酒漿夜雨剪春韭新炊間黃粱主稱會面難一擧累十觴十觴亦不醉感子故意長明日隔山岳世事兩茫茫
杜甫詩贈衛八處士 心遠 鄭武泳 敬書

춘야희우(春夜喜雨)

好雨知時節 當春乃發生。
隨風潛入夜 潤物細無聲。
野徑雲俱黑 江船火獨明。
曉看紅濕處 花重錦官城。

좋은 비는 시절을 알아서 봄이 되면 만물을 깨운다.
밤 중 바람결에 스며들어 소리 없이 만물을 젖게 한다.
들길엔 검은 구름 가득하고 고깃배는 홀로 강을 밝힌다.
새벽녘 붉게 젖은 곳 바라보노라니 금관성에도 꽃이 가득하겠지.

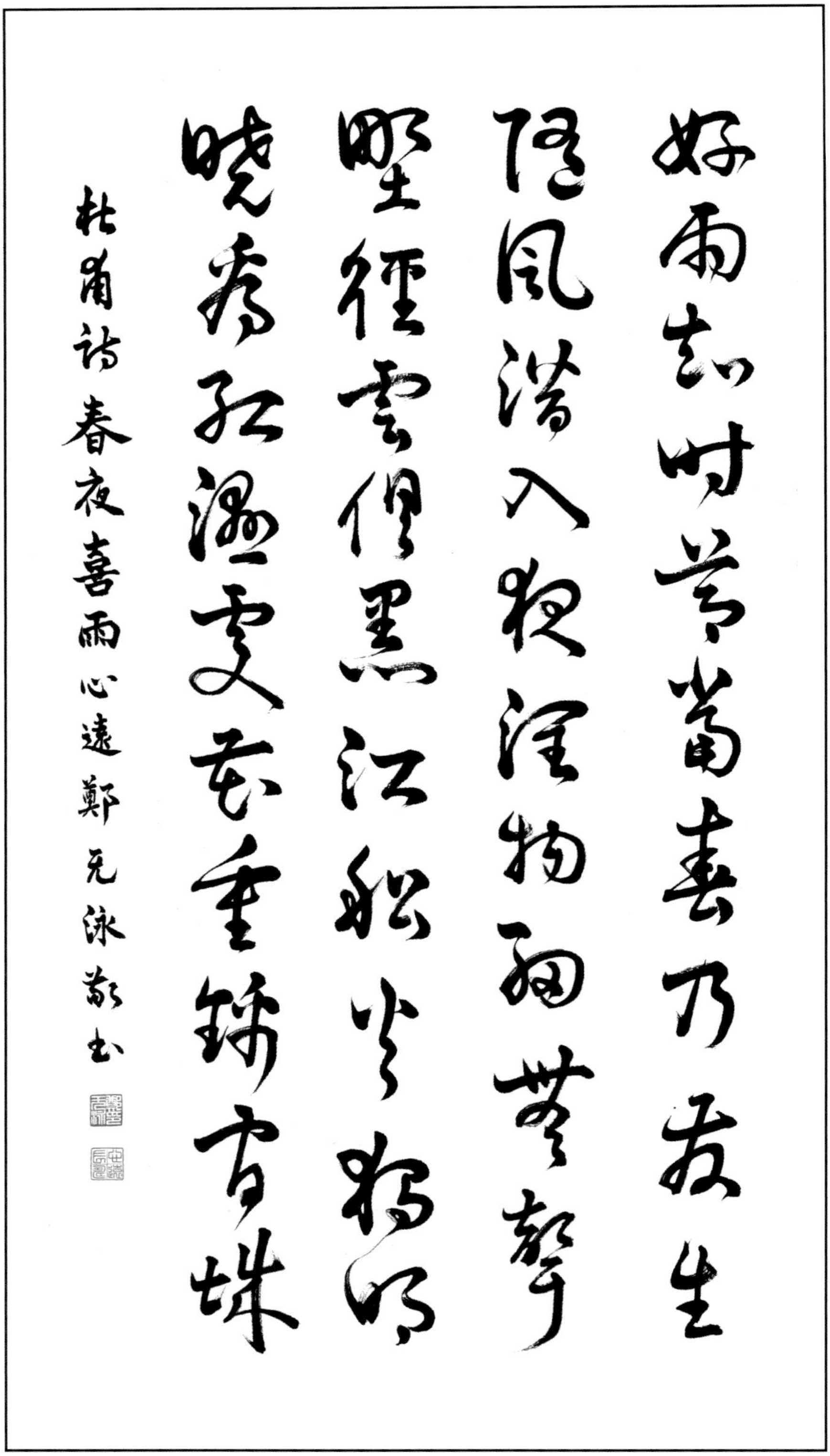
好雨知時節當春乃發生
隨風潛入夜潤物細無聲
野徑雲俱黑江船火獨明
曉看紅濕處花重錦官城
杜甫詩 春夜喜雨 心遠 鄭戊泳 敬書

됴ᄒᆞᆫ비時節을아니보ᄆᆞᆯ當ᄒᆞ야베퍼나게ᄒᆞᄂᆞ
다ᄇᆞᄅᆞᆷ조차마니바ᄆᆡ드ᄂᆞ니物을저져ᄀᆞᄂᆞ
리소리업도다ᄆᆡ햇길헤구루미다어듭고ᄀᆞᄅᆞᇝᄇᆡ
옛브리ᄒᆞ오아ᄇᆞᆰ도다새배블근저즌ᄯᅡᄒᆞᆯ보니
錦官城에고지ᄒᆡ펫도다

杜詩諺解中春夜喜雨 心遠鄭元泳敬書

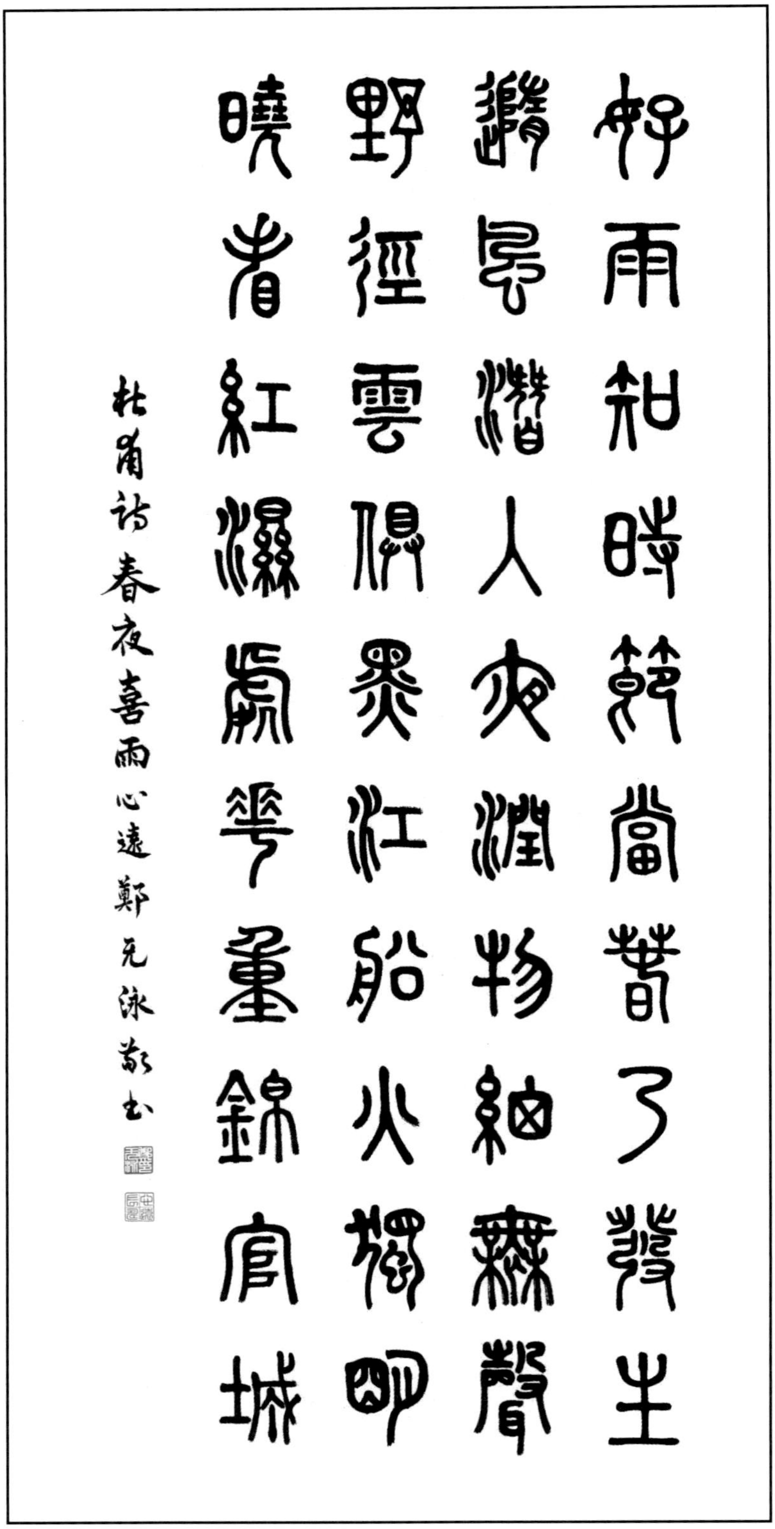
好雨知時節當春乃發生
隨風潛入夜潤物細無聲
野徑雲俱黑江船火獨明
曉看紅濕處花重錦官城
杜甫詩 春夜喜雨 心遠 鄭无泳 敬書

好雨知時節當春乃發生
隨風潛入夜潤物細無聲
野徑雲俱黑江船火獨明
曉看紅濕處花重錦官城

春夜喜雨 杜甫 心遠鄭无泳

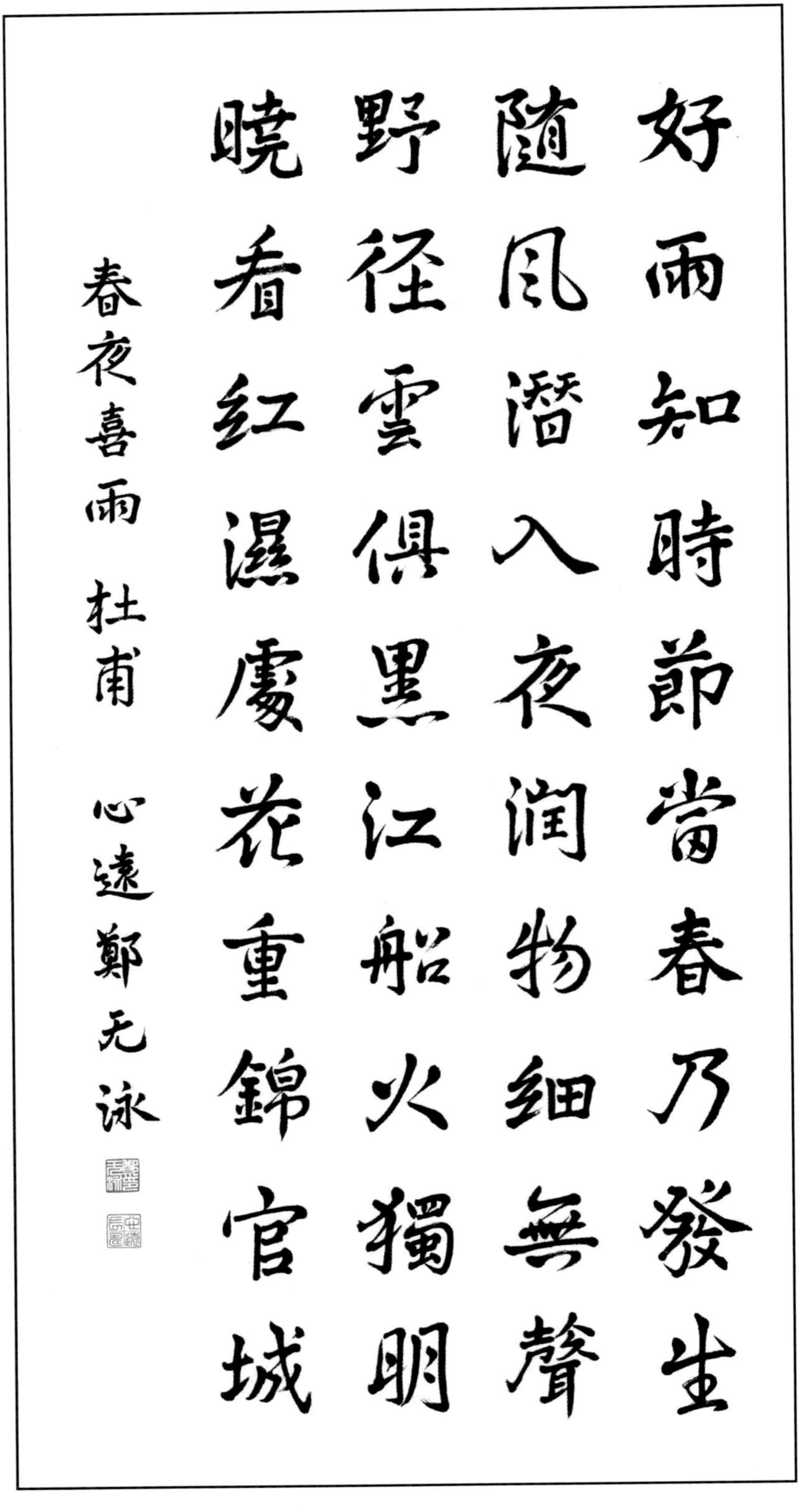
好雨知時節當春乃發生
隨風潛入夜潤物細無聲
野徑雲俱黑江船火獨明
曉看紅濕處花重錦官城
春夜喜雨 杜甫 心遠鄭无泳

白居易 백거이

비파행(琵琶行)

潯陽江頭夜送客 楓葉荻花秋瑟瑟 主人下馬客在船 擧酒欲飮無管絃
醉不成歡慘將別 別時茫茫江浸月 忽聞水上琵琶聲 主人忘歸客不發
尋聲暗問彈者誰 琵琶聲停欲語遲 移船相近邀相見 添酒回燈重開宴
千呼萬喚始出來 猶抱琵琶半遮面 轉軸撥絃三兩聲 未成曲調先有情
絃絃掩抑聲聲思 似訴平生不得志 低眉信手續續彈 說盡心中無限事
輕攏慢撚撥復挑 初爲霓裳後六幺 大絃嘈嘈如急雨 小絃切切如私語
嘈嘈切切錯雜彈 大珠小珠落玉盤 間關鶯語花底滑 幽咽泉流氷下灘
氷泉冷澀絃凝絶 凝絶不通聲暫歇 別有幽愁闇恨生 此時無聲勝有聲
銀甁乍破水漿迸 鐵騎突出刀鎗鳴 曲終抽撥當心畫 四絃一聲如裂帛
東船西舫悄無言 唯見江心秋月白 沈吟收撥揷絃中 整頓衣裳起斂容
自言本是京城女 家在蝦蟆陵下住 十三學得琵琶成 名屬敎坊第一部
曲罷常敎善才服 妝成每被秋娘妬 五陵年少爭纏頭 一曲紅綃不知數
鈿頭銀篦擊節碎 血色羅裙翻酒汚 今年歡笑復明年 秋月春風等閑度
弟走從軍阿姨死 暮去朝來顔色故 門前冷落鞍馬稀 老大嫁作商人婦
商人重利輕別離 前月浮梁買茶去 去來江口守空船 繞船明月江水寒
夜深忽夢少年事 夢啼妝淚紅闌干 我聞琵琶已嘆息 又聞此語重喞喞
同是天涯淪落人 相逢何必曾相識 我從去年辭帝京 謫居臥病潯陽城
潯陽地僻無音樂 終歲不聞絲竹聲 住近湓江地低濕 黃蘆苦竹繞宅生
其間旦暮聞何物 杜鵑啼血猿哀鳴 春江花朝秋月夜 往往取酒還獨傾
豈無山歌與村笛 嘔啞嘲哳難爲聽 今夜聞君琵琶語 如聽仙樂耳暫明
莫辭更坐彈一曲 爲君翻作琵琶行 感我此言良久立 却坐促絃絃轉急
凄凄不似向前聲 滿座重聞皆掩泣 座中泣下誰最多 江州司馬靑衫濕

심양강 어귀에서 밤에 객을 전송하니 단풍잎과 억새꽃 가을바람에 소슬하네.
주인은 말에서 내리고 객은 배에 있는데 술잔 들어 마시려 하나 음악이 없구나.
취하여도 기쁘지 않고 슬프게 헤어지려 하니 이별하는 이때 아득한 강에는 달이 잠겨 있네
문득 물가에서 비파소리 들려오니 주인은 돌아가는 것 잊고 객도 출발하지 않네.
소리 찾아 타는 이가 누구인가 조용히 물어보니 비파 소리 멈추고 말하려다 머뭇거리네.

배를 옮겨 가까이 가서 만나보길 청하고 술을 더하고 등도 도로 밝혀 다시 술자리 연다.
천번 만번 부르자 비로소 나오는데 비파를 안은 채로 얼굴 반쯤 가렸네.
축(軸)을 돌리고 현을 퉁겨 두어 번 소리 내니 곡조를 이루기도 전에 먼저 감정이 인다.
줄마다 낮은 소리마다 그리움 평생의 불우한 뜻 하소연하는 듯하고
고개 숙이고 손 가는 대로 연이어 타니 마음속의 끝없는 일들을 다 말하고 있다네.
가볍게 눌러 천천히 비비며 튕겼다 다시 뜯으니 처음에는 예상(霓裳)이요 다음에는 육요(六么)라네.
굵은 줄 두둥 울리니 소낙비 같고, 가는 줄 절절하니 속삭이는 듯하네.
두둥거림과 절절함 섞어서 타니 큰 구슬과 작은 구슬 옥쟁반에 떨어지는 듯
꾀꼴꾀꼴 노랫소리 꽃 아래서 매끄럽게 흐르다가 얼음 아래 샘물이 목메어 흐느끼는 듯
얼음물이 차갑게 얼어붙어 현이 엉겨 끊어지니 끊겨 통하지 않음에 소리 잠시 그쳤다네.
따로 그윽한 시름 있어 남모르는 한(恨)이 생겨나니 이때의 소리 없음이 소리 있는 것보다 낫다네.
은병이 갑자기 깨져 담겼던 물 쏟아지듯 철기(鐵騎)가 돌진하여 칼과 창 울리는 듯
곡이 끝나자 발(撥)을 잡고 한가운데 그으니 네 줄을 한 번에 긋는 소리 비단을 찢는 듯하네.
동쪽 배와 서쪽 배는 고요하여 말이 없고 오직 보이는 건 강물 속 밝은 가을 달뿐
생각에 잠겨 발(撥)을 놓아 줄 가운데 꽂고 옷깃을 여미고 일어나 모습 가다듬는다.
스스로 말하기를 "본래 장안(長安)의 여자로 집이 하마릉(蝦蟆陵) 아래에 있어 그곳에 살았습니다.
열세 살에 비파를 배워 터득하고 이름이 교방(敎坊)의 제일부(第一部)에 올랐습니다.
곡조 끝나면 선재(善才)들을 감복시켰고 단장을 마치면 추랑(秋娘)들의 질투를 받았지요.
오릉(五陵)의 소년들 다투어 머리에 비단 감아주는데 한 곡조에 붉은 비단 셀 수 없었습니다.
전두(鈿頭)와 은비녀는 장단 맞추다가 부서지고 핏빛 비단 치마는 술을 엎질러 얼룩졌지요.
올해도 즐겁게 웃고 내년도 또 그렇게 가을 달과 봄바람 한가로이 보냈답니다.
동생은 군(軍)에 가고 아이(阿姨)도 죽었으며 저녁 가고 아침 오자 얼굴빛도 시들었습니다.
문 앞이 쓸쓸해져 차마(車馬)도 드물어지니 나이 들어 시집가 장사꾼의 아내가 되었습니다.
장사꾼은 이익을 중시하고 이별은 가벼이 여겨 지난달 부량(浮梁)으로 차 사러 갔습니다.
저는 강가를 오가면서 빈 배 지키는데 배를 둘러싼 달빛은 밝고 강물은 차가웠습니다.
밤이 깊자 홀연 젊었을 적 일을 꿈꾸니 꿈에서도 울어서 화장한 얼굴에 붉은 눈물 이리저리 흘렀답니다."
나는 비파소리 듣고 이미 탄식하였건만 또 이 말 듣고 거듭 탄식하네.
"그대와 나 하늘 끝에 떠도는 신세이니 서로 만남에 꼭 알던 사람이어야 할까.
나는 지난해에 서울 하직하고 귀양살이하며 심양성에 병들어 누워 있는데
심양 땅 궁벽하여 음악 없으니 일 년 내내 음악 소리 듣지 못하였네.
사는 곳이 분강(湓江) 가까워 땅이 낮고 축축하니 누런 갈대와 참대가 집을 둘러 자라네.
그 사이에서 아침저녁으로 듣는 것이 무엇이랴, 두견새 피 울음과 원숭이 슬픈 울음이지.

봄 강의 꽃 피는 아침 가을 달 뜬 밤에 종종 술을 가져다가 홀로 기울였네.
어찌 산의 노래와 마을의 피리 소리 없겠냐마는 조잡하고 시끄러워 듣기 어렵다네.
오늘밤 그대의 비파 소리 들으니 신선의 음악 들은 듯 귀가 잠시 밝아졌소.
사양치 말고 다시 앉아 한 곡조 타주면 그대를 위해 글로 옮겨 비파행(琵琶行) 지으리다."
나의 이 말에 감동하여 한참을 서 있다가 다시 앉아 줄을 조이니 줄은 더욱 급하여지네.
처량하기가 앞의 소리와 같지 않으니 좌중의 사람들 다시 듣고 모두 얼굴 가리며 우는데
그중에 흘린 눈물 누가 가장 많은가, 강주사마(江州司馬) 푸른 적삼 흠뻑 젖었다네.

(역문: 동양고전DB)

전서체

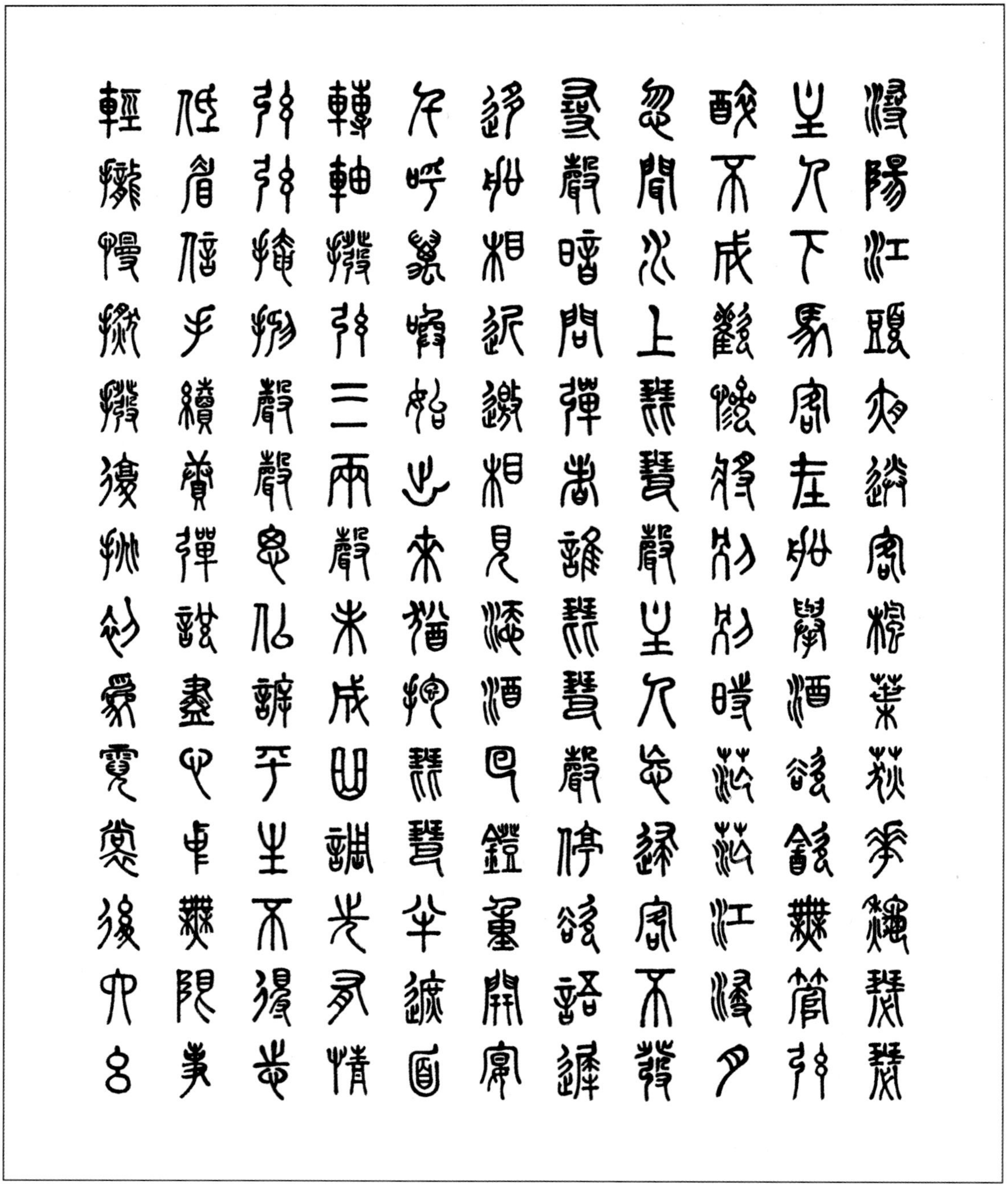
潯陽江頭夜送客楓葉荻花秋瑟瑟
主人下馬客在船舉酒欲飲無管弦
醉不成歡慘將別別時茫茫江浸月
忽聞水上琵琶聲主人忘歸客不發
尋聲暗問彈者誰琵琶聲停欲語遲
移船相近邀相見添酒回燈重開宴
千呼萬喚始出來猶抱琵琶半遮面
轉軸撥絃三兩聲未成曲調先有情
絃絃掩抑聲聲思似訴平生不得志
低眉信手續續彈說盡心中無限事
輕攏慢撚抹復挑初爲霓裳後六么

大弦嘈嘈如急雨小弦切切如私語
嘈嘈切切錯雜彈大珠小珠落玉盤
間關鶯語花底滑幽咽泉流冰下灘
冰泉冷澀弦凝絕凝絕不通聲暫歇
別有幽愁暗恨生此時無聲勝有聲
銀瓶乍破水漿迸鐵騎突出刀鎗鳴
曲終收撥當心畫四弦一聲如裂帛
東船西舫悄無言唯見江心秋月白
沈吟放撥插弦中整頓衣裳起斂容
自言本是京城女家在蝦蟆陵下住
十三學得琵琶成名屬敎坊第一部

曲罷曾教善才服妝成每被秋娘妒
五陵年少爭纏頭一曲紅綃不知數
鈿頭銀篦擊節碎血色羅裙翻酒污
今年歡笑復明年秋月春風等閒度
弟走從軍阿姨死暮去朝來顏色故
門前冷落鞍馬稀老大嫁作商人婦
商人重利輕別離前月浮梁買茶去
去來江口守空船繞船月明江水寒
夜深忽夢少年事夢啼妝淚紅闌干
我聞琵琶已歎息又聞此語重唧唧
同是天涯淪落人相逢何必曾相識

我從去年辭帝京謫居臥病潯陽城
潯陽地僻無音樂終歲不聞絲竹聲
住近湓江地低濕黃蘆苦竹繞宅生
其間旦暮聞何物杜鵑啼血猿哀鳴
春江花朝秋月夜往往取酒還獨傾
豈無山歌與村笛嘔啞嘲哳難爲聽
今夜聞君琵琶語如聽仙樂耳暫明
莫辭更坐彈一曲爲君翻作琵琶行
感我此言良久立卻坐促弦弦轉急
淒淒不似向前聲滿座重聞皆掩泣
座中泣下誰最多江州司馬青衫濕
琵琶行 白居易

心達 鄭元泳 書

예서체

潯陽江頭夜送客楓葉荻苍秋瑟瑟
主人下馬客在船舉酒欲飲無管弦
醉不成歡慘將別別時茫茫江浸月
忽聞水上琵琶聲主人忘歸客不發
尋聲闇問彈者誰琵琶聲停欲語遲
移船相近邀相見添酒回燈重開宴
千呼萬喚始出来猶抱琵琶半遮面
轉軸撥絃三兩聲未成曲調先有情
弦弦掩抑聲聲思似訴平生不得志
低眉信手續續彈說盡心中無限事
輕攏慢撚撥復挑初為霓裳後六么

大絃嘈嘈如急雨小絃切切如私語
嘈嘈切切錯雜彈大珠小珠落玉盤
間關鶯語花底滑幽咽泉流冰下灘
冰泉冷澀絃凝絕凝絕不通聲暫歇
別有幽愁闇恨生此時無聲勝有聲
銀甁乍破水漿迸鐵騎突出刀鎗鳴
曲終抽撥當心畫四弦一聲如裂帛
東船西舫悄無言唯見江心秋月白
沈吟收撥插弦中整頓衣裳起斂容
自言本是京城女家在蝦蟆陵下住
十三學得琵琶成名屬教坊第一部

曲罷常教善才服妝成每被秋娘妬
五陵年少爭纏頭一曲紅綃不知數
鈿頭銀篦擊節碎血色羅裙翻酒汙
今年歡笑復明年秋月春風等閑度
弟走從軍阿姨死暮去朝来顏色故
門前冷落鞍馬稀老大嫁作商人婦
商人重利輕別離前月浮梁買茶去
去來江口守空船繞船明月江水寒
夜深忽夢少年事夢啼粧淚紅闌干
我聞琵琶已歎息又聞此語重唧唧
同是天涯淪落人相逢何必曾相識

我從去年辭帝京謫居臥病潯陽城
潯陽地僻無音樂終歲不聞絲竹聲
住近湓江地低濕黃蘆苦竹繞宅生
其間旦暮聞何物杜鵑啼血猿哀鳴
春江花朝秋月夜往往取酒還獨傾
豈無山歌與村笛嘔啞嘲哳難為聽
今夜聞君琵琶語如聽僊樂耳暫明
莫辭更坐彈一曲為君翻作琵琶行
感我此言良久立却坐促弦弦轉急
淒淒不似向前聲滿座重聞皆掩泣
座中泣下誰最多江州司馬青衫濕

琵琶行 白居易

心遠鄭无泳書

행서체

潯陽江頭夜送客楓葉荻花秋瑟瑟
主人下馬客在船舉酒欲飲無管絃
醉不成歡慘将別別時茫茫江浸月
忽聞水上琵琶聲主人忘歸客不發
尋聲暗問彈者誰琵琶聲停欲語遲
移船相近邀相見添酒回燈重開宴
千呼萬喚始出来猶抱琵琶半遮面
轉軸撥絃三兩聲未成曲調先有情
絃絃掩抑聲聲思似訴平生不得志
低眉信手續續彈說盡心中無限事
輕攏慢撚抹復挑初為霓裳後六么

大絃嘈嘈如急雨小絃切切如私語
嘈嘈切切錯雜彈大珠小珠落玉盤
間關鶯語花底滑幽咽泉流氷下灘
氷泉泠澁絃凝絶凝絶不通聲輕歇
別有幽愁暗恨生此時無聲勝有聲
銀甁乍破水漿迸鐵騎突出刀鎗鳴
曲終抽撥當心畫四絃一聲如裂帛
東船西舫悄無言唯見江心秋月白
沉吟放撥插絃中整頓衣裳起斂容
自言本是京城女家在蝦蟇陵下住
十三學得琵琶成名屬教坊第一部

曲罷常教善才服粧成每被秋娘妬
五陵年少爭纏頭一曲紅綃不知數
鈿頭銀篦擊節碎血色羅裙翻酒汙
今年歡笑復明年秋月春風等閑度
弟走從軍阿姨死暮去朝來顏色故
门前冷落鞍馬稀老大嫁作商人婦
商人重利輕別離前月浮梁買茶去
去来江口守空船遶船明月江水寒
夜深忽夢少年事夢啼粧淚紅闌干
我聞琵琶已歎息又聞此語重喞喞
同是天涯淪落人相逢何必曾相識

我從去年辭帝京謫居臥病潯陽城
潯陽地僻無音樂終歲不聞絲竹聲
住近湓江地低濕黃蘆苦竹繞宅生
其間旦暮聞何物杜鵑啼血猿哀鳴
春江花朝秋月夜往往取酒還獨傾
豈無山歌與村笛嘔啞啁哳難為聽
今夜聞君琵琶語如聽仙樂耳暫明
莫辭更坐彈一曲為君翻作琵琶行
感我此言良久立却坐促絃絃轉急
淒淒不似向前聲滿座重聞皆掩泣
座中泣下誰最多江州司馬青衫濕

琵琶行 白居易

心遠 鄭无泳 書

潯陽江頭夜送客楓葉荻花秋瑟瑟
主人下馬客在船舉酒欲飮無管弦
醉不成歡慘將別別時茫茫江浸月
忽聞水上琵琶聲主人忘歸客不發
尋聲暗問彈者誰琵琶聲停欲語遲
移船相近邀相見添酒回燈重開宴
千呼萬喚始出來猶抱琵琶半遮面
轉軸撥弦三兩聲未成曲調先有情
弦弦掩抑聲聲思似訴平生不得志
低眉信手續續彈說盡心中無限事
輕攏慢撚抹復挑初爲霓裳後六幺

大弦嘈〻如急雨小弦切〻如私語
嘈〻切〻錯雜彈大珠小珠落玉盤
間關鶯語花底滑幽咽泉流氷下灘
氷泉冷澁弦凝絶凝絶不通聲暫歇
別有幽愁暗恨生此時無聲勝有聲
銀瓶乍破水漿迸鐵騎突出刀鎗鳴
曲終收撥當心畫四弦一聲如裂帛
東船西舫悄無言唯見江心秋月白
沉吟放撥插弦中整頓衣裳起斂容
自言本是京城女家在蝦蟆陵下住
十三學得琵琶成名屬教坊第一部

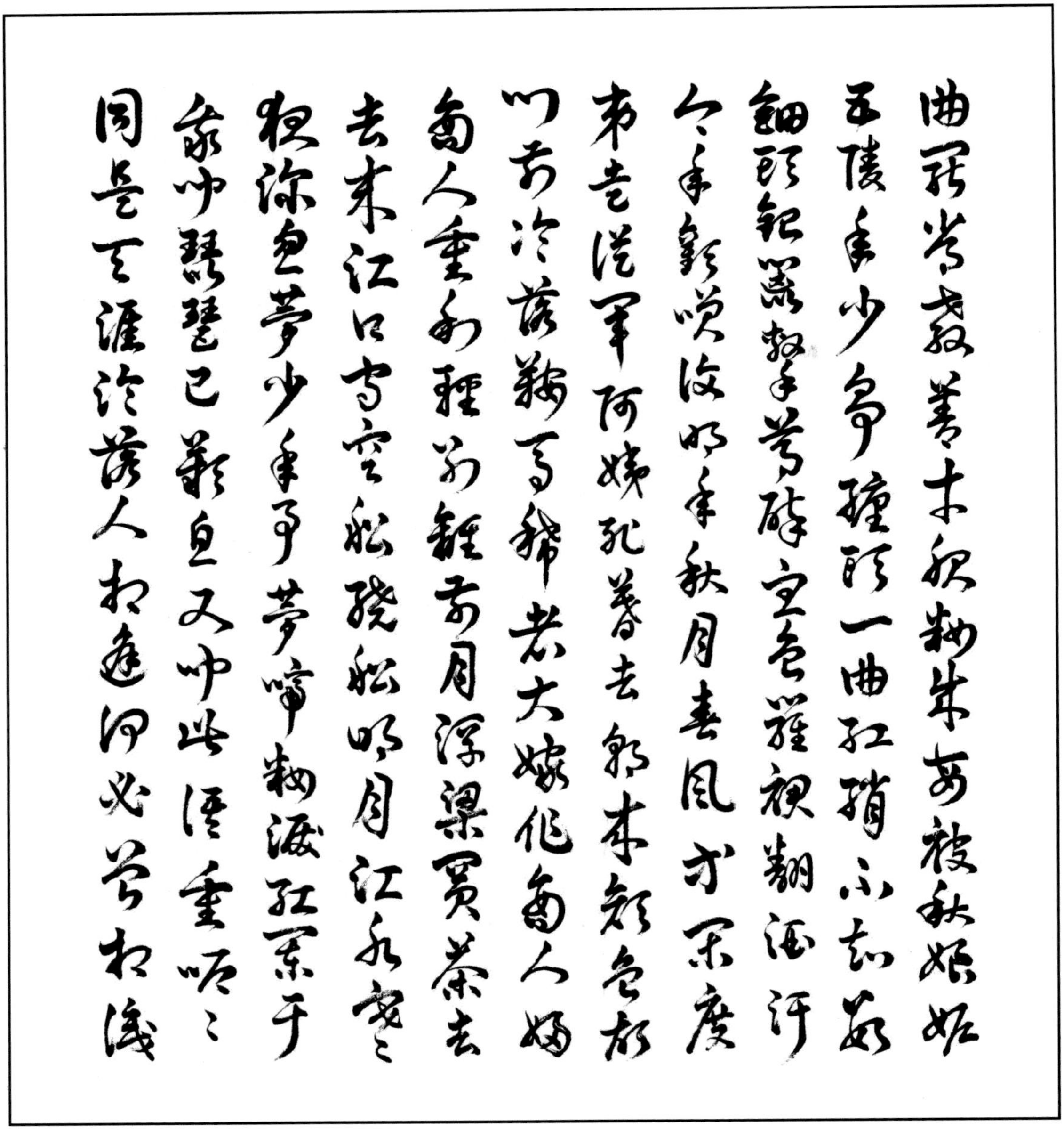

我從去年辭帝京謫居臥病潯陽城
潯陽地僻無音樂終歲不聞絲竹聲
住近湓江地低濕黃蘆苦竹繞宅生
其間旦暮聞何物杜鵑啼血猿哀鳴
春江花朝秋月夜往往取酒還獨傾
豈無山歌與村笛嘔啞嘲哳難為聽
今夜聞君琵琶語如聽仙樂耳暫明
莫辭更坐彈一曲為君翻作琵琶行
感我此言良久立卻坐促弦弦轉急
淒淒不似向前聲滿座重聞皆掩泣
座中泣下誰最多江州司馬青衫濕

琵琶行 白居易詩 心達 鄭元泳書

장한가(長恨歌)

漢皇重色思傾國 御宇多年求不得 楊家有女初長成 養在深閨人未識
天生麗質難自棄 一朝選在君王側 回頭一笑百媚生 六宮粉黛無顔色
春寒賜浴華淸池 溫泉水滑洗凝脂 侍兒扶起嬌無力 始是新承恩澤時
雲鬢花顔金步搖 芙蓉帳暖度春宵 春宵苦短日高起 從此君王不早朝
承歡侍宴無閑暇 春從春遊夜專夜 後宮佳麗三千人 三千寵愛在一身
金屋妝成嬌侍夜 玉樓宴罷醉和春 姊妹弟兄皆列土 可憐光彩生門戶
遂令天下父母心 不重生男重生女 驪宮高處入靑雲 仙樂風飄處處聞
緩歌慢舞凝絲竹 盡日君王看不足 漁陽鼙鼓動地來 驚破霓裳羽衣曲
九重城闕煙塵生 千乘萬騎西南行 翠華搖搖行復止 西出都門百餘里
六軍不發無奈何 婉轉蛾眉馬前死 花鈿委地無人收 翠翹金雀玉搔頭
君王掩面救不得 回首血淚相和流 黃埃散漫風蕭索 雲棧縈紆登劍閣
峨嵋山下少人行 旌旗無光日色薄 蜀江水碧蜀山靑 聖主朝朝暮暮情
行宮見月傷心色 夜雨聞鈴腸斷聲 天旋地轉迴龍馭 到此躊躇不能去
馬嵬坡下泥土中 不見玉顔空死處 君臣相顧盡霑衣 東望都門信馬歸
歸來池苑皆依舊 太液芙蓉未央柳 芙蓉如面柳如眉 對此如何不淚垂
春風桃李花開夜 秋雨梧桐葉落時 西宮南苑多秋草 落葉滿階紅不掃
梨園弟子白髮新 椒房阿監靑娥老 夕殿螢飛思悄然 孤燈挑盡未成眠
遲遲更鼓初長夜 耿耿星河欲曙天 鴛鴦瓦冷霜華重 翡翠衾寒誰與共
悠悠生死別經年 魂魄不曾來入夢 臨邛道士鴻都客 能以精神致魂魄
爲感君王輾轉思 遂敎方士殷勤覓 排空馭氣奔如電 升天入地求之徧
上窮碧落下黃泉 兩處茫茫皆不見 忽聞海上有仙山 山在虛無縹緲間
樓殿玲瓏五雲起 其中綽約多仙子 中有一人字太眞 雪膚花貌參差是
金闕西廂叩玉扃 轉敎小玉報雙成 聞道漢家天子使 九華帳裏夢魂驚
攬衣推枕起徘徊 珠箔銀屛邐迤開 雲鬢半偏新睡覺 花冠不整下堂來
風吹仙袂飄飄擧 猶似霓裳羽衣舞 玉容寂寞淚闌干 梨花一枝春帶雨
含情凝睇謝君王 一別音容兩渺茫 昭陽殿裏恩愛絶 蓬萊宮中日月長
回頭下望人寰處 不見長安見塵霧 唯將舊物表深情 鈿合金釵寄將去
釵留一股合一扇 釵擘黃金合分鈿 但令心似金鈿堅 天上人間會相見
臨別殷勤重寄詞 詞中有誓兩心知 七月七日長生殿 夜半無人私語時
在天願作比翼鳥 在地願爲連理枝 天長地久有時盡 此恨綿綿無絶期

한나라 황제 여색을 중히 여겨 경국지색(傾國之色) 그리워했지만, 천하 다스린 지 여러 해 동안 구하지 못하였네.

양씨 집안에 한 여자 막 장성했는데 깊은 규중에서 자라 사람들은 알지 못했지.

하늘이 낸 고운 용모 스스로 버리기 어려워 하루아침에 뽑혀 군왕 곁에 있게 되었네.

머리 움직이며 한 번 웃으면 온갖 교태 피어나 어여쁘게 단장한 후궁의 여인들 광채를 잃었다오.

봄 날씨 차가워 화청지에서 목욕하게 하니 온천물 매끄러워 엉긴 기름 같은 살결 씻어주네.

시중드는 궁녀들 부축해 일으키는데 나른해 힘이 없으니 비로소 새로이 은택을 입던 때였네.

구름 같은 머리 꽃 같은 얼굴에 금보요(金步搖) 꽂고 부용장(芙蓉帳) 따뜻한데 봄밤을 지냈네.

봄밤 너무 짧아서 해 높이 떠야 일어나니 이로부터 군왕은 일찍 조회하지 않았지.

기쁘게 해드리고 잔치에서 모시느라 한가한 겨를 없어 봄이면 봄놀이 따르고 밤이면 밤을 독차지하였네.

후궁의 아름다운 여자 삼천 명이건만 삼천 명이 받을 총애 한 몸에 있게 되었네.

금옥(金屋)에서 화장하고 교태 가득 밤에 모시니 옥루(玉樓)에서 잔치가 끝나자 취기가 봄과 어우러지는구나.

형제자매 모두 땅을 봉해 받으니 문에서 광채가 나 부러워할 만하였네.

마침내 천하의 부모 마음에 아들 낳는 것 중하게 여기지 않고 딸 낳는 것 중하게 여기도록 했네.

여산(驪山)의 화청궁(華淸宮) 높은 곳 구름 속으로 들어가고, 신선의 음악 바람에 나부껴 곳곳에서 들려오네.

부드러운 노래와 여유로운 춤 관현악 소리에 엉겨 온종일 보면서도 왕은 싫증 내지 않았지.

어양(漁陽)의 북소리 땅을 울리며 몰려오자 놀라서 예상우의곡(霓裳羽衣曲) 그치고 말았네.

구중(九重)궁궐에 연기와 먼지 피어올라 천승만기(千乘萬騎)가 서남쪽으로 떠나갔네.

취화기(翠華旗) 흔들흔들 가다가 멈추며 서쪽으로 도성문에서 백여 리를 나갔는데

육군(六軍) 나아가지 아니하니 어찌할 수 없어 아름다운 여인 말 앞에서 죽고 말았네.

꽃비녀 땅에 버려져도 거두는 사람 없고 취교(翠翹)도 금작(金雀)도 옥소두(玉搔頭)도 버려졌다오.

군왕은 얼굴 가리고 구할 수 없어 시선 돌리자 피와 눈물 섞여 흐르네.

누런 먼지 자욱하고 바람은 쓸쓸한데 구름 속 잔도(棧道) 따라 구불구불 검각산(劍閣山) 올랐네.

아미산(峨嵋山) 아래 다니는 사람 적어 깃발도 빛이 없고 햇빛조차 엷었네.

촉강(蜀江) 물 푸르고 촉산(蜀山)도 푸르른데 성주(聖主)는 아침마다 저녁마다 그리는 정(情)일레라.

행궁(行宮)에서 달 보면 달빛에 마음 아프고 밤비에 방울 소리 들리면 소리에 애간장 끊어지네.

하늘이 돌고 땅이 돌아 황제의 수레 돌아올 제 이곳에 이르러선 주저하며 떠나지 못했네.

마외파(馬嵬坡) 아래 진흙 속에 옥같은 얼굴 볼 수 없고 죽은 곳만 휑하구나.

임금과 신하 서로 돌아보고 모두 눈물로 옷 적시고 동쪽으로 도성문 바라보며 말이 가는 대로 맡기고 돌아왔네.

돌아오니 연못 정원 모두가 그대론데 태액지(太液池)엔 연꽃이요 미앙궁(未央宮)엔 버드나무
연꽃은 얼굴 같고 버들은 눈썹 같아 이를 보고 어찌 눈물 아니 흘리리.
복사꽃 오얏꽃, 봄바람에 피는 날 오동잎 가을비에 떨어지는 때
서궁(西宮)과 남원(南苑)에는 가을 풀 많아 낙엽이 계단 가득 붉게 덮여도 쓸지 않았네.
이원(梨園)의 제자(弟子)들은 백발이 새로 나고 초방(椒房)의 아감(阿監)은 아리따운 모습 늙었다오.
저녁 궁전에 반딧불 나니 그리움에 쓸쓸해져 외로운 등불 심지 다 돋우어도 잠 못 이루었네.
더딘 종소리 처음으로 밤이 긴 줄 알게 되니 희미한 은하수 동이 트려 하는구나.
원앙기와 차갑고 서리꽃 무거운데 비취 이불 싸늘해 누구와 함께할까.
살고 죽고 이별한 지 한해가 지났건만 혼백이 한 번도 꿈속에 들어오지 않았네.
임공(臨邛) 땅 도사(道士) 홍도객(鴻都客)은 정신으로 혼백을 불러올 수 있는데
군왕의 전전(展轉)하는 그리움에 감동되어 마침내 역사(方士)들에게 은근히 찾아보게 했네.
허공을 밀치고 기운을 타고 번개처럼 달려 하늘에 오르고 땅에 들어가 그녀를 두루 찾았다네.
위로는 하늘 끝까지 아래로는 황천까지 갔으나 두 곳 다 아득해 볼 수가 없었는데
홀연 들으니 해상에 신선의 산 있어 산은 허공 속 아득한 곳에 있다고 하네.
누각은 영롱하고 오색구름 일어나고 그 가운데 아름다운 선녀들 많다네.
그 속에 한 사람 자(字)는 태진(太眞) 눈 같은 피부 꽃 같은 모습 거의 비슷하다오.
금대궐 서쪽 행랑의 옥문(玉門) 두드리고 다시 소옥(小玉)을 시켜 쌍성(雙成)에게 전하게 했네.
한나라 사신이라는 말 듣고는 구화장(九華帳) 안에서 놀라 잠 깨어
옷 잡고 베개 밀치고 일어나 서성이자 주렴(珠簾)과 은 병풍 연이어 따라 열리네.
구름 같은 머리채 반쯤 기운 채 막 잠에서 깨어 화관(花冠)도 매만지지 못하고 마루에서 내려왔네.
바람이 옷소매에 불어 나부끼듯 들리니 흡사 예상우의(霓裳羽衣) 춤추는 듯하구나.
옥 같은 얼굴 쓸쓸한데 눈물 줄줄 흘리니 배꽃 한 가지가 봄비에 젖은 듯하네.
정 머금고 눈물 가득한 채 군왕에게 사례하길 한 번 이별 후에 소식과 모습 아득해서
소양전(昭陽殿) 안의 은혜와 사랑 끊어지고 봉래궁(蓬萊宮) 가운데 세월은 길었습니다.
머리 돌려 인간 세상 내려다보니 장안은 보이지 않고 먼지와 안개만 보였습니다.
오직 옛 물건 가지고 깊은 정 표하나니 자개 상자, 금비녀 가지고 가시도록 부치옵니다.
비녀는 한 가락 자개 상자는 한쪽 남기오니 비녀는 황금을 쪼개었고 상자는 자개를 나눈 것입니다.
다만 마음을 금과 자개처럼 굳게 가진다면 천상과 인간 세상에서 서로 만나볼 것입니다.
이별 즈음에 은근하게 거듭 말 전하니 말 가운데 맹세 있었던 걸 두 마음만이 안다네.

"칠월 칠석 장생전(長生殿)에서 깊은 밤 아무도 없어 둘만이 속삭였죠.
하늘에서는 비익조(比翼鳥) 되길 바라고 땅에서는 연리지(連理枝) 되길 바란다고."
하늘은 영원하고 땅은 유구해도 다할 때 있겠지만 이 한은 끝없이 이어져 끊길 날 없으리라.

(역문: 동양고전종합DB 당시삼백수)

예서체

漢皇重色思傾國御宇多年求不得
楊家有女初長成養在深閨人未識
天生麗質難自棄一朝選在君王側
回頭一笑百媚生六宮粉黛無顏色
春寒賜浴華清池温泉水滑洗凝脂
侍兒扶起嬌無力始是新承恩澤時
雲鬢花顏金步搖芙蓉帳暖度春宵
春宵苦短日高起從此君王不早朝
承歡侍宴無閒暇春從春遊夜專夜
後宮佳麗三千人三千寵愛在一身

金屋粧成嬌侍夜
玉樓宴罷醉和春
姊妹弟兄皆列土
可憐光彩生門戶
遂令天下父母心
不重生男重生女
驪宮高處入青雲
仙樂風飄處處聞
緩歌慢舞凝絲竹
盡日君王看不足
漁陽鼙鼓動地來
驚破霓裳羽衣曲
九重城闕煙塵生
千乘萬騎西南行
翠華搖搖行復止
西出都門百餘里
六軍不發無奈行
宛轉蛾眉馬前死
花鈿委地無人收
翠翹金雀玉搔頭

君王掩面救不得回首血淚相和流
黃埃散漫風蕭索雲棧縈紆登劍閣
峨嵋山下少人行旌旗無光日色薄
蜀江水碧蜀山青聖主朝朝暮暮情
行宮見月傷心色夜雨聞鈴腸斷聲
天旋地轉回龍馭到此躊躇不能去
馬嵬坡下泥土中不見玉顏空死處
君臣相顧盡霑衣東望都門信馬歸
歸來池苑皆依舊太液芙蓉未央柳
芙蓉如面柳如眉對此如何不淚垂

春風桃李花開夜秋雨格桐葉落時
西宮南苑多秋草落葉滿階紅不掃
梨園弟子白髮新椒房阿監青娥老
夕殿螢飛思悄然孤燈挑盡未成眠
遲遲更鼓初長夜耿耿星河欲曙天
鴛鴦瓦冷霜華重翡翠衾寒誰與共
悠悠生死別經年魂魄不曾來入夢
臨邛道士鴻都客能以精神致魂魄
為感君王輾轉思遂教方士殷勤覓
排空馭氣奔如電昇天入地求之遍

上窮碧落下黃泉兩處茫茫皆不見
忽聞海上有僊山山在虛無縹緲間
樓殿玲瓏五雲起其中綽約多僊子
中有一人字太真雪膚花貌參差是
金闕西廂叩玉扃轉教小玉報雙成
聞道漢家天子使九華帳裏夢魂驚
攬衣推枕起徘徊珠箔銀屏迤邐開
雲鬢半偏新睡覺花冠不整下堂來
風吹僊袂飄颻舉猶似霓裳羽衣舞
玉容寂寞淚闌干梨花一枝春帶雨

含情凝睇謝君王一別音容兩渺茫
昭陽殿裏恩愛絕蓬萊宮中日月長
回頭下望人寰處不見長安見塵霧
唯將舊物表深情鈿合金釵寄將去
釵留一股合一扇釵擘黃金合分鈿
但令心似金鈿堅天上人間會相見
臨別殷勤重寄詞詞中有誓兩心知
七月七日長生殿夜半無人私語時
在天願作比翼鳥在地願為連理枝
天長地久有時盡此恨綿綿無絕期

長恨歌 白居易

心達 鄭无泳 書

漢皇重色思傾國御宇多年求不淂
楊家有女初長成養在深閨人未識
天生麗質難自棄一朝選在君王側
回頭一咲百媚生六宮粉黛無顏色
春寒賜浴華清池溫泉水滑洗凝脂
侍兒扶起嬌無力始是新承恩澤時
雲鬢花顏金步搖芙蓉帳暖度春宵
春宵苦短日高起従此君王不早朝
承歡侍宴無閑暇春従春遊夜專夜
後宮佳麗三千人三千寵愛在一身

金屋粧成嬌侍夜玉樓宴罷醉和春
姊妹弟兄皆列土可憐光彩生門戶
遂令天下父母心不重生男重生女
驪宮高處入青雲仙樂風飄處處聞
緩歌慢舞凝絲竹盡日君王看不足
漁陽鼙鼓動地來驚破霓裳羽衣曲
九重城闕煙塵生千乘萬騎西南行
翠華搖搖行復止西出都門百餘里
六軍不發無奈何婉轉蛾眉馬前死
花鈿委地無人收翠翹金雀玉搔頭

君王掩面救不得回首血淚相和流
黃埃散漫風蕭索雲棧縈紆登劍閣
峨嵋山下少人行旌旗無光日色薄
蜀江水碧蜀山青聖主朝朝暮暮情
行宮見月傷心色夜雨聞鈴腸斷聲
天旋地轉回龍馭到此躊躇不能去
馬嵬坡下泥土中不見玉顏空死處
君臣相顧盡霑衣東望都門信馬歸
歸來池苑皆依舊太液芙蓉未央柳
芙蓉如面柳如眉對此如何不淚垂

春風桃李花開夜秋雨梧桐葉落時
西宮南苑多秋草落葉滿階紅不掃
梨園弟子白髮新椒房阿監青娥老
夕殿螢飛思悄然孤燈挑盡未成眠
遲遲更鼓初長夜耿耿星河欲曙天
鴛鴦瓦冷霜華重翡翠衾寒誰與共
悠悠生死別經年魂魄不曾來入夢
臨邛道士鴻都客能以精神致魂魄
為感君主輾轉思遂教方士殷勤覓
排空馭氣奔如電昇天入地求之徧

上窮碧落下黃泉兩處茫茫皆不見
忽聞海上有仙山山在虛無縹緲間
樓殿玲瓏五雲起其中綽約多仙子
中有一人字太眞雪膚花貌參差是
金闕西廂叩玉扃轉敎小玉報雙成
聞道漢家天子使九華帳裏夢魂驚
攬衣推枕起徘徊珠箔銀屛邐迤開
雲鬢半偏新睡覺花冠不整下堂来
風吹仙袂飄颻擧猶似霓裳羽衣舞
玉容寂寞淚闌干梨花一枝春帶雨

含情凝睇謝君王一別音容兩渺茫
昭陽殿裏恩愛絶蓬萊宮中日月長
回頭下望人寰處不見長安見塵霧
唯將舊物表深情鈿合金釵寄將去
釵留一股合一扇釵擘黃金合分鈿
但令心似金鈿堅天上人間會相見
臨別殷勤重寄詞詞中有誓兩心知
七月七日長生殿夜半無人私語時
在天願作比翼鳥在地願爲連理枝
天長地久有時盡此恨綿綿無絶期

長恨歌 白居易

心達 鄭无泳 書

漢皇重色思傾國御宇多年求不得
楊家有女初長成養在深閨人未識
天生麗質難自棄一朝選在君王側
回眸一笑百媚生六宮粉黛無顏色
春寒賜浴華清池溫泉水滑洗凝脂
侍兒扶起嬌無力始是新承恩澤時
雲鬢花顏金步搖芙蓉帳暖度春宵
春宵苦短日高起從此君王不早朝
承歡侍宴無閑暇春從春遊夜專夜
後宮佳麗三千人三千寵愛在一身

金屋妝成嬌侍夜玉樓宴罷醉和春
姊妹弟兄皆列土可憐光彩生門戶
遂令天下父母心不重生男重生女
驪宮高處入青雲仙樂風飄處處聞
緩歌慢舞凝絲竹盡日君王看不足
漁陽鼙鼓動地來驚破霓裳羽衣曲
九重城闕煙塵生千乘萬騎西南行
翠華搖搖行復止西出都門百餘里
六軍不發無奈何宛轉蛾眉馬前死
花鈿委地無人收翠翹金雀玉搔頭

君王掩面救不得回看血淚相和流
黃埃散漫風蕭索雲棧縈紆登劍閣
峨嵋山下少人行旌旗無光日色薄
蜀江水碧蜀山青聖主朝朝暮暮情
行宮見月傷心色夜雨聞鈴腸斷聲
天旋地轉迴龍馭到此躊躇不能去
馬嵬坡下泥土中不見玉顏空死處
君臣相顧盡霑衣東望都門信馬歸
歸來池苑皆依舊太液芙蓉未央柳
芙蓉如面柳如眉對此如何不淚垂

春風桃李花開日秋風梧桐葉落時
西宮南內多秋草落葉滿階紅不掃
梨園弟子白髮新椒房阿監青娥老
夕殿螢飛思悄然孤燈挑盡未成眠
遲遲鐘鼓初長夜耿耿星河欲曙天
鴛鴦瓦冷霜華重翡翠衾寒誰與共
悠悠生死別經年魂魄不曾來入夢
臨邛道士鴻都客能以精誠致魂魄
為感君王輾轉思遂教方士殷勤覓
排空馭氣奔如電升天入地求之遍

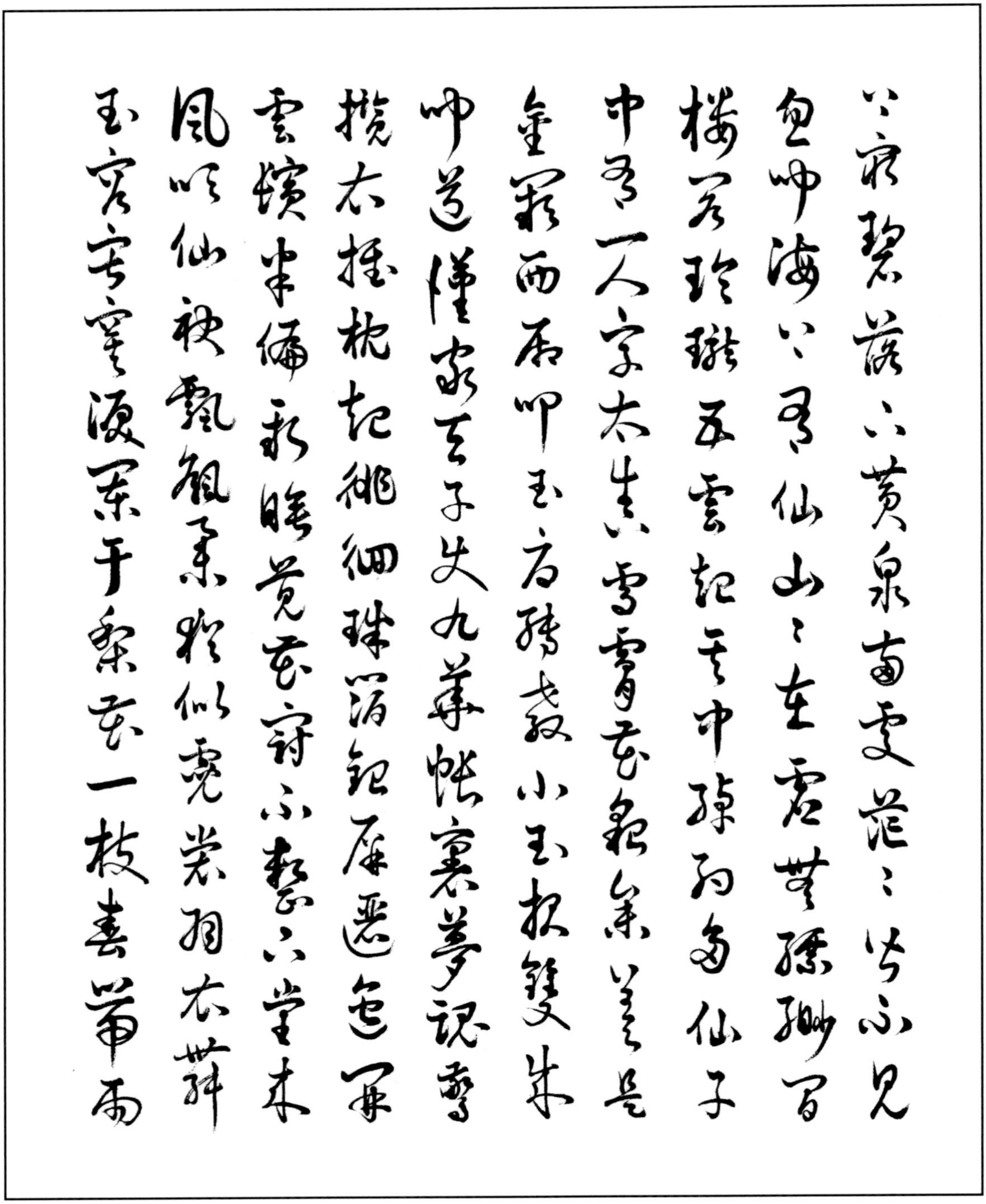
上窮碧落下黃泉兩處茫茫皆不見
忽聞海上有仙山山在虛無縹緲間
樓閣玲瓏五雲起其中綽約多仙子
中有一人字太眞雪膚花貌參差是
金闕西廂叩玉扃轉教小玉報雙成
聞道漢家天子使九華帳裏夢魂驚
攬衣推枕起徘徊珠箔銀屛迤邐開
雲鬢半偏新睡覺花冠不整下堂來
風吹仙袂飄颻擧猶似霓裳羽衣舞
玉容寂寞淚闌干梨花一枝春帶雨

含情凝睇谢君王一别音容两渺茫
昭阳殿里恩爱绝蓬莱宫中日月长
回头下望人寰处不见长安见尘雾
惟将旧物表深情钿合金钗寄将去
钗留一股合一扇钗擘黄金合分钿
但教心似金钿坚天上人间会相见
临别殷勤重寄词词中有誓两心知
七月七日长生殿夜半无人私语时
在天愿作比翼鸟在地愿为连理枝
天长地久有时尽此恨绵绵无绝期

长恨歌 白居易诗 心达 郑元泳

전서체

漢皇重色思傾國御宇多年求不得
楊家有女初長成養在深閨人未識
天生麗質難自棄一朝選在君王側
回頭一笑百媚生六宮粉黛無顏色
春寒賜浴華清池溫泉水滑洗凝脂
侍兒扶起嬌無力始是新承恩澤時
雲鬢花顏金步搖芙蓉帳暖度春宵
春宵苦短日高起從此君王不早朝
承歡侍宴無閑暇春從春遊夜專夜
後宮佳麗三千人三千寵愛在一身

金屋妝成嬌侍夜玉樓宴罷醉和春
姊妹弟兄皆列土可憐光彩生門戶
遂令天下父母心不重生男重生女
驪宮高處入青雲仙樂風飄處處聞
緩歌慢舞凝絲竹盡日君王看不足
漁陽鼙鼓動地來驚破霓裳羽衣曲
九重城闕煙塵生千乘萬騎西南行
翠華搖搖行復止西出都門百餘里
六軍不發無奈何宛轉蛾眉馬前死
花鈿委地無人收翠翹金雀玉搔頭

君王掩面救不得回看血淚相和流
黃埃散漫風蕭索雲棧縈紆登劍閣
峨嵋山下少人行旌旗無光日色薄
蜀江水碧蜀山青聖主朝朝暮暮情
行宮見月傷心色夜雨聞鈴腸斷聲
天旋地轉回龍馭到此躊躇不能去
馬嵬坡下泥土中不見玉顏空死處
君臣相顧盡霑衣東望都門信馬歸
歸來池苑皆依舊太液芙蓉未央柳
芙蓉如面柳如眉對此如何不淚垂

春風桃李花開夜秋雨梧桐葉落時
西宮南苑多秋草落葉滿階紅不掃
梨園弟子白髮新椒房阿監青娥老
夕殿螢飛思悄然孤燈挑盡未成眠
遲遲鐘鼓初長夜耿耿星河欲曙天
鴛鴦瓦冷霜華重翡翠衾寒誰與共
悠悠生死別經年魂魄不曾來入夢
臨邛道士鴻都客能以精誠致魂魄
為感君王輾轉思遂教方士殷勤覓
排空馭氣奔如電升天入地求之遍

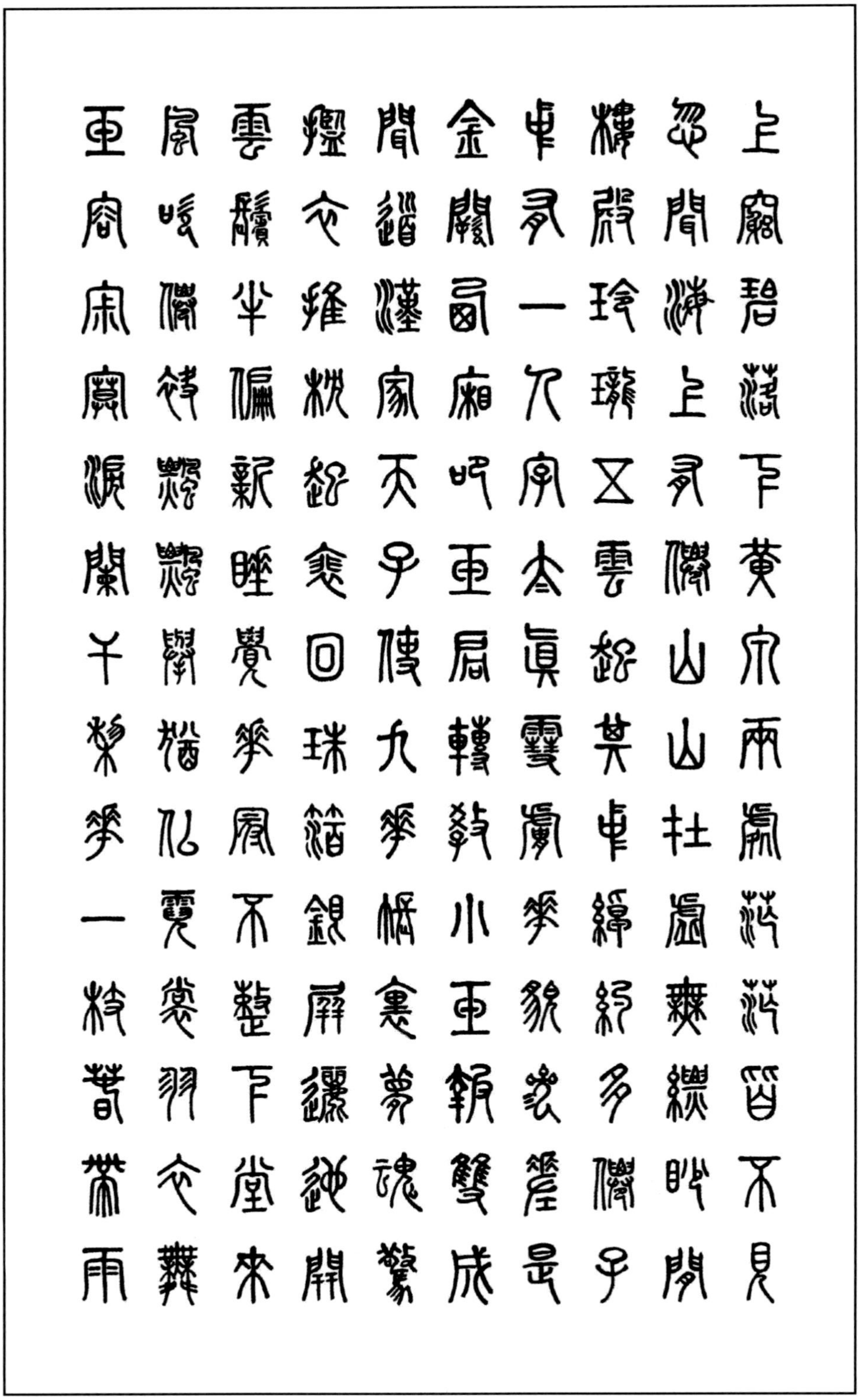
上窮碧落下黃泉兩處茫茫皆不見
忽聞海上有仙山山在虛無縹緲間
樓閣玲瓏五雲起其中綽約多仙子
中有一人字太眞雪膚花貌參差是
金闕西廂叩玉扃轉教小玉報雙成
聞道漢家天子使九華帳裏夢魂驚
攬衣推枕起徘徊珠箔銀屏迤邐開
雲鬢半偏新睡覺花冠不整下堂來
風吹仙袂飄飄擧猶似霓裳羽衣舞
玉容寂寞淚闌干梨花一枝春帶雨

含情凝睇謝君王一別音容兩渺茫
昭陽殿裏恩愛絕蓬萊宮中日月長
回頭下望人寰處不見長安見塵霧
唯將舊物表深情鈿合金釵寄將去
釵留一股合一扇釵擘黃金合分鈿
但令心似金鈿堅天上人間會相見
臨別殷勤重寄詞詞中有誓兩心知
七月七日長生殿夜半無人私語時
在天願作比翼鳥在地願爲連理枝
天長地久有時盡此恨綿綿無絕期

長恨歌 白居易

心遠 鄭无泳 書

蘇東坡 소동파 前赤壁賦 전적벽부

壬戌之秋七月既望 蘇子與客 泛舟遊於赤壁之下 清風徐來 水波不興
擧酒屬客 誦明月之詩 歌窈窕之章 少焉 月出於東山之上 徘徊於斗牛之間
白露横江 水光接天
縱一葦之所如 凌萬頃之茫然 浩浩乎如憑虛御風而不知其所止
飄飄乎如遺世獨立 羽化而登仙 於是飮酒樂甚 扣舷而歌之
歌曰 桂棹兮蘭槳擊空明兮泝流光 渺渺兮予懷 望美人兮天一方
客有吹洞簫者 倚歌而和之 其聲嗚嗚然 如怨如慕 如泣如訴 餘音嫋嫋
不絶如縷 舞幽壑之潛蛟 泣孤舟之嫠婦
蘇子愀然正襟 危坐而問客曰 何爲其然也
客曰 月明星稀 烏鵲南飛 此非曹孟德之詩乎
西望夏口 東望武昌
山川相繆 鬱乎蒼蒼 此非孟德之困於周郎者乎
方其破荊州, 下江陵 順流而東也 舳艫千里 旌旗蔽空
釃酒臨江 横槊賦詩 固一世之雄也 而今安在哉
況吾與子 漁樵於江渚之上 侶魚鰕而友麋鹿
駕一葉之扁舟 擧匏樽以相屬 寄蜉蝣於天地 渺滄海之一粟
哀吾生之須臾 羨長江之無窮
挾飛僊以遨遊 抱明月而長終 知不可乎驟得 託遺響於悲風
蘇子曰 客亦知夫水與月乎
逝者如斯 而未嘗往也 盈虛者如彼 而卒莫消長也
蓋將自其變者而觀之 則天地曾不能以一瞬 自其不變者而觀之
則物與我皆無盡也 而又何羨乎 且夫天地之間 物各有主 苟非吾之所有
雖一毫而莫取 惟江上之清風 與山間之明月 耳得之而爲聲 目遇之而成色 取之無禁 用之不竭 是造物者之無盡藏也 而吾與子之所共適
客喜而笑 洗盞更酌 肴核既盡 盃盤狼藉 相與枕藉乎舟中 不知東方之既白

임술년(壬戌年) 가을 7월 기망(既望)에 소자(蘇子)가 객(客)과 함께 배를 띄워 적벽강

(赤壁江) 아래에서 노니, 맑은 바람은 서서히 불어오고 파도는 일지 않았다.

술잔을 들어 객에게 권하고 명월시(明月詩)를 외우며 요조장(窈窕章)을 노래하였는데, 조금 있다가 달이 동산 위로 떠올라 두성(斗星, 南頭星)과 우성(牛星, 牽牛星)의 사이에 배회하니, 흰 이슬은 강을 가로질러 있고 파란 물빛은 하늘을 접해 있었다.

갈대만 한 배 한 척이 가는 대로 내버려 두어 만경창파(萬頃蒼波)의 아득하게 드넓은 물결을 타고 가니, 호호(浩浩)함이 마치 허공에 의지하고 바람을 타고 가는 듯하여 그칠 바를 모르겠고, 표표(飄飄)함이 세상을 버리고 홀로 서서 학(鶴)이 되어 신선으로 오르는 듯하였다.

이에 술을 마시며 몹시 즐거워 뱃전을 두드리고 노래하니, 그 노래에 이르기를 '계수나무 노와 목란(木蘭) 상앗대로 물속에 비친 달그림자를 치며 흐르는 강물을 거슬러 올라간다. 아득하고 아득한 내 그리움이여, 미인을 바라보니 하늘 한쪽에 있도다.'라고 하였다.

객 가운데 퉁소를 부는 자가 있어 노래에 맞추어 퉁소를 부니, 그 소리가 오열하듯 구슬퍼 원망하는 듯 사모하는 듯 우는 듯 하소연하는 듯하고, 여운이 가냘프고 길게 이어져 끊이지 않음이 실오라기와 같으니, 깊숙한 골짝에 잠겨 있는 교룡을 춤추게 하고 외로운 배의 과부를 눈물 흘리게 하였다.

소자(蘇子)가 초연(愀然)히 옷깃을 여미고 무릎 꿇고 앉아 객에게 묻기를 "어찌하여 이렇게 슬피 퉁소를 부는가?"라고 하자, 객은 다음과 같이 말하였다.

" '달이 밝고 별이 드문데, 오작(烏鵲)이 남쪽으로 날아간다.'는 것은 조맹덕(曹孟德, 曹操)의 시(詩)가 아닌가? 서쪽으로 바라보니 하구(夏口)이고 동쪽으로 바라보니 무창(武昌)이다. 산천(山川)이 서로 감아 돌아 울울창창하니, 이는 조맹덕(曹孟德)이 주랑(周郞, 周瑜)에게 곤액을 당하던 곳이 아닌가?

그가 형주(荊州)를 격파하고 강릉(江陵)으로 내려와 물결을 따라 동쪽으로 진출할 적에 전함(戰艦)의 대열이 천 리에 뻗쳐 있고 깃발이 공중을 가리고 있었다. 술을 걸러 강가에 임하며 창을 비껴들고 시(詩)를 읊으니 진실로 한세상의 영웅이었는데, 지금은 어디에 있는가?

하물며 나와 그대는 강저(江渚)의 사이에서 물고기를 잡고 나무를 채취하면서 물고기와 새우들과 짝하고 사슴들과 벗하고 있다. 나뭇잎처럼 작은 배를 타고서 술 바가지와 술동이를 들어 서로 권하니, 천지(天地)에 하루살이가 붙어 있는 것이요 창해에 좁쌀 한 알처럼 보잘것없다.

우리 인생이 너무 짧음을 슬퍼하고 장강(長江)의 무궁함을 부러워한다. 비상하는 신선을 끼고 한가로이 놀며 명월(明月)을 안고 길이 마치는 것을 갑자기 얻을 수 없음을 알기에 남은 메아리를 슬픈 바람에 의탁하는 것이다."

소자(蘇子)가 말하였다. "객은 또한 저 물과 달을 아는가? 강물은 흘러가는 것이 이와 같은데도 일찍이 다한 적이 없으며, 달은 찼다 기우는 것이 저와 같은데도 끝내 사라지거나 자라지 않는다.

변하는 입장에서 본다면 하늘과 땅도 일찍이 한순간도 가만히 있지 못하고, 변하지 않는 입장에서 본다면 물건과 우리 인간이 모두 무궁무진한 것이니, 또 어찌 장강(長江)을 부러워할 것이 있겠는가?

또 천지(天地)의 사이에 물건은 각기 주인이 있으니, 만일 나의 소유가 아니면 비록 한 털끝만 한 물건도 취하지 말아야 하지만, 오직 강(江)에서 불어오는 청풍(淸風)과 산(山) 사이의 명월(明月)은 귀로 들으면 소리가 되고 눈으로 만나면 색(달빛)을 이루어, 취하여도 금하는 이가 없고 써도 다하지 않으니, 이는 조물주의 무궁무진한 보장(寶藏, 보물창고)이요 나와 그대가 함께 즐겨야 할 것이다."

객이 기뻐하여 웃으며 잔을 씻어 교대로 술을 따르니, 안주와 과일이 이미 다하고 술잔과 소반이 낭자하였다. 배 안에서 서로 베고 깔고 누워서 동방이 이미 훤하게 밝은 줄도 알지 못하였다.

(역문: 동양고전종합DB 唐宋八大家文抄)

壬戌之秋七月既望蘇子與客汎舟遊於
赤壁之下淸風徐來水波不興擧酒屬客
誦明月之詩歌窈窕之章少焉月出於東
山之上徘徊於斗牛之間白露橫江水光
接天縱一葦之所如淩萬頃之茫然浩々
乎如馮虛御風而不知其所止飄々乎如
遺世獨立羽化而登仙於是飮酒樂甚扣
舷而歌之歌曰桂棹兮蘭槳擊空明兮溯
流光渺々兮余懷望美人兮天一方客有

吹洞簫者倚歌而和之其聲嗚〻然如怨
如慕如泣如訴餘音裊〻不絶如縷舞幽
壑之潛蛟泣孤舟之嫠婦蘇子愀然正襟
危坐而問客曰何爲其然也客曰月明星
稀烏鵲南飛此非曹孟德之詩乎西望夏
口東望武昌山川相繆鬱乎蒼〻此非孟
德之困於周郎者乎方其破荊州下江陵
順流而東也舳艫千里旌旗蔽空釃酒臨
江橫槊賦詩固一世之雄也而今安在哉

況吾與子漁樵於江渚之上侶魚蝦而友
麋鹿駕一葉之扁舟舉匏樽以相屬寄蜉
蝣於天地渺滄海之一粟哀吾生之須臾
羨長江之無窮挾飛仙以遨遊抱明月而
長終知不可乎驟得托遺響於悲風蘇子
曰客亦知夫水與月乎逝者如斯而未嘗
往也盈虛者如彼而卒莫消長也蓋將自
其變者而觀之則天地曾不能以一瞬自
其不變者而觀之則物與我皆無盡也而

又何羨乎且夫天地之間物各有主苟非
吾之所有雖一毫而莫取惟江上之淸風
與山間之明月耳得之而爲聲目遇之而
成色取之無禁用之不竭是造物者之無
盡藏也而吾與子之所共適客喜而笑洗
盞更酌肴核旣盡杯盤狼藉相與枕藉乎
舟中不知東方之旣白

前赤壁賦 蘇東坡

心遠 鄭无泳 書

초서체

壬戌之秋七月旣望蘇子與客泛舟
遊於赤壁之下淸風徐來水波不興
擧酒屬客誦明月之詩歌窈窕之
章少焉月出於東山之上徘徊於
斗牛之間白露橫江水光接天縱
一葦之所如凌萬頃之茫然浩浩
乎如馮虛御風而不知其所止
飄飄乎如遺世獨立羽化而登仙
於是飮酒樂甚扣舷而歌之歌曰桂
棹兮蘭槳擊空明兮泝流光
渺渺兮予懷望美人兮天一方客

客吹洞簫者倚歌而和之其聲嗚嗚然如怨如慕如泣如訴餘音嫋嫋不絕如縷舞幽壑之潛蛟泣孤舟之嫠婦蘇子愀然正襟危坐而問客曰何為其然也客曰月明星稀烏鵲南飛此非曹孟德之詩乎西望夏口東望武昌山川相繆鬱乎蒼蒼此非孟德之困於周郎者乎方其破荊州下江陵順流而東也舳艫千里旌旗蔽空釃酒臨江橫槊賦詩固一世之雄也

而今安在哉況吾與子漁樵於
江渚之上侶魚蝦而友麋鹿駕
一葉之扁舟舉匏樽以相屬寄蜉
蝣於天地渺滄海之一粟哀吾生
之須臾羨長江之無窮挾飛仙以
遨遊抱明月而長終知不可乎驟
得託遺響於悲風蘇子曰客亦知
夫水與月乎逝者如斯而未嘗往
也盈虛者如彼而卒莫消長也
蓋將自其變者而觀之則天地
曾不能以一瞬自其不變者而觀

之則物與我皆無盡也而又何羨
乎且夫天地之間物各有主苟非吾
之所有雖一毫而莫取惟江上之清風
與山間之明月耳得之而為聲目
遇之而成色取之無禁用之不竭
是造物者之無盡藏也而吾與子之
所共適客喜而笑洗盞更酌肴
核既盡杯盤狼籍相與枕藉乎
舟中不知東方之既白

蘇東坡 前赤壁 心遠 鄭戊泳 書

鄭澈 정철 將進酒辭 장진주사

ᄒᆞᆫ盞잔 먹새그려 ᄯᅩᄒᆞᆫ盞잔 먹새그려
곳것거 算산노코 無무盡진無무盡진 먹새그려
이몸 주근後후면 지게우희 거적더퍼 주리혀 ᄆᆡ여가나
流뉴蘇소寶보帳당의 萬만人인이 우러네나
어욱새 속새 덥가나무 白ᄇᆡᆨ楊양수페 가기곳 가면
누른ᄒᆡ 흰 ᄃᆞᆯ ᄀᆞᄂᆞᆫ 비 굴근 눈
쇼쇼리 ᄇᆞ람 불제 뉘 ᄒᆞᆫ盞잔 먹쟈ᄒᆞᆯ고
ᄒᆞ믈며 무덤우희 ᄌᆞᆫ나비 ᄑᆞ람 불 제 뉘우ᄎᆞᆫ ᄃᆞᆯ 엇디리

(松江歌辭 李選本)

한 잔 먹세그려 또 한 잔 먹세그려
꽃 꺾어 세어 놓고 무진무진 먹세그려
이 몸 죽은 후면 지게 위에 거적 덮어 줄 이어 매여가나
곱게 꾸민 상여에 만인이 울어예나
억새, 속새, 떡갈나무, 백양 숲에 가기만 하면
누런 해, 흰 달, 가랑비, 굵은 눈, 소소리바람 불 때 누가 한 잔 먹자할꼬
하물며 무덤 위에 잔나비 휘파람 불 때 뉘우친들 어찌하리

(출처: 인천 시낭송교육연구소)

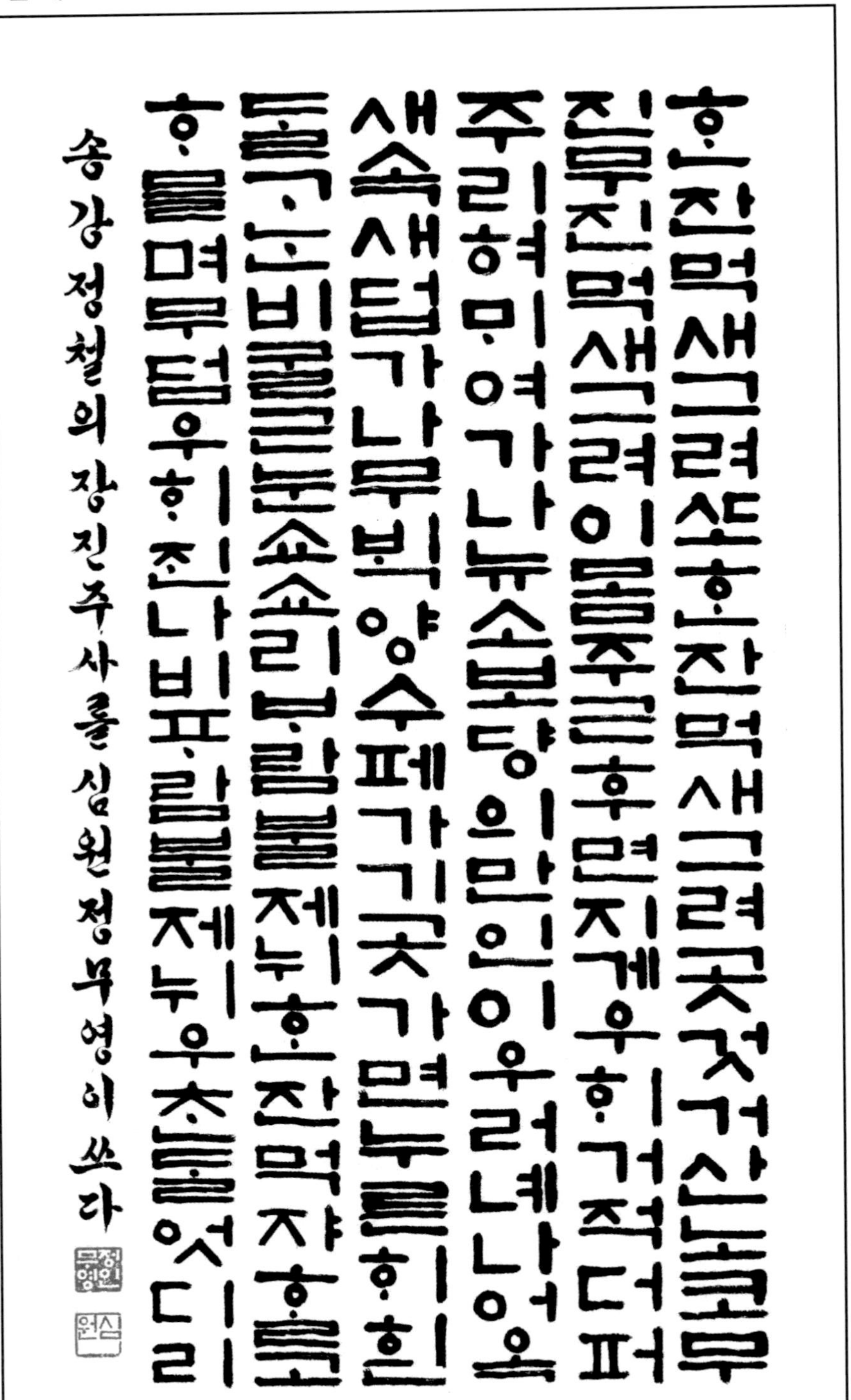
ᄒᆞᆫ잔먹새그려ᄯᅩᄒᆞᆫ잔먹새그려곳거산노코무
진무진먹새그려이몸주근후면지게우ᄒᆡ거적더퍼
주리혀ᄆᆡ여가나뉴소보댱의만인이우러녜나어욱
새속새덥가나무ᄇᆡᆨ양수페가기곳가면누른ᄒᆡ흰
ᄃᆞᆯᄀᆞᄂᆞᆫ비굴근눈쇼쇼리ᄇᆞ람불제뉘ᄒᆞᆫ잔먹쟈ᄒᆞᆯ고
ᄒᆞ믈며무덤우ᄒᆡ잔나비ᄑᆞ람불제뉘우ᄎᆞᆫ들엇디리
송강 정철의 장진주사를 심원 정무영이 쓰다

김춘택(金春澤) 한역(漢譯) 장진주사(將進酒辭)

一杯復一杯 일배부일배
折花作籌無盡杯 절화작주무진배
此身已死後 차신이사후
束縛藁裹屍 속박고과시
流蘇兮寶帳 유소혜보장
百夫緦麻哭且隨 백부시마곡차수
茅樸檄白楊裏 모박속백양리
有去無來期 유거무래기
白月兮黃日 백월혜황일
大雪細雨悲風吹 대설세우비풍취
可憐誰復勸一杯 가련수복권일배
況復孤墳猿嘯時 황복고분원소시
雖悔何爲哉 수회하위재

一盃一盃復一盃折花作籌無盡
盃此身已死後束縛藁裏屍流蘇
兮寶帳百夫緦麻哭且隨荒茅樸
樕白楊裏有去無期白月兮黃日
大雪細雨悲風吹可憐誰復勸一
盃況復孤墳猿嘯時雖悔何爲哉

鄭徹將進酒辭 金春澤漢譯 心遠鄭无泳敬書